하나뿐인 세상에 합당한
인류 공통의 세계·우주관

맨 밑바닥 서민이 정리한 '세상'

하나뿐인 세상에 합당한 인류 공통의 세계·우주관

초판 1쇄 발행 2023년 8월 4일

지은이 최익주
펴낸이 장길수
펴낸곳 지식과감성⁂
출판등록 제2012-000081호

전화 010-6641-4599
이메일 choiik58@naver.com

SET ISBN 979-11-392-1239-6
ISBN 979-11-392-1243-3(04340)
값 18,000원

• 이 책의 판권은 지은이에게 있습니다.
• 이 책 내용의 전부 또는 일부를 재사용하려면 반드시 지은이의 서면 동의를 받아야 합니다.
• 해당 도서는 자비 출판된 도서로, 저작권은 저자에게 있으며
  저자의 의도로 출간된 도서로 문제가 있다면 저자와 직접 연락하기 바랍니다.
• 잘못된 책은 구입하신 곳에서 바꾸어 드립니다.

맨 밑바닥 서민이 정리한
'세상'

하나뿐인 세상에 합당한 인류 공통의 세계·우주관

최익주 지음

세상(우주)의 현실·미래를 주도·완성해 가는
실질적인 주체·주역은 우리 인간

머리말

　필자가 벌써 오래전에 겪었던 특별한 기억 겸 경험을 소개한다.
　필자는 아침에 눈을 뜨자마자 온갖 생각들을 하게 된다는 사실이 정말 신기했다.
　생각만으로도 어제 일과 오늘 만날 사람들과 미래의 나를 떠올려 볼 수 있고, 생각하기 싫은 사람과 사건들은 저절로 그것도 수시로 생각난다는 점이 참으로 못마땅하면서도 기이했다.
　이후에 원자(물질의 최소 단위)보다 더 미세한 미시세계에서의 기이한(양자의 도약·중첩·얽힘 등) 현상을 접하게 되었고, 그것이 생각이라는 기이한 현상의 근원이라고 확신하게 되었다.
　이에 필자는 종교와 철학과 과학과 음양오행 등을 포함한 모든 이치를 고려·포용해서 감히 누구도 부정·거부할 수 없도록 체계를 잡았고, 누구든지 쉽게 이해하도록 상식적이고 합리적으로 정리했으며, 『하나뿐인 세상에 합당한 인류 공통의 세계·우주관』으로 선보이게 되었다. 이를 종합하면

　우주 역사를 통틀어서 가장 정교한 작품은 맨 마지막에 생성된 인간이고, 미시·양자 세계의 기이한 현상의 압축(결정)판은 생각이며, 생각

하는 인류의 출현이 138억 년 우주 역사에서 최고의 결실과 업적이다. 또한 인류(생각) 역사를 통틀어서 가장 훌륭한 작품·업적은 자본주의와 자유민주주의이며, 그중에도 자유민주주의라고 결론 내렸다.

만일 양자 세계의 기이한 현상이 없었다면 만물의 생성이 불가능했고, 생각하는 인류의 출현 역시 불가능했다. 역시 인간이 없었다면 우주를 인식해 줄 존재가 없고, 우주는 있으나 마나가 되어 버린다.

따라서 138억 년의 우주는 생각하는 인간(영장류)의 출현을 시작으로 또 다른 국면으로 들어선 셈이다.

심지어 노벨물리학상 수상자인 머리 겔만은 양자 세계를 모르는 사람을 원숭이나 금붕어와 비교하면서까지 중요성을 강조했다.

"양자역학을 아는 사람과 모르는 사람의 차이는 양자역학을 모르는 사람과 원숭이의 차이보다 더 크다.", "양자역학을 모르는 사람은 금붕어와 조금도 다를 바 없다."(머리 겔만)

물론 표현이 지나친 면이 없지 않지만 그만큼 중요하다는 의미이며, 이는 뒤에서 별도 주제로 다룬다.

이에 필자는 천재 물리학자들조차 이해하기 힘들 정도로 기이한 현상들을 생각하는 원리로 정리했다.

첫째, 현존하는 세계관들은 세상과 인간을 지극히 부정적·비관적·비현실적·사후적으로 이해·설명했다.

부처는 세상을 고해(고통의 바다)로, 인간을 범부(어리석은 중생)로 취급했고, 예수는 낙원(에덴)에서 쫓겨난 속죄양들이 사는 곳으로 취급했다.

  또한 부처와 예수는 인간(현실, 자신)의 해법을 현실(존엄성의 확보·협력)이 아닌 개인들의 사후(해탈, 영생, 천국, 정진, 구원 등)로 떠넘겼다.

  이는 부처도 예수도 우주 이치(원자·양자 등)와 인간의 존엄성과 무궁무진한 가능성과 현실 이해와 대안은 아예 언급조차 하지 못했다는 이야기다.

  물론 오래전 인류는 광대하고 심오하고 정교한 우주와 지구와 인간에 관해서 까막눈에 가까웠고, 똑바로 이해·설명할 수 없었으며, 그때 당시에 엉망진창인 현실과 잔악한 인간에 대해서 지극히 부정적·비관적일 수밖에 없었다.

  둘째, 세상과 인간은 지극히 부정적·비관적·확정적·결정론적·사후적인 세계관들에 지배당했고, 세상에 깊이 파고드는 유능한 천재들의 훌륭한 업적은 탄압받았으며, 세상도 인류도 일찌감치 한계에 봉착함으로써 절대 잘될 수 없었다.

  셋째, 설상가상으로 그간에 인류는 전지전능한 신들과 갖가지 진리들에도 불구하고 노예제도와 종교전쟁과 제1~2차 세계대전과 별별 일들을 겪게 되었고, 지금도 3차대전의 위기와 위험이 급격히 증가하고 있으며, 그러한 종교와 진리와 세계관들이 화약고에 가깝다.

  넷째, 세상 진리를 자처했던 기존의 세계관들과 진리들은 어떠한 잘못과 책임도 인정하지 않았고, 최소한의 반성도 없으며, 위기와 위협과 위험과 변수들로 가득한 국제사회와 인류 미래를 위한 실질적인 대안

마련은 엄두도 낼 수 없다.

다섯째, 첨단 과학과 정보통신의 현대사회는 모든 면에서 급속도로 빨라지고 좁아졌고, 서로가 더욱더 가까워질 수밖에 없으며, 다른 세계관(종교)들의 모순과 권위와 이해관계와 세력(기득권, 특권)이 충돌할 위험성이 비약적으로 커졌으며, 이는 긍정적이고 상서로운 조짐들이라고 할 수 없다.

여섯째, 우주의 시작(빅뱅)과 인류의 출현은 완성과 끝이 아니라 겨우 시작이며, 생각하는 인간의 출현은 우주가 계획했던 1차 목적의 달성이고, 이후부터는 인간이 주도(협력)해서 원하는 세상과 미래(우주와 인류)를 직접 구상·개척·완성해 가야 하며, 지금까지도 인류에 의한 역사였으며, 앞으로는 더욱 최선을 다해야 한다는 내용이다.

이처럼 난해한 내용을 필자가 다룰 수 있는 자질과 자격이 있는지에 대한 의심과 오해를 줄이고, 동시에 독자들의 이해와 신뢰 형성을 위한 매개체가 필요하다고 생각한다. 그래서 필자가 어렸을 때 우연히 꿨던 최초의 꿈에 관해서 맛보기 정도로 소개하고, 나머지는 책의 내용과 여러분의 판단에 맡긴다.

필자가 최초에 꿨던 꿈의 일부

초등학교 2, 3학년인 아이가 낮잠에 들었다가 눈을 뜨기 직전에 비몽사몽이었다. 그때 라디오의 어린이 프로에서 진행자의 이야기를 듣게 되었다.

"우리 민족의 정신적 지도자는 세종대왕, 이순신 장군, 도산 안창호 선생이라고 할 수 있습니다."

아이는 이 말을 듣고 '정신적 지도자'라는 말에 귀가 솔깃해졌고, 세 사람에 대해서 생각해 보았다.

하지만 '민족의 정신적 지도자'로 표현하는 것은 적합하지 않다고 생각했고, 훌륭한 업적과 좋은 영향을 끼쳐 줬다는 뜻으로 이해했다.

동시에 아이는 우리 민족의 정신적 지도자가 누구인지 생각해 보았다. 그런데 우리에게는 정신적 지도자가 없다고 생각되었고, 다시 생각해 봐도 특별히 생각나는 인물이 없었다.

내가 민족의 정신적 지도자가 되면 어떨까?

내가 민족의 정신적 지도자가 되고 싶다.

내가 정신적 지도자가 될 수 있을까?

아이의 머리는 정신적 지도자에 관한 생각들로 번뜩였다.

내가 과연 해낼 수 있을지, 나에게 그럴 능력이 있는지, 다른 사람들은 어떤지 궁금했다.

그래서 아이는 자신의 장단점과 이것저것을 생각해 보았다. 그런데 자신에게는 특별한 장점도, 좋은 환경도, 영리한 머리도, 월등한 자질도 없다고 생각되었다.

(※ 세상과 인간에 관해서 어떠한 의문과 질문과 의견도 환영하고 성의껏 답변·대화할 것을 약속한다.)

이 책은 끝없이 의문을 지니거나, 수많은 문제의식으로 가득하거나, 뭔가를 기어코 해내려는 열정이 넘쳐나거나, 세상의 난제를 책임지고 해결하려거나, 다양한 가능성을 지닌 참신한 인재들, 특히 세상과 현실에 대한 책임을 다하면서 순수하게 살아온 지성인들이 대거 탄력을 받을 것이며, 머잖아서 지구촌을 아름답고 살기 좋은 낙원으로 만들어 갈 수 있다는 희망 겸 실질적인 노력과 시도들로 이어질 것으로 기대한다.

- "지구는 닫힌계"(라부아지에)지만 인간의 마음은 열려 있어야 하고, 육체와 정신은 활기차야 하며, 인생은 열정과 냉철함으로 가득 채워야 한다.
- 인간은 '닫힌계'와 '인과'와 '진화'의 이치로 인해서 제각각 다른 환경과 인연과 천성으로 태어나는 갖가지 한계 속에서 복잡다단한 인생을 살아간다. 그럴수록 우리는 우주(만상·만물·만사)의 주체로서 함께(연구·활용·응용·개척)하면서 무한한 미래로 나아가는 협력과 열정과 집중력에 최선을 다해야 한다.
- 우주의 주체는 인간이고, 인간의 핵심은 생각이다. 우리 인류가 생각을 종합·집중해서 제대로 시작하면 무한한 우주 이치와 함께하면서 무궁무진한 미래를 펼쳐 갈 수 있고, 여기에 원리와 핵심과 뼈대를 세워 놓았으며, 나머지는 모두의 결실과 보람으로 남겨 놓았다.

차례

머리말   4

제15장.
고정관념의 파괴   17

    1. '세상은 하나인데 진리도 하나'인가?   18
    2. 고정관념의 대표적인 사례   20
    3. 시간에 대한 고정관념의 파괴   22
    4. 시간에 대한 철학자들과 과학자들의 정의   24
    5. 시간이 중요한 경우와 중요하지 않은 경우(필자의 견해)   26
    6. 시간에 대한 필자의 견해(1)   32

제16장.
과학(인류 역사)에서 가장 소중한 발견 또는 업적   43

    1. 인류 역사에서 가장 소중한 발견을 하나만 꼽는다면   44
    2. 우리가 알아야 할 네 가지 핵심   47
    3. 만물(물질)에 관한 고대로부터의 연구와 주장   50
    4. 원자설의 확립   52
    5. 현대 물리학의 핵심인 원자   54
    6. 근대·현대 물리학의 발전과 우주를 지배하는 네 가지 힘   57
    7. 세상을 하나로 통합하려는 연구와 결실   59

제17장.
깊이 파고들수록 심오해지는 세상 이치   65

1. 심오한 세상을 필자의 방식으로 정리·전개하는 이유	66
2. 천재 과학자들의 한계 봉착과 겸손함	69
3. 원자(물질의 최소 단위)보다 작은 미시세계의 기이한 현상	71
4. 미시(양자)세계는 판도라의 상자 안에 남겨졌다가 마지막에 발견된 인류의 새로운 희망과 미래	74
5. 물질과 현상의 관계	76
6. 인간 = 육체(원자 덩어리인 물질) + 생각(기이한 현상)	78
7. 불확정적·확률적·유동적인 인간의 생각	80
8. 양자적(兩者的) 관점의 극단적 이중성(한계 봉착)	82
9. 양자세계의 기이한 현상이 곧 생각의 근원	92
10. 빛보다 빠른 것	98
11. 생각하는 인간이 우주나 빛보다 더 대단한 면들	101
12. 끈 이론	105
13. 하나의 체계로 일치·통합되는 우주와 인류의 미래	108
14. 5차원의 우주에 인류를 추가하면 11차원의 세계	112
15. 우주와 인간의 거시적·미시적 공통점	119
16. 인간은 스스로 가치와 차원을 높여 가는 명예로운 영장류	121
17. 심오한 우주와 인류의 무한한 가능성	124
18. 암흑물질과 암흑에너지의 특별한 교훈·의미·가치	127
19. 차원의 다양한 특징	129

20. 차원의 포용(갖가지 한계를 감당·극복하기 위한 방안)　133
21. 낮은(3·4·5) 차원에서 요지부동인 종교와 종교인들　135
22. 인류에게 획기적으로 공헌했던 초기 종교　137
23. 종교의 장단점이 공존했던 시대　138
24. 종교가 식상·고루·오염·부패·망가지는 시대　139
25. 인간이 개입한 우주의 급격한 변화　141
26. 신(진리)이 세상과 인간의 주체라고 주장·고집한다면　143
27. 강력한 미래에 의해서 현재가 무너지는 증거들　144
28. 소극적인 현재가 악의적인 미래에 쉽게 밀려나는 사례들　146
29. 세상과 인간의 주요 이치　148

제18장.
하나뿐인 세상에 합당한 인류 공통의 세계·우주관　153

1. 매 순간 인류와 함께하는 우주　154
2. 첫 번째 우주 진리는 '2비트 이치'　156
3. 두 번째 진리는 매 순간 적극적으로 최선을 다하는 이치　160
4. 세 번째 우주 진리는 현재진행형의 이치　162
5. 네 번째 우주(인류) 진리는 미래 완성형의 이치　167
6. 우주와 인류(문명·문화)는 산고·산통의 집약체　171
7. 만상·만물·만사가 곧 세상의 구성 부품(원료, 자재, 결실)　173
8. 인간에 관련된 것은 영원한 진리일 수 없어　175
9. 우주에 한 번 생겨난 것은 없어지지 않아　176
10. 죽음과 도태　178
11. 출생과 창조의 의미　182
12. 죽으면서 인생을 까먹지 않도록 조심해야　183
13. 강력한 우주(진행·미래)에 맞춰 가야 할 힘겨운 인간·인생　184

14. 극한의 모순·대립·부작용은 한 차원 도약할 디딤돌(기회) 187
15. 지구를 낙원으로 만들어 갈 수는 없는가? 189
16. 부처와 예수가 환생한다면 192
17. 인류의 대안 194
18. 생각으로 진행될 미래는 대한민국의 몫 201
19. 우주 미래와 인류 미래의 관계 203
20. 우주와 인류의 실질적인 관계 205
21. 상대적·조건적·현실적 관계, 절대적 관계, 진리적 관계 208
22. 세상을 주도·운영하는 실질적인 하나님은 인간 213
23. 지금까지 세상과 인류사를 주도해 온 것은 생각(인간) 217
24. 무한·심오한 세상을 단순화해 놓고 요지부동인 사람들 219
25. 과거 극복은 인류에게 공통의 과제 겸 진리 222
26. 세상(우주, 대자연)과 인간과 자신에 대한 객관화 225
27. 다양한 종교적 세계관들이 생겨난 배경 228
28. 사후세계(극락, 천국, 영생 등)를 믿는 종교인들의 모순 230
29. 사후세계가 인류에게 획기적인 전환점이었던 이유 232
30. 부처와 예수가 인류에게 끼친 부작용과 악영향 234
31. 현행 세계관들(부처·예수 등)의 미래 가능성 236
32. 세상과 인간의 미래는 낙관적인가? 237
33. 사후세계는 진리가 될 수 없는가? 239
34. 참다운 진리의 자격 및 조건 241
35. 우주는 인간에게 많은 것을 요구하지 않아 244
36. 부처와 예수의 이치가 참다운 진리가 되려면 246
37. 하나의 체계와 질서로 통합되는 새로운 우주관 248
38. 무지한 인간의 억지와 횡포와 야만적 행위 252
39. 무지와 억지가 죄악과 비극으로 확대되는 현상 255
40. 인류가 세상을 규정하면서 삐뚤어졌던 이유 257

41. 불행 속에서도 그나마 다행이었던 훌륭한 업적들 259
42. 인간이 우주·이치에 무관심·소홀·방해·역행하는 경우 261
43. 세상은 인류가 알아서 엮어 가는 생생한 현장 263
44. 인간이 영원히 살 수 있는 존재라면 265
45. 모든 인간이 축하받을 세 가지 행운(사건) 266
46. 시간(이치, 질서)과 세상이 다르게 적용·존재되는 사례 268
47. 인간의 네 부류와 한계 봉착 271
48. 인간이 정말 하나님의 자녀인가? 274
49. 코로나바이러스가 인류에게 가져다주는 교훈 및 경고 277
50. 인간의 육체 건강과 문명의 변화와 정신 건강의 차이 283
51. 머리 겔만의 '양자역학과 원숭이·금붕어'와 우주 이치 286
52. 조만간 인류에게 가장 큰 변화가 생긴다면 무엇일까? 297

제19장.
부처와 불교 301

1. 불교 진리인 '유와 무' 302
2. 미시세계에서의 끊임없는 관계와 새로워질 가능성(확률) 308
3. 미시(중간) 세계는 무엇인가? 310
4. 중간 세계는 인간의 생각을 통해 다양하게 구현할 수 있어 312
5. 색과 빛의 상반된 유와 무(원리) 314
6. 세상의 수많은 비밀 316
7. 부처의 착각 318

제20장.
음양오행(사주팔자)의 한계　　　　　　　　　　**321**

   1. 음양오행으로 밑바탕 된 우리(문화·무의식·민족성·역사)　　323

   2. 똑같은 사주를 타고나는 확률　　325

   3. 각자 자문자답해 보고, 함께 극복할 음양오행(사주팔자)　　327

   4. 바람직한 사회문화는 서로 협력해서 만들어 가는 것　　330

   5. 인생도 운명도 천차만별일 수밖에 없어　　331

   6. 음양오행으로는 인생의 가치와 보람을 창출할 수 없어　　332

   7. '좋다', '나쁘다'라는 근시안과 단순함　　333

   8. 음양이 진리라면서 비인간적인 차별이 난무해　　334

   9. 망가지는 인성과 문화와 사회　　335

   10. 무한한 존엄성과 잠재력을 살려 내는 것이 관건　　336

   11. 음양오행(사주팔자)이 도전·해결해야 할 난제들　　337

참고용 1) 철부지였던 필자의 장래 꿈과 힘겨운 여정　　342

참고용 2) 자신의 성격을 바꾸려고 애쓴 아이　　366

맺음말　　378

제15장.
고정관념의 파괴

1.
'세상은 하나인데 진리도 하나'인가?

우리는 '세상은 하나, 진리도 하나'라고 말한다.

하지만 하나뿐인 세상에 서로 다른 세계관들이 다양하게 공존 중이다.

세상(진리, 대자연, 인간)에 관해서 연구·설명하는 분야는 음양오행, 종교(불교, 기독교 등), 철학, 천문학, 생물학, 물리학, 화학, 진화론, 심리학, 의학, 상대성이론, 전자공학, 양자역학, 빅뱅 이론, 민족·무속·토속 신앙, 미신들까지 제각각이다.

물론 현존하는 세상, 진리, 세계관 등에 관해서 인류는 상당한 상식과 견문과 지식과 경험을 지닌다.

그런데도 필자는 불과 5년 전(2017년 7월)에야 물질(원자)보다 더 작은 미시(양자)세계의 기이한 현상들을 접하게 되었다.

당시에 필자는 너무나도 놀라웠고, 당황스러웠으며, 부끄러웠고, 다행이었으며, 반가웠고, 무엇보다 세상과 인류에게 행운으로 생각되었다.

필자는 물질(원자)보다 훨씬 더 작은 미시세계가 있다는 사실에 놀랐고, 미시세계는 거시세계의 법칙으로는 이해할 수 없는 기이한 세계라는 점에서 당황스러웠으며, 세상을 오래 연구해 왔다는 필자가 까맣게 몰랐다는 점에서 너무나 놀랍고 부끄러웠고, 늦게라도 접하게 되었다는 점에서 참으로 다행이었으며, 뛰어난 천재들이 120년여 전부터 깊이 있게 연구해 왔다는 점에서 참으로 감사하고 반가웠다. 그리고는 최고의 천재들이 결국은 한계에 봉착할 정도로 우주 이치가 심오하다는 점에서 겸손해졌으며, 국제사회와 인류 미래에 최고의 행운과 희망과 비전이라고 확신하게 되었다.

요약하면 오래전에 인류가 세상이라는 판도라의 상자를 열어젖힌 이후에 비극을 반복했지만 결국은 마지막 남겨졌던 희망을 발견해 낸 심정이었다.

덕분에 하나뿐인 세상에 합당한 인류 공통의 세계관(우주관)을 정리해서 이렇게 소개하게 되었고, 그간에 필자가 배우고 깨우쳤던 것들을 모두 함께 공유하게 되길 기대하고 염원한다.

2.
고정관념의 대표적인 사례

고대 그리스 철학자들은 물질(만물)의 근원이 궁금했고, 제각각 연구와 생각을 피력했다.

이후 원자(물질의 최소 단위)를 발견했고, 더욱 쪼개 보기 시작했으며, 원자보다 더 작은 미시세계(전자 등)에서 거시세계의 물리법칙으로는 도저히 이해할 수 없는 기이한 현상들을 발견했고, 기이한 현상들이 지배하는 '불확정성의 세계'로 정의·명명했다.

그런데 아이러니하게도 현대 물리학의 아버지로 불리는 아인슈타인은 미시세계의 기이한 현상(불확정성의 확률 세계)을 인정하지 않았다. 왜냐면 아인슈타인은 신이 질서 정연하게 세상을 창조했다고 생각했고, 만물은 확정적인 물리법칙에서 벗어날 수 없다고 여겼기 때문이었다.

결론적으로 그는 세상과 인간이 존재하는 이유에 대한 깊이와 관계까지는 명료하게 이해하지 못했던 것으로 여겨진다. 결국 그는 죽을 때까지 미시세계의 기이한 현상을 받아들이지 않았다.

따라서 여기서 가장 시급하고 중요한 것부터 언급·정리하는 것이 필요하다.

이를 위해서 우리가 상식처럼 여기는 시간이 얼마나 난해한 개념인지 필자의 방식으로 분위기를 잡아 간다.

3.
시간에 대한
고정관념의 파괴

우리는 의심의 여지 없이 정해진 시간에 맞춰서 하루를, 일주일을, 한 달을, 일 년을, 평생을 살아간다.

이처럼 우리에게 매우 편리한 시간인데도 사실은 매우 난해한 개념이라는 사실을 이해하는 사람은 많지는 않을 것 같다.

실제로 세상(이치)에 깊이 파고들었던 지혜로운 철학자들과 과학자들은 시간을 제각각 이해하고 설명했다.

여기서는

- 훌륭한 철학자들과 과학자들이 정의한 시간을 소개하고,
- '우주에서 시간은 절대적이지 않고, 어쩌면 중요하지도 않다.'라는 필자의 견해를 통해서 철학자들과 과학자들로서는 왜 시간이 난해한 개념인지 이유를 설명하고,
- 책의 중반에는 인류가 '시간과 세상과 인생'에 관해서 지닌 오류를 소개하고, 새롭게 보강해야 할 의식을 정리한다.

아마도 '시간이 난해한 개념'이라는 사실을 깨달을수록 그간에 존재했던 세계관들과 믿음이 최고의 고정관념임을 깨닫게 될 것이며, 현존하는 세계관과 인생관과 가치관이 급격히 변화·향상하는 계기가 될 것으로 기대한다.

4.
시간에 대한 철학자들과 과학자들의 정의

"시간은 변화의 척도다. 아무것도 변하지 않으면 시간은 흐르지 않는다."(아리스토텔레스)

"우리가 과거에 대해 아는 것은 오직 과거에 대해 가지고 있는 현재의 기억뿐이다. 과거, 현재, 미래 모두 인간의 정신 안에 있다."(아우구스티누스)

"시간과 공간은 독자적 실체가 아니라 생각의 사물이다. 시간은 동시에 공존하지 않는 것들의 보편적 인과적 질서다."(라이프니츠)

"변화와 상관없이 시간은 흐른다. 아무 변화가 없어도 시간은 흐른다. 수학적이고 절대적인 시간이 존재한다."(뉴턴)

"시간과 공간은 인간이 세상을 이해하는 데 필요한 선험적 형식이다."(칸트)

"우리는 시간을 통해서 사물의 변화를 측정할 수 없다. 시간은 오히려 사물의 변화를 통해 얻어 내는 추상성이다."(마흐)

"시간이 지나는 동안 공간에서 물체의 위치가 어떻게 변하는지 설명하는 학문이 역학이다. 여기서 위치와 공간이라는 말이 무엇을 의미하는지 분명하지 않다."(아인슈타인)

"아무 의미 없는 공간이라는 애매한 단어 대신 좌표계에 대한 상대적 운동이라고 말해야 한다. 독립적으로 존재하는 궤적이란 존재하지 않는다. 단지 좌표계에 대한 상대 궤적만 존재한다."(아인슈타인)

"시간과 공간은 생각의 도구인 인간 지성의 자유로운 창작물이다."(아인슈타인)

"고통, 목적, 목표 등과 같은 심리학이 다루는 개념처럼 공간, 시간, 사건이라는 개념은 과학 이전의 사고에 속한다."(아인슈타인)

"시간과 공간은 실제 존재하지 않지만 이런 개념은 자연과학에 유용하다."(아인슈타인)

"시간이란 아무것도 변하지 않을 때도 흐르는 것이다."(리처드 파인먼)

5.
시간이 중요한 경우와
중요하지 않은 경우(필자의 견해)

이제는 시간이 우리 인간에게 왜 난해한 개념인지 필자의 견해와 방식으로 살펴보자.

오늘날 우리는 시간이 없는 세상·역사·인생·생활은 상상하기조차 어렵다.

그런데 필자의 견해로 우주에서 시간은 절대적인 개념이 아니다.

그래서 시간이라는 도구나 잣대로 우주의 모든 것이나, 근본이나, 미래를 이해하기에는 한계가 있다.

간절한 뭔가를 해내는 경우 시간은 중요치 않아

우주도 인간(우리)도 당초에 본보기가 없었던 뭔가를 최초로 구상·시도·성공할 때 시간은 절대적일 수 없다.

인생과 목숨을 바칠 정도로 소중하고 가치 있는 일(사명, 의무, 책임, 희생, 도전 등)들을 추진하거나, 성공할 때까지 시간은 당연할 뿐 절대적이지 않다.

우주와 인간의 이치를 좀 더 구체적으로 접근해 보자.

일단 시간에 대한 예를 통해서 광범위한 관점을 확보해 보자.

우리가 웜홀 여행이 가능한 우주선을 연구·제작하거나, 인간의 수명과 건강을 100년 더 연장하는 신약을 개발한다면 시간이 당연히 중요하다. 하지만 시간이 절대적인 요소일 수는 없다.

우리가 아침마다 하는 샤워는 일과를 시작하면서 몸을 개운하게 하기 위함이다. 이때 몸을 깨끗이 씻기 위해서 시간이 필요하되 절대적인 요소는 아니고, 사람마다 제각각이다.

만일 지구와 인류를 하나의 세계관·우주관으로 일치·통합하는 공통의 이치를 연구한다고 해 보자.

아마도 인력과 시간과 비용은 물론이고 목숨과 평생을 바쳐서라도 기어코 해내는 것이 중요하다.

사람들이 오랫동안 실패한 난제를 누군가가 성공한다면 그간의 수많은 실패(과거에 쏟아부은 시간)도 성공에 절대적으로 중요한 요소다. 이를 모두 포함하는 것이 우주이고, 우주의 입장에서 시간은 절대적인 요소가 아니다. 그래서 인간으로서는 시간이 난해할 수밖에 없다.

우리가 독재와 폭정 속에서 인간의 존엄성과 인간다운 삶을 위한 자유와 평등과 인권과 정의와 복지라는 민주주의를 최초에 구상한다면 시간과 비용과 희생은 물론이고 어떠한 대가를 치르더라도 기필코 실현해 내는 것이 중요하다.

부모가 자녀를 키울 때 자녀에 대한 사랑과 행복과 건강과 성공과 장래를 위해서 정성과 시간과 비용은 당연하고 더 이상의 불행과 고통과 희생도 감수한다.

이때 외견상으로 사랑과 행복과 건강과 성공이 돋보일지라도 그것은 자녀의 몫이고, 부모의 인생은 숨겨진 더 많은 세월과 정성과 아픔과 희생과 보람 등 하나하나 순간순간이 소중하고, 부모의 부족함과 잘잘못에도 불구하고 그대로가 부모의 인생이다.

그런데 만일 훗날 자녀가 자신이 성공하는 데 필요했던 부모의 직접적인 것들만으로 감사하거나, 나머지는 부모를 무시하고 매도한다면 잘못이다.

우리는 세상에 태어나서 나름대로 성장해 왔고, 다양한 혜택들을 누리고 살아간다. 그런데 우리가 부모와 선배들의 실수와 잘못과 문제들을 포용하지 않고, 집요하게 매도하고 비난하고 공격하게 되면 단세포적이고 비인간적이며, 우주 이치에 합당할 수 없고, 갈수록 악화하면서 몰락할 수밖에 없다.

특별히 중요한 예를 하나 더 들어 보자.

대학(박사학위)이 아예 없던 시대에 대학을 최초에 구상해서 만들어 낸 선구자들을 생각해 보자. 당시에는 대학이라는 본보기가 없었고, 설립에 필요한 법과 절차도 없었으며, 소요 시간과 비용도 몰랐고, 막대한 비용과 수많은 시간을 당연히 감수했다.

선구자들은 인류가 무지에서 깨어나는 것을 중요하게 생각했고, 막대한 비용과 시간을 들여서 노력해 준 덕분에 대학이라는 것이 설립되었다.

여기서 우리에게 중요하고 본받고 감사하고 존경해야 할 점이 있다.

대학 설립에 걸린 시간과 비용과 방법과 절차보다 대학을 만들려고 했던 이유와 동기와 고민과 구상과 용기와 의지와 열정과 집중력 등이 훨씬 더 중요하다는 점이다.

이처럼 당초에 아무런 본보기도 없는 상황에서 우주가 지구에 온화한 생존 환경과 대자연의 동식물과 생각하는 인간을 출현시킨다면 진지하면서도 완벽한 과정이 필수고, 시간은 당연할 뿐 절대적인 요소가 아니며, 시간보다 훨씬 더 근원적인 점들이 많음을 이해해야 한다.

부모가 아이를 잉태해서 출산하려면 10개월 걸린다. 그런데 우주는 138억 년 만에 인류를 출현시켰다.

그렇다고 인류가 우주보다 더 월등한 것은 아니다.

우주는 우리가 생각하는 시간보다 훨씬 더 복잡하고 차원 높은 이치들을 무수히 반복했고, 엄마가 아이를 불과 10개월 만에 출산하는 것도 우주의 이치(결과)다.

시간이 중요한 경우

- 우리가 공장을 짓고, 제품을 생산할 때는 당연히 시간과 비용 등이 중요하다. 왜냐면 인간이 추진하는 일이고, 이익이 목적이며, 실패나 손해를 피하거나 최소화해야 하기 때문이다.
- 우리가 아카데미 시상식을 보고 청룡영화제를 만든다면 당연히 시간이 중요하다. 왜냐면 우리는 무엇을 어떻게 해야 할지 아카데미를 보고 알았고, 시간과 비용에 맞춰서 계획하면 성공할 수 있으며, 시간과 비용 지출이 막대하면 실패하고 포기·중단해야 하기 때

문이다.
- 후진국들은 선진국의 대학을 당연히 보고 알게 되고, 설립자들은 인력과 시간과 비용을 투자해서 절차대로 학교를 세울 수 있으며, 학생들은 입학해서 열심히 배우고 졸업하고, 취업해서 행복하게 살고, 기회가 되면 성공하고 출세한다. 이때는 시간이 중요하다, 시기를 놓치면 궤도에서 이탈하고, 낙오하고, 훨씬 더 힘든 삶을 살 수도 있기 때문이다.

우주는 왜 시간이 절대적이 아닌지, 인간은 왜 시간이 편리하고 중요하고 절대적인지. 현명한 철학자들과 탁월한 천재들이 심오한 우주에 접근·이해할 때 왜 갑자기 '시간'이 난해한 개념으로 바뀌는지 이해되었을 것으로 생각한다.

(※ 필자는 일단 '라이프니츠'와 '칸트'와 '마흐', '아인슈타인'의 일부에 공감하고, 필자의 견해는 아래에서 다시 추가한다.)

우주의 중요한 특징과 시간

시간을 먼저 언급한 만큼 우주의 중요한 특징이면서 동시에 핵심적인 진리에 해당하는 두 가지(시제)를 맛보기 해 보자.
이는 향후 세상을 이해하고 정리하는 데 너무나 중요한 핵심 진리다.

우주의 시제는 현재진행형과 미래 완성형 두 가지뿐.
우리는 세상을 과거·현재·미래로 구분하고 완료형과 진행형과 완성형 등으로 세분한다. 그런데 우주의 시제는 현재진행형과 미래 완성형 두 가지뿐이다.

첫째, 우주는 태초 이래 강력한 힘과 에너지를 사용하면서 부단히 진행 중인 '현재진행형'이다.

둘째, 생각하는 인간을 동반해서 어딘가·무엇인가(목표, 완성, 미래)를 향해 가는 '미래 완성형'이다.

맛보기로 이 정도로 소개하고, 뒤에서 다시 다룬다.

6.
시간에 대한
필자의 견해(1)

아인슈타인은 3차원(공간 좌표계)에 시간을 추가해서 시공간이 관찰자의 상태(위치와 속도)에 의해서 상대적이고, 중력에 의해서 공간과 빛이 휘어짐을 밝혀냈다.

여기서 '시간'에는 우주의 '운영 방식'(팽창, 공전·자전)과 '오랜 반복'(세월, 순환)과 그에 따른 '무수한 현상 및 변화'와 차원 높은 '인간의 생각'(5차원)과 그중에서도 천재성·열정·관찰력·집중력 등이 추가되어 있다.

또한 우주의 무수한 변화(팽창, 진화)와 엔트로피(무질서도의 증가) 현상이 시간과 깊은 연관성을 지닌다.

'엔트로피'란 모든 물질과 에너지는 오직 한 방향으로만 바뀌며, 질서화한 것에서 무질서화한 것으로 변화한다는 열역학 제2 법칙을 말한다.
이는 우주 전체의 에너지양은 일정한 반면에 시간이 지날수록 사용이 가능한 에너지양은 점차 줄어드는 지구의 물리적 한계를 의미한다.

시간은 흐르는가?

우주의 배경복사처럼 엔트로피(무질서도)가 계속 증가한다는 점에서 과학자들은 "시간은 흐른다."라고 말하기도 한다. 물론 어떤 것으로도 '시간'을 똑바로 정의하진 못한다.

시간을 정의할 수 없는 이유를 명료하게 이해하기 위해서는 물론이고 엔트로피(무질서도)에 관해서도 반드시 우선하고 전제해야 할 사실이 하나 있다.

우주가 막연히 흘러가거나 굴러가는 돌덩이들의 집합인가 하는 점이다. 물론 전혀 그렇지 않다.

(※ 이는 물리학의 한계를 극복하는 데 정말 중요하다.)
(※ 인간의 인생이라는 것이 막연히 존재하고, 막연히 흘러가고, 막연히 죽고 끝나는 것인가? 당연히 그렇지 않다. 불교(부처) 이치처럼 세상이 마냥 돌고 도는가? 그렇지 않다. 인간과 인과가 막연히 육도사생을 윤회하면서 불생불멸하는가? 절대 그렇지 않다.

태초에 모습을 사진 몇 장에 담고, 오늘날 모습을 사진 몇 장에 담았다고 가정해 보자. 두 장의 차이를 단어 하나로 표현한다면 무엇일까? 그것은 '변화'다.
이는 우주와 인간의 존재와 만상과 만물과 만사는 모두 이유가 있다는 이야기다.)

우주는 우리가 상상하지 못할 정도로 정교하고 치밀하고, 미래 어딘가를 향하고 있으며, 무엇인가를 위해서 적극적으로 나아가면서 끊임없이 생성·합성·변화를 진행하는 목적세계·진행세계·완성세계·미래세계라는 고차원의 동시 세계다.

그러한 과정에서 대자연의 생물들과 생각하는 인간이 생성되었고, 인간 역시도 그러한 이치로 컴퓨터를 만들어 냈다.

따라서 엔트로피(무질서도)가 증가하는 이치와 결과는 우주를 쓰레기장이나 난장판으로 만들어 가기 위함이 아니라 훨씬 더 정교하고 차원 높은 뭔가를 생성·동반하면서 미래로 나아가기 위함이다.

다시 말해서 우주가 대자연을 생성하는 전후에 무수한 과정(엔트로피)이 필요하고, 우주·대자연이 온갖 성분과 성질과 물질과 생물들을 생성하는 전후에나, 우주·대자연·생물이 고등동물에 이어서 생각하는 인간을 생성하는 전후에나, 우주·대자연·인간이 합작해서 자본주의와 자유민주주의를 만들어 내는 전후에나, 계속해서 발전해 가는 전후에나, 온 인류가 뭉치고 협력하면서 더 나은 인생과 미래로 나아가는 전후로도 무수한 엔트로피(무질서한 부수적·파생적인 잔여물과 쓰레기들과 낙오자들)가 생겨난다.

따라서 인간이 만들어 낸 '시간'이라는 관점·수단으로는 우주를 이해·설명하기 어렵고, 지금까지 인간이 이해하고 접근하고 설명해 왔던 세상은 한계에 봉착할 수밖에 없었다.

기왕에 엔트로피가 언급되었으니

기왕에 말이 나왔으니 이해와 진행이 쉽도록 여기서 전반적으로 가닥을 추려 놓기로 하자.

우리가 컴퓨터를 만든다면 그에 관련된 무수한 쓰레기들과 환경오염

등이 동반된다.

　우주도 138억 년에 걸쳐서 인간을 출현시키기까지 무수한 과정(대자연, 식물, 동물 등)이 있었고, 이는 동식물의 성분과 성질과 본능과 감각과 감정과 생각이며, 생각이 생겨나기까지 엔트로피(무질서도)가 무수히 증가한 셈이다.

　그뿐 아니라 인간이면 누구나 생각하지만 상당 부분은 제대로 된 생각에 미치지 못하거나, 저차원에 머물거나, 남을 해치거나, 세상과 인간을 망치기도 한다.

　물론 적극적으로 생각하는 사람들도 무수히 엔트로피를 만들어 낸다. 적극적인 생각을 구상할 때도, 실천할 때도, 제도와 정책과 사회문화를 만들어 갈 때도 마찬가지다.

　반대로 생각을 본능이나 감각이나 감정이나 세월에 맡겨 놓거나, 대충 흘려보내면 나아가지 못하고 쳇바퀴 돌게 되고, 비리와 불의와 탐욕 등에 휘말려서 악화(악당, 악질)에 의한 엔트로피로 전락할 수도 있으며, 사회악을 만들어 내게 된다.

　이때는 인간의 삶과 관계와 인생과 사회문화가 힘들어지고, 오히려 망가지는 엔트로피(악화, 악순환, 도태 등)로 연결된다.

　그래서 인간은 세상과 인생을 무난하게 살려고 하기보다는 최선을 다해서 살아야 하고, 훨씬 더 적극적·종합적·유기적인 생각과 고차원의 사회문화와 미래로 향상·도약해야 한다.

　특히 심오한 우주 역사와 처절하고도 무궁무진한 인류사라는 관점에서 보았을 때는 세상과 인생과 이치를 상대로 통곡하고 깔깔거리고 울화가 치밀고 까불고 맹비난하는 방식으로는 생각을 바르게 활용·극대화할 수 없고, 오히려 자자손손 악순환이라는 대가(엔트로피)를 치르게 될 수도 있다.

시간의 정의(필자의 견해 2)

시간이란 인간이 생각(지각 능력)을 동원해서 세상(순환 등)에 접근·이해하고, 생활에 활용하고, 이치를 분석·응용·개척하는 편리한 도구(척도, 방식)다.

시간은 인간이 세상을 이해하는 인위적·편의적·공통적인 척도(도구)이고, 공간과 숫자(계산)도 마찬가지다. 그래서 시간은 부단히·무한히 진행 중인 우주의 주체나 핵심이 아니고, 절대적인 개념을 정리하기 어렵다.

인간은 하루를 24개(시간)로 나눴고, 세월(시점)을 과거·현재·미래로 나눴으며, 생은 전생·현생·내생으로, 세상은 전세·현세·내세로 쪼개 놓았다. 그런데 실제 우주는 인간이 만들어 내고 이해·접근하는 개념(시간, 시제, 인생, 세상)과는 차원이 다르다.

우주는 강력한 순간의 연속(현재진행형)이고, 인류를 동반해서 뭔가를 위하고 어딘가를 향해서 부단히 나아가는 미래 완성형이다. 그래서 우주에서 시간은 절대적이지 않다. 다만 인간이 시간(개념)을 만들어 놓고 그에 맞춰서 생각하고 생존하고 생활하고 관계하고 연구하고 살아간다.

인류는 생각이라는 수단을 동원해서 시간과 숫자와 공간 등을 만들거나 이해함으로써 편리해졌다. 하지만 거기에서 그치지 않고 우주(이치, 세상, 진리)를 인간이 만든 시간(전세, 현세, 내세)에 맞춰서 쪼개놓았고, 모두 함께 고정관념에 갇혀 버린 한시적·진리적·근시안적인 포로가 되었다. 그로 인해서 공간은 영역·영토의 확보·확장을 위한 싸움터로, 숫자(순위, 경쟁, 비교)는 서로의 차이와 성패와 이익을 소유·쟁탈하는 각축장으로 전락시켰으며, 총체적인 한계에 봉착했다.

시간은 모든 것에 절대적이 아니라 상대적·제각각(3)

시간에 대해서 좀 더 흥미로운 점을 살펴보자.

우주와 별과 블랙홀과 빛과 인간과 하루살이와 거북이에게 시간(일생)을 적용하면 제각각이다. 물론 이마저도 인간의 기준(생각)이지만 어떻든 존재하는 형태와 방식에서 서로 다른 시간·일생이 적용된다.
이는 우주 이치가 이를 모두 포함한 채 동시에 진행 중일 정도로 심오하고 난해하고 차원이 다양하다는 이야기다.

평생 노예로 사는 사람은 시간(생활, 일생)이 고단하고 고통의 연속이다. 고문당하는 사람은 일생과 순간이 기나긴 지옥과 같다.
반대로 평생이 편안하고 무난한 사람은 시간이 화살처럼 빨리 지나가고, 인생이 덧없고 허망하다.
똑같은 장소와 시간에서 보고 듣고 겪으면서도 서로의 생각이 다르고, 생활도 관계도 인생도 제각각이다.

똑같은 시간(순간·인생·일생)인데도 사람에 따라서 진지하고 진실하고 부지런하고 열정적이고 탐구적이고 개척적인 차이를 지닌다. 반대로 본능적·감각적·감정적·충동적·즉흥적·소모적·퇴폐적인 사람도 있다. 전자에 해당하는 사람들은 훨씬 더 소중한 시간과 가치 있는 인생을 영위한다. 후자에 속하는 사람들은 비극적인 불행과 고통과 고문과 지옥을 경험·반복한다.

역시 놀이와 게임과 사치와 유행을 좇는 사람, 행복과 사랑과 즐거움과 낭만을 누리려는 사람, 열정과 헌신과 희생과 집중으로 최선을 다하는 사람, 고된 노동에 시달리는 사람, 끔찍한 고통과 고문을 당하는 사람은 순간과 시간과 세월과 인생을 느끼고 인식하는 길이와 차이와 속도와 차원이 완전히 달라진다.

똑같은 선생과 교실에서 배우는 학생들도 이해도와 실력과 성적과 진로와 인생 전반은 양적 질적으로 현저히 다르다.

인간은 편의를 위해서 시간을 이용하고 만들어 낼 정도로 대단하다. 하지만 감히 세상(전세·현세·내세)과 인생(전생·현생·내생)까지 쪼개 놓고, '진리'로 착각·주장·억지·고집하는 등 군중 심리에 젖어서 합리화하거나, 스스로 모순과 한계를 정당화함으로써 죄인과 포로로 전락할 정도로 어리석게 영리하다.

이런 이유로 몇천 년이 지나도 현인들과 천재들의 업적과 능력을 일반 사람들이 이해하지 못하는 경우도 허다하다.

극단적으로는 인간에게 수백억 년이 우주의 하루나 며칠에 불과할 수도 있고, 우주는 우리 인류가 만들어 놓은 시간이라는 개념이 무의미할 정도로 수많은 정보와 개념과 차원의 유기체·복합체일 수도 있다.

시간과 속도와 공간의 이치를 동시에 포함·동반하는 우주(4)

화살과 비행기와 포탄과 로켓과 빛이 동시에 출발했을 때 속도(순간속도)와 순간의 위치(과거, 현재, 미래)와 이동 거리는 제각각이다.

이는 우주가 다양한 존재들과 현상들과 방식들을 동시에 포용·동반 중이라는 이야기다. 왜냐면 세상의 모든 것(만물, 현상, 사건, 질서 등)이 다양하게 상호작용·혼합·합성·반응·생성·교차·공생·공존·순환하는 생생한 현장이 바로 우주(지구)이기 때문이다.

그래서 그간에 인간(개인)에 맞춰서 생각했던 우주와 이치들에 대한 고정관념을 깨뜨리고, 대폭 업그레이드해야 한다.

인간이 편의상 쪼개 놓은 시간·시제·인생·세상(5)

우리 인간은 편의상 하루를 24시간으로, 시점(시제)을 과거·현재·미래로, 인생을 전생·현생·내생으로, 세상을 전세·현세·내세로 쪼개 놓았다.

이렇게 인간이 시간과 시제와 인생과 세상을 쪼개 놓은 이유는 4차원의 시공간에 접근할 수 있는 5차원의 생각을 지녔기 때문이다.

그런데 오래전에 인류(생각)는 광대한 세상과 심오한 이치들을 이해할 수 없었고, 인간이 실체와 실상에 깊이 파고들 능력과 자질과 여건이 부족했으며, 그로 인해서 심오한 세상을 인간의 생각대로 이해하고 설명하고 쪼개 놓았고, 거대한 선입견을 만들어 놓고 진리로 여겼다.

어마어마한 지구의 자전·공전에서 보듯이 시간(내일, 미래)은 현재를 순식간에 과거로 밀어내 버린다.

그래서 우리는 과거가 후회스러워도 돌이킬 수 없고, 그리워도 반복할 수 없으며, 현재가 좋아도 붙잡아 둘 수 없다.

이는 우주가 과거에서 현재를 거쳐서 미래로 막연히 흐르지 않고 완벽하게 설계된 무한한 미래가 강력한 힘으로 현재를 순간에 밀어내 버린다는 이야기다. 다시 말해서 현재가 강력한 미래에 밀려나는 연속이고, 인류는 완성될 미래를 위하고·향해서 부단히 변화·향상·도약·개척해야 한다.

실제로 우주와 인류에게는 매 순간 강력하게 밀려오는 미래가 있을 뿐 과거는 흔적과 기억 속에 존재한다.

그래서 우주도 인간도 무한한 미래와 무궁무진한 가능성이 내포된 고차원의 그 무엇이고, 한번, 이미 만들어진 세상과 이치로는 몸담은 현실과 인생조차 감당하기 힘들며, 악과 불의와 저주를 당해 내기 어렵다.

정리)

이제는 앞에서의 철학자들과 과학자들에게 왜 시간이 난해한 개념인지, 왜 시간을 제각각으로 설명했는지 이해될 것으로 생각한다. 다시 한번 위의 내용을 확인하길 바란다.

여기 4/4권은 물론이고 대한민국에 관해서 정리해 놓은 책들(1/4~3/4권)도 지금까지 자신이 지녔던 고정관념을 최대한 내려놓고 엄숙하고 경건하고 진지하게 정독해 가길 바란다.

※ 시간은 우주에서 절대적인 요소가 아니라는 명백한 증거 하나

아인슈타인은 빛(299,892,758m/초)이 절대속도이고, "빛보다 빠른 것은 없다."라고 했으며, 그를 이유로 양자의 얽힘 현상을 인정하지 않았다.

그런데 최근(제임스 웹 우주망원경)에 230억 광년의 은하가 발견되었고, 이는 우주의 나이 138억 년보다 무려 97억 년이나 먼 거리다. 이는 우주 외곽부의 팽창 속도가 빛보다 빨라서라고 한다.

이 역시도 우주는 인간이 사용하는 시간이라는 개념으로는 우주를 완벽하게 이해할 수 없고, 그러면서도 인류에게 시간은 절대적일 정도로 소중한 도구와 기준이다.

(※ 가장 멀리 떨어진 은하는 460억 광년 ±0.1억 광년의 거리라고 한다.)

(※ 우주의 팽창 속도 외에 빛보다 더 빠른 것이 또 있다면 또 무엇인지 생각해 보자. 이는 뒤에서 다시 소개한다.)

제16장.

과학(인류 역사)에서 가장 소중한 발견 또는 업적

1.
인류 역사에서 가장 소중한 발견을 하나만 꼽는다면

여기서는 인류가 이뤄 놓은 수많은 발견 중에서 과학자들이 가장 소중하게 여기는 것을 정리한다.

질문) 인류 역사에서 가장 소중한 발견이나 업적은 무엇이라고 생각하는가?

질문) 조만간 인류가 멸망해서 새로운 영장류와 문명이 생겨나거나, 인류 중에 극소수만 살아남는다고 가정해 보자. 이때 새로운 인류·미래·문명을 위해서 우리가 한 가지를 남겨 놓는다면 무엇을 선택하겠는가?

아마도 우리 대부분은 생각해 보지 않았을 것이고, 곧바로 답변하기 곤란할 것이다. 여기서는 천재 물리학자가 했던 이야기로 대신한다.

"인류의 멸망에 대비해서(새로운 문명을 위해서) '만물은 원자로 되어 있다.'라는 문구를 지구 곳곳에 비치해 놓아야 한다."(리처드 파인먼)

"'과학·인류의 가장 큰 업적은 원자의 발견이다.'라는 말에 이견을 다는 과학자는 없다."라는 말도 있다.

현생인류의 기원은 최단 2만 5천 년에서 최장 25만 년이라고 한다. 그간에 인류는 미개한 원시시대와 고대와 중세와 근대를 거쳐서 현대를 진행 중이다.

왜 원자의 발견이 중요한가?

첫째, 인류는 불과 120~130년 전부터 본격적으로 원자를 연구했고, 문명이 급속도로 발전했기 때문이다. 아마도 지금의 70·80세대는 물론이고 50·60세대 역시도 20·30년 전에는 오늘날을 예상하지 못했을 정도다.

둘째, 물질의 최소 단위인 원자보다 더 작은 미시세계에 우주와 인간에 관련된 심오한 내력과 기이한 현상과 무궁무진한 이치와 미래 가능성이 모두 함축되어 있기 때문이다.

셋째, 이러한 이치들을 통해서 물질과 정신, 우주와 인류, 종교와 철학과 과학과 미신을 하나의 체계로 엮어 낼 수 있기 때문이다.

물론 급격한 문명의 발달로 위협과 걱정과 한계 또한 없지 않다. 하지만 인류는 구더기가 무서워서 된장을 치지 못하는 소극적이고 소심한 겁쟁이들이 되어서는 안 되고, 무엇이든지 감당해서 극복해 가야 한다.

이는 우리가 얼마나 적극적인 자세로 세상과 미래를 상대하느냐에 달렸다. 반대로 인류가 부단히 나아가지 않고, 과거나 현재나 어딘가에 안주하고 정체되면 비극적인 참화와 인류사적인 재난과 지구적·우주적인 재앙을 각오해야 한다.

이처럼 인류 문명은 원자와 전자 등을 발견하면서부터 급속도로 발전했다. 지금 우리가 사용 중인 거의 모든 전자제품은 전자공학의 산물이고, 전자공학이 없는 현대는 불가능하다.
역시 원자보다 더 작은 미시세계를 다루는 양자역학 덕분에 레이저, 트랜지스터, 집적회로, 스마트폰, CT(단층) 촬영이 생겨났고, 양자컴퓨터와 양자통신을 연구 중이다.

2.
우리가 알아야 할
네 가지 핵심

여기서 우리가 반드시 알고 있어야 할 중요한 점이 있다.

첫째, 기존의 종교와 진리로는 세상을 이해할 수 없고, 제대로 미래를 맞이·영위할 수 없다.
왜냐면 과학자들이 원자를 쪼개 보면서부터는 생각(물질)과는 전혀 달리 기이한 현상들이 발견되었고, 연구할수록 난해해졌으며, 수시로 한계에 봉착했고, 지금도 마찬가지이기 때문이다.
이는 그간에 인류가 믿고 따랐던 창조론이나, 진화론이나, 불생불멸이나, 음양오행 등으로는 세상과 미래를 이해도 접근도 할 수 없다는 이야기다.

둘째, 뛰어난 천재들과 석학들이 120년여 전부터 전념해 왔던 거시세계(물리법칙)와 미시세계(양자의 기이한 현상세계)에 관한 연구와 깊이는 우리처럼 평범한 사람들이 생각하는 세상에 대한 인식·지식·믿음으로는 감히 엄두조차 낼 수 없을 정도로 기이하고, 천재들과 일반인들의 격차가 심각하다는 점이다.

심지어 미시세계 곧 양자 세계의 기이한 현상에 대한 견해 차이로 당시에 물리학계가 양분되었고, 현대 물리학의 아버지로 불리는 아인슈타인은 죽을 때까지 기이한 현상(불확정성, 확률로 관측)을 불신·무시했을 정도로 아이러니하고도 심오한 분야다.

역시 양자전기역학으로 노벨물리학상을 받은 리처드 파인먼조차도 "양자역학을 완벽하게 이해하는 사람은 한 명도 없다."라고 말했을 정도다.

이제부터 우리는 세상이 '원자'(물질의 최소 단위)로 끝나지 않고, 기이한 현상과 심오한 이치와 무궁무진한 가능성을 지닌 미래로 연결되어 있다는 사실을 명심해야 한다.

셋째, 우주와 인류에게는 심오한 뭔가가 있을 것으로 생각해야 한다.

우주가 무작정 허공을 떠돌아다니는 돌덩이들의 집합일 수 없고, 기이한 현상들과 심오한 이치들이 무한 반복 중이며, 그러한 과정에서 최고로 정교한 인간이 출현했고, 인간이 생각을 통해서 세상사와 인생사를 감당·극복한다. 그런 점에서 앞으로는 우주와 인간을 단정하지 말고 적극적으로 존중하고 더욱더 깊이 파고들어서 수많은 한계와 문제들을 해결해 가야 한다.

넷째, 깊이 파고들수록 더욱더 심오해지는 우주에 대해서 그간에 우리가 지녔던 답답한 세계관들과 고정관념을 진솔하게 내려놓아야 하고, 진지하고 진실한 마음으로 겸손해지고 경건해져야 한다.

이렇게 보았을 때 인류의 물질문명과 정신 문화의 보물 창고는 원자는 물론이고 원자보다 훨씬 더 작은 미시세계(전자, 양자, 끈 이론, 암흑 물질·에너지 등)라고 봐야 한다.

실제로 과학자 중에는 "모든 학문과 분야가 물리학으로 환원된다."라고 말할 정도로 물리학이 근원적인 학문으로 자리를 잡아 가고 있다. 반면에 물리학자들은 오히려 이를 부담스럽게 여긴다고 한다.

(※ 물리학자들이 부담스럽게 여기는 점에 대해서는 뒤에서 다시 정리된다.)

3.
만물(물질)에 관한
고대로부터의 연구와 주장

고대 철학자들이 물질에 관해서 주장했던 대표적인 내용들을 살펴보고, 내용으로 들어간다.

그리스 철학자들은 만물을 구성하는 근원(원리)에 대해서 입자설, 연속설, 4원소설, 원자설을 주장했다.

※ **물**: 만물의 근원은 물이다.(탈레스)
※ **입자설**: 물질을 계속 쪼개면 궁극적으로 더는 쪼개지지 않는 입자(원자)가 된다.(레우키포스, 데모크리토스)
※ **연속설**: 물질은 무한히 계속 작게 쪼갤 수 있고, 끝까지 계속 쪼갠다면 아무것도 남지 않는다.(아리스토텔레스)
※ **4원소설**: 만물은 흙과 물과 불과 바람(지수화풍)으로 이루어져 있다.(엠페도클레스)

4원소설은 이후에 플라톤과 아리스토텔레스의 지지 아래 19세기까지 주류를 이뤘다.

※ **고대 원자론:** 원자는 무수하며, 원자에는 여러 가지 크기·무게와 형태가 있고, 그것들이 광대한 진공 속에서 회전 운동하면서 비슷한 것은 서로 합쳐진다. 그래서 무거운 원자들의 무리는 우주의 중심(대지)에 모이고, 가벼운 무리는 하늘 높이 올라가 천체가 된다.(데모크리토스)

4.
원자설의 확립

※ **원자설**: 모든 물질은 더 이상으로 쪼개지지 않는 입자, 즉 원자로 이루어져 있다.(돌턴, 1803년)

※ **어니스트 러더퍼드(1871~1937년)**: 최초로 원자모형을 제시(1913년)했다.

로버트 보일(1627년생), 캐번디시(1731년생), 앙투안 라부아지에(1743년생)의 실험으로 4원소설이 정확하지 않은 이론임이 판명되었고, 1803년 돌턴이 원자론을 제기하면서 사람들은 만물의 근원이 원자임을 받아들이기 시작했다.

※ **로버트 보일(1627~1691)**: 아일랜드 화학자·물리학자, 화학에 실험적 방법과 입자 철학을 도입, 근대화학의 첫 단계 구축.

※ **헨리 캐번디시(1731~1810)**: 영국의 물리학자·화학자, 열은 물체 입자의 운동이라 규정, 인공 공기의 실험, 공기에 관한 여러 실험을

통해 고대의 원소(元素)라는 것이 화합물임을 입증. 사후 100년이 지나서야 맥스웰에 의해서 그의 선구적 실험들 대부분이 발견되고 밝혀짐.

※ **앙투안 라부아지에(1743~1794)**: 프랑스의 화학자, 화학을 연금술과 구별하여 독립 학문으로 분리해 낸 화학의 아버지(화학 혁명), 현대의 미터법 제정을 주도, 연소(燃燒)의 개념, 산소의 발견, 질량보존의 법칙, 호흡 원소의 개념 확립, 화합물의 명명법 등으로 근·현대화학 창시자 중 한 사람.

정리)

만물(모든 물질)은 원자로 되어 있고, 그래서 원자는 '물질의 최소 단위'이며, 당연히 우리 인간도 원자(물질) 덩어리다.

원자는 거시세계의 물리법칙을 적용받고, 인간이 지닌 생각(계산, 상식, 능력)으로 이해·접근이 가능하다.

5.
현대 물리학의 핵심인 원자

여기서는 인류 미래(문명과 문화)를 주도해 갈 원자와 원자보다 더 작은 전자 등 미시세계와 기이한 현상들을 상식처럼 간략하게 살펴본다.

원자(Atom), 전자(Electron), 양자(Quantum, 量子)

원자(Atom)

화학원소로서의 성질을 잃지 않는 물질의 최소 단위. 원자는 거시세계의 물리법칙이 적용된다.

원자는 하나의 핵(양성자·중성자)과 여러 개의 전자로 구성된다.

원자의 크기는 반지름이 10-7~10-8cm(10의 마이너스 7승에서 10의 마이너스 8승 cm), 한 개 또는 여러 개가 모여 분자를 이룬다.

'원자 구조'(질량, 체계)로 구성된 것은 전체 우주의 5%에 불과하고, 나머지 95%는 암흑물질(26%)과 암흑에너지(69%)라고 한다.

이는 우주가 심오하고, 인류에게는 무한한 미래가 숨겨져 있으며, 무궁무진한 가능성과 능력을 발휘할 수 있다는 이야기다. (암흑물질과 암흑에너지는 뒤에서 다시 언급된다.)

이런 가운데 2020년에는 국내 연구진에 의해서 '1a형 초신성의 질량', '우주 팽창의 가속도', '암흑에너지의 존재'에 관련된 다른 주장이 제기되고 있으며, 계속해서 풀어 가야 할 과제다.

전자(Electron)

전자는 원자의 주요 구성 성분으로 음전하를 가진 기본입자다. 가장 먼저 발견된 기본입자이고, 가장 잘 알려진 기본입자이며, 가장 중요한 기본입자. 중력 현상을 제외하고는 우리 주변에서 일어나는 거의 모든 현상에는 전자가 핵심으로 관여한다. 전하를 가진 입자 중에서 가장 가벼운 질량이고, 절대적으로 안정하여 수명이 무한대이며, 다른 입자로 붕괴하지 않는다. 이러한 사실 때문에 현재는 우주에서 원자의 주요 구성 성분으로 가장 중요한 역할을 하고 있다.

전자는 우주를 지배하는 네 가지 근본 힘 중에서 중력과 전자기력과 약력과는 작용하고, 강력(양성자와 중성자가 결합한 강한 힘)과는 작용하지 않는다.

양자(Quantum, 量子)

양자(전자, 쿼크 등)는 원자를 쪼개 놓은 것으로 크기에서 훨씬 더 작은 단위다. 양자란 더 이상 나눌 수 없는 에너지(교환)의 최소량의 단위다. 복사 에너지에서 처음 발견하여 '에너지 양자'라고 불렀으며, 그것이 빛으로서 공간을 진행하면 '광양자'라고 한다.

양자는 거시세계의 물리법칙을 적용받는 원자(물질의 최소 단위)보다 훨씬 더 작은 미시세계 곧 현상세계다.

양자 세계는 전자(이중슬릿 실험)의 간섭무늬, 양자의 도약·중첩·얽힘이라는 기이한 현상이 지배한다. 이는 거시세계의 물리법칙으로는 도저히 이해할 수 없는 기이한 현상이다.

그래서 하이젠베르크(물리학자)는 양자(미시) 세계를 '불확정성의 세계', '확률이 지배하는 세계', '확률로만 관측이 가능한 세계'로 정의·명명했다.

하지만 어떤 사람도 그것이 왜 그런지, 왜 그래야 하는지, 그래서 어떻다는 것인지에 대해서는 지금까지 알지 못했다.

(※ 이 책에서 이를 정리할 것이며, 여기 내용이 타당하거나, 설득력을 지닌다면 아마도 인류사에서 가장 고무적이고 획기적인 사건이 될지도 모른다.)

6.
근대·현대 물리학의 발전과
우주를 지배하는 네 가지 힘

근대·현대 물리학에서 과학자들이 발견해 낸 힘은 중력, 전자기력, 약력, 강력이다.

이를 곧 '우주를 지배하는 네 가지 힘'이라 한다.

우주를 지배하는 네 가지 힘

중력(重力)

지구의 만유인력과 자전에 의한 원심력을 합한 힘. 지표 근처의 물체를 수직 아래(지구 중심)로 잡아당기는 힘. 만유인력을 중력이라고 할 때도 있다. 질량이 있는 모든 물체 사이에는 서로 끌어당기는 만유인력이 작용한다. 특히 지구가 물체를 잡아당기는 힘을 중력이라고 한다. 중력이 존재하기 때문에 우리는 공중에 떠다니지 않고 지표면에서 생활한다.

전자기력(電磁氣力)

도선에 전류가 흐르면 도선 주위에서 자기장이 형성되고 그로 인하여 자침이나 자석에 힘을 미친다. 이는 두 자석 사이에 작용하는 자기력과 같은 성질을 띠고 있으면 이를 전자기력이라고 한다.

전자기력은 물체의 무게를 제외하면 일상생활에서 접할 수 있는 거의 모든 힘의 근원이 된다고 할 수 있다.

원래는 전기력과 자기력은 별개로 여겨졌다. 그런데 패러데이의 실험으로 하나의 원리임이 입증되었고, 맥스웰(방정식)이 하나의 체계라는 것을 입증해서 방정식으로 완성했다.

약력(弱力)

원자핵 내부에서 붕괴 방출 작용과 관련된 상호작용.

강력(强力)

원자핵 내부의 강한 상호작용(양성자·중성자의 결합).

위의 네 가지 힘을 하나로 통합하려는 노력이나 관련된 연구가 '통일장 이론', '만물의 이론'(모든 것의 이론), 끈 이론, 초끈(M)이론 등이다.

7.
세상을 하나로 통합하려는 연구와 결실

- 전기와 자기의 통합: 오늘날은 '전자기장'이지만 과거에는 전기와 자기를 별개의 것으로 생각했다.

그러던 중 패러데이는 "전기와 자기는 서로 얽혀서 상호작용하고, 파장을 지니며, "빛(광속)도 전자기파다."라고 주장했고, 과학계에서 비웃음을 받았다. 하지만 그의 말년이 되어서 맥스웰이 사실임을 입증했다.

맥스웰(맥스웰방정식)

맥스웰은 패러데이가 실험·주장했던 "전기는 자기를 발생시키고, 자기는 전기를 발생시키면서 서로 끝없이 꼬인 채 파동치면서 나아간다."라는 사실을 입증했다. 그는 "빛(광속)은 전자기파이며, 299,792,458m/sec"임을 밝혀냈고, '전자기장'이 통합되었다.

맥스웰은 패러데이가 노년일 때 발표했고, 패러데이를 찾아가서 이를 알려 주고 논문을 전해 줬다. 패러데이는 자신을 찾아온 맥스웰에게

"내가 자네에게 충고 하나 하겠네. 늙지 말게."라고 여유와 유머를 잃지 않았다. 영국인들이 가장 존경하는 과학자는 단연 패러데이라고 한다.

시간과 공간의 통합

과거에는 시간과 공간을 전혀 별개의 것으로 이해했다.

그런데 아인슈타인은 시간과 공간은 절대적인 개념이 아니고, 빛이 절대적이며, 속도가 빨라질수록 시간은 느리게 흐르고, 공간도 굽어짐을 밝혀냈다.

(※ 제1장 4. 철학자들과 과학자들이 정리한 시간의 정의에서 아인슈타인의 정의 참조)

물질(질량)과 에너지(운동, 힘)의 통합

과거에는 물질과 에너지는 별개의 것으로 취급했다.

그런데 아인슈타인이 질량은 에너지로, 에너지는 질량으로 변환될 수 있음을 발표했고, 모든 물질에는 어마어마한 에너지가 내재함을 알게 되었다. ($E=mc^2$, 에너지는 질량(m)에 속도(c)의 제곱을 곱한 값)

통일장 이론

아인슈타인은 '우주를 지배하는 힘' 곧 '신이 만물을 창조한 원리'가 궁금했고, 이를 풀기 위해서 전자기와 중력을 아름다운 하나의 방정식으로 통일하려고 몰두했다(통일장 이론). 그는 미국에 망명한 이후 30년여를 몰두했지만 실패했다.

(※ 이 책에서 필자는 "세상은 창조로 끝나지 않고, 창조는 겨우 시작에 불과하며, 세상은 확정적이지 않고, 인간을 통해서 계속 변화되면서 미래로 나아간다."라는 점을 정리하고 있다. 역시 "아인슈타인은 '신과 창조'라는 도그마에 세상과 인간을 고정함으로써 변화해 가는 세상과 인류라는 사실을 몰랐고, 지금까지도 한계에 봉착했다."라고 주장한다.)

페르미연구소(1967년 설립)

원래 이름은 '국립가속기연구소'(미국 일리노이주 시카고 인근)였고, 1974년에 엔리코 페르미(노벨 물리학 수상)의 이름으로 바뀌었다.

이 연구소의 입자가속기 '테바트론'은 둘레가 6.28km에 달하는 초대형 입자가속기다. 연구진은 테바트론을 이용해서 1테라(1조) 전자볼트(eV)로 가속한 양성자와 반(反)양성자를 충돌시키는 실험을 해 왔다. 우주 생성 때의 상황을 재현해서 당시 만들어진 입자들을 찾아내기 위해서였다. 1952년에 12개의 기본입자 중 발견되지 않았던 톱 쿼크를 찾아냈고, 이후에는 모든 입자에 질량을 부여하는 신의 입자인 힉스를 찾는 연구를 주도했다.

하지만 테바트론은 크기와 충돌 에너지 규모에서 CERN(유럽 원자핵공동연구소)의 LHC(강입자충돌기)보다 뒤처졌고, 미 정부는 2011년에 테바트론의 퇴역을 결정했으며, 그간에 연구는 LHC로 넘겨주고, 이후부터는 빛보다 빠르다는 중성미자(뉴트리온)와 우주의 95%를 차지하면서도 베일에 가려진 암흑물질과 암흑에너지에 관한 연구로 방향을 바꿨다.

CERN(유럽 원자핵공동연구소)

CERN에서 관리하는 LHC(강입자충돌기)는 스위스(제네바)와 프랑스 국경의 지하 175m에 둘레 27km 규모이며, 예상 출력에너지 14테라 볼트이고, 13TeV로 가동 중이며, 전자석이 초전도체여서 10K(영하 263℃)를 유지하면서 연구를 진행 중이다. 전 세계 과학자 등 1만 명의 관계자들이 관여하고 있다.

전자기·약력(약·전자기력)

우주가 탄생한 이후 온도에 따라서 강력과 약력과 전자기력과 중력이라는 네 가지 힘으로 차례대로 나뉘었다.
그런데 4개로 나뉘기 전에 우주의 에너지(온도)가 매우 높았을 때는 약력과 전자기력을 구분할 수 없었을 정도로 합쳐진 힘이었다. 이를 '전자기·약력' 또는 '약·전자기력'으로 부른다. 전자기·약력의 통일을 연구하고 증명한 글래쇼와 와인버그와 살람이 공동으로 노벨물리학상을 수상했다.
우주는 지금보다 훨씬 더 이전에는 온도가 더 높았고, 전자기·약력과 강력이 합해져 있었으며, 이를 '초강력'이라 한다.
또 더 이전에는 초강력과 중력이 합쳐지고 '초력'이라 한다.

강력 방정식

1968년에 가브리엘 베네치아노(끈 이론의 창시자 중 한 사람)는 도서관을 뒤지던 중 200년 전에 만들어진 '레온하르트 오일러'의 방정식을 접하게 되었고, 강력을 설명하는 방정식임을 알았다.

만물의 이론(모든 것의 이론)

'전자기력'과 '중력'과 '강력'과 '약력'을 하나의 방정식으로 통합하려는 이론이다.

과학자들은 '만물의 이론'(모든 것의 이론)을 연구했고, 이는 '끈 이론'과 '초끈이론'(양자중력론)으로 발전했다. 하지만 실험적인 입증에 실패한 채 한계에 봉착해 있다.

끈 이론

'만물의 최소 단위는 점 입자가 아니라 양 끝에 접착 성분을 지닌 진동하는 끈'이라는 이론이다.

물리학자인 레너드 서스킨드는 '끈 이론의 풍경'이라는 착상을 최초에 소개했고, 슈워츠와 그린은 우주를 지배하는 힘(전자기력, 중력, 강력, 약력)으로 '끈 이론'을 주장했으며, 수학적으로 완벽하게 입증했다. 그러자 유능한 인재들이 끈 이론 연구에 몰려들었고, 실험적 입증에는 실패한 채 한계에 봉착했다.

초끈이론(M 이론)

에드워드 위튼은 기존의 다양한 끈 이론(26·5·10차원의 세계)에 1차원을 추가해서 11차원의 M 이론을 내놓았다. 하지만 더는 진전을 보이지 못하고 한계에 봉착했다. (M은 Magic, Mystery, Membrane을 뜻한다.)

(※ 근대·현대 물리학의 발전: 유튜브에서 '아인슈타인의 위대한 발견 1·2부'(브라이언 그린), '양자역학'(양자의 도약·중첩·얽힘 현상), '끈 이론 1~3부'(브라이언 그린), '초끈이론', '슈뢰딩거의 고양이', '아인슈타인의 EPR 역설' 등을 참고하길 권한다. E는 아인슈타인, P는 포돌스키, R은 로젠을 의미.)

제17장.

깊이 파고들수록 심오해지는 세상 이치

1.
심오한 세상을
필자의 방식으로 정리·전개하는 이유

천재들과 석학들은 우주를 깊이 파헤칠수록 겸손해졌다.

그렇다면 평범한 우리는 겸손해진 정도로는 어림없고, 그간에 지녔던 세계관과 믿음을 과감하고 진솔하게 내려놓을 수 있어야 하고, 깨부술 수도 있어야 한다.

그래서 필자는 고정관념과 편견으로 가득한 우리(자신)를 과감하게 내려놓길 권유한다. 왜냐면 심오한 세상은 물리학을 포함하지만 실제로는 훨씬 더 고차원이기 때문이다.

현대 물리학의 획기적인 발전과 역할

물리학은 탁월한 천재와 뛰어난 석학들이 아니면 감히 이해·접근할 수 없는 고난도의 영역이다.

이런 의미에서 열악한 시대와 환경에서도 난공불락인 우주의 갖가지 현상과 이치에 파고들었던 과학자들에게 감사와 경의를 표한다.

이뿐만 아니라 물리학 덕분에 어둡던 세상이 몰라보게 밝아졌고, 불편했던 인류가 획기적으로 편리해졌다.

그런데도 인류는 총체적으로 한계에 봉착했고, 과학자들이 물질문명으로나마 인류를 발전과 번영으로 유도해 줌으로써 평범한 우리가 새로운 세계관 겸 우주관을 마주하게 되었다.

이에 대해서 다시 한번 진심으로 경의와 감사를 표한다.

여기서부터는 필자의 관점과 방식으로 진행함을 양해 바란다.

필자의 방식으로 논리를 진행하는 이유

물리학은 기본적으로 물질에 관한 연구가 주목적이다.

그런데 인간은 물질(원자 덩어리)과 생각이라는 기이한 현상을 동시에 지닌 대표적·최종적인 결집체다.

물론 과학자들도 기이한 현상인 생각을 통해서 물질을 연구한다. 하지만 물질과 현상(생각)의 결집체로서의 인간을 동시에 대상으로 하는 학문과 연구와 접근과 언급은 아예 없다.

더 사실적으로 표현하면 세상에 깊이 파고들어서 인류에게 혁혁하게 공헌하고, 심지어 근대·현대 물리학의 아버지로 불리는 뉴턴과 아인슈타인조차도 아래에서처럼 우주의 심오함에 대해서 자신이 얼마나 미약한지 한계를 인정했다.

따라서 천재들의 연구와 논쟁은 일반인들로서는 난해해서 알아듣기 어렵고, 천재들의 오류와 한계 역시 일반인들이 이해하기는 불가능에 가깝다. 그래서 필자는 이를 고려해서 다분히 인간적이고 상식적으로 정리했고, 맑은 정신을 집중하면 누구나 이해하도록 필자의 방식으로 전개했다.

천재적인 물리학자일지라도 일단 필자가 준비한 내용에 집중해 주길 바란다.

왜냐면 이러한 모든 것은 결국 인간의 문제이고, 인간이 풀어 가야 할 과제이며, 결국은 모두의 것으로 일반화되어야 하기 때문이다.

2.
천재 과학자들의 한계 봉착과 겸손함

여기서는 천재 물리학자들이 세상 이치에 깊이 파고든 이후 말년에 피력한 심정을 소개한다.

천재들이 토로했던 경외감을 교훈 삼아서 평범한 우리는 끝까지 겸손함과 경건함을 유지해 주길 바란다.

'근대 물리학의 아버지'로 불리는 뉴턴은 노년에 이르러서
"나는 어린 소년이었다. 내가 바닷가에서 예쁜 조개껍데기와 둥근 조약돌을 줍고 있을 때 내 앞에는 비밀을 감춘 거대한 바다가 누워 있었다."라고 했다.

'현대 물리학의 아버지'로 불리는 아인슈타인은 상대성이론을 발표한 후에 "상대성이론을 안다는 사람은 1도 모르는 사람"이라고 했다.

역시 아인슈타인은 전자기력과 중력을 하나의 방정식으로 결합하는 '통일장 이론'을 완성하려고 죽기 전까지 30년여를 몰두했지만 실패했다.

그는 "신은 난해할 뿐 심술궂지는 않다."라고 연구를 계속했다. 하지만 그는 죽기 전에 제자에게 "어쩌면 신은 심술궂은지도 모른다고 생각하네. 우리가 무언가를 이해했다고 믿는 순간에도 사실은 실체와는 전혀 다를 수 있기 때문이네."라고 말했다.

막스 보른은 "우리가 알고 있는 물리학은 6개월 안에 끝난다."라고 했다. 이는 '폴 디랙'이 전자 방정식을 발표하자 그에 고무되어서 했던 이야기다.

당시에 기이한(양자 도약) 현상을 지닌 전자가 규명되자 물리학계는 핵(양성자)만 규명하면 끝이라고 생각했다.

하지만 얼마 지나지 않아서 원자(물질의 최소 단위) 이하의 미시세계(전자, 쿼크 등)에서 기이한 현상들이 발견되었으며, 더욱 난해해지는 연속이었다.

파고들수록 심오해지고 무한해지는 세상(이치)

물리학의 수명이 6개월이라는 막스 보른의 예측과는 달리 원자핵에서 양성자와 중성자가 강력하게 붙어 있음을 발견했고, 이를 '강력', '강한 상호작용'이라 한다.

이후에 양성자를 잘게 부숴 보았고, 훨씬 더 미세한 입자들(쿼크 등)을 발견했으며, 원자를 구성하는 표준모형을 만들어 냈다.

이는 고대로부터 단순하게 생각했던 물질이 물질로 끝나지 않고, 기이한 현상들이 발견되었으며, 이는 아무도 예측·상상하지 못했던 결과였고, 지금까지도 도대체 그것이 무엇인지, 왜 그런지 이해하지 못한다.

3.
원자(물질의 최소 단위)보다 작은 미시세계의 기이한 현상

거시(물질)세계의 물리법칙으로는 도저히 이해할 수 없는 기이한 현상들에 대해서 하이젠베르크는 "불확정성의 세계", "확률로만 존재하는 세계", "확률로만 관측이 가능한 세계"라고 명명했다.

- 닐스 보어: "양자역학을 연구하면서 어지럽지 않은 사람은 그걸 제대로 이해 못 한 것이다."
- 로저 펜로즈: "이론과 실험이 일치하며 동시에 심오한 수학적 아름다움을 갖추었지만 이건 전혀 말이 안 된다."
- 리처드 파인먼: "양자역학을 완벽하게 이해하는 사람은 없다."라고 했다.

(※ 정말 그럴까? 필자의 견해로는 "양자 세계를 이해하지 못하는 사람은 세상에 한 명도 없을 것이다."라고 머잖아서 바뀔 수도 있다고 짐작·기대한다.)

- 머리 겔만: "양자역학을 아는 사람과 모르는 사람의 차이는 양자역학을 모르는 사람과 원숭이의 차이보다 더 크다.", "양자역학을 모르는 사람은 금붕어와 조금도 다를 바 없다."
- 아인슈타인: 막스 보른은 "양자 세계에서는 모든 것이 확률에 의해서 결정된다."라고 발표했고, 이에 대해서 아인슈타인에게 동의·지원을 요청했다.

그런데 아인슈타인은 "신은 주사위 놀음하지 않는다네."라고 반대 의견을 표현했다.

이에 대해서 닐스 보어는 "우리는 신학자가 아니라 물리학자다.", "신에게 이래래 저래라 간섭하지 마라."라고 했다.

- 스티븐 호킹은 "20년 내로 완전한 이론(만물의 이론)을 발견할 가능성은 50%다."라고 낙관적인 기대감을 표현했다.

그 이유는 한계에 봉착한 끈 이론(1980년대)을 슈워츠와 그린이 수학적으로 완벽하게 입증했고, 십여 명이었던 끈 이론 연구에 갑자기 지망생들이 몰려들면서 과학계가 한껏 고무되었으며, 스티븐 호킹 역시 만물의 이론에 50%라는 기대감을 표현했다. 왜냐면 상대성이론과 양자론을 합쳐 놓은 끈 이론이 수학적으로 완벽하게 입증되자 실험적으로만 입증되면 양자중력론(만물의 이론)이 완성되기 때문이었다.

그러던 스티븐 호킹은 죽기 2년 전에 "향후 천 년 안에 완전한 이론이 발견된다면 낙관적이다."라고 비관적으로 바뀌었다.

왜냐면 이후에 끈 이론이 다섯 분야(10차원)로 쪼개졌고, 이어서 1

차원(초대칭성)이 추가된 11차원의 초끈이론(M 이론 에드워드 위튼)이 발표되었으며, 결국은 실험적인 한계에 부딪혔고, 스티븐 호킹 역시 비관적으로 바뀌었다.

(M은 Magic, Mystery, Matrix, Membrane을 뜻함)

이처럼 그간에 물질(만물)을 깊이 파헤쳐서 인류에게 위대한 업적(전자공학, 양자역학 등)을 남겨 준 천재 과학자들이 예외 없이 한계에 봉착했고, 겸손해질 수밖에 없었다.

왜냐면 그것들이 도대체 왜 그런지, 왜 그래야 하는지, 도대체 무엇인지 설명할 수 없었기 때문이다.

4.
미시(양자)세계는 판도라의 상자 안에 남겨졌다가 마지막에 발견된 인류의 새로운 희망과 미래

원자의 발견과 전자와 양자 덕분에 인류 문명은 급속도로 발전했다.

또 다른 한편에서 원자는 원자폭탄(핵폭탄)과 수소폭탄으로 이어지는 비극적인 판도라의 상자였다.

그런데 필자의 견해로는 원자 이하의 미시세계는 판도라의 상자 안에 마지막 남겨졌던 인류의 희망일 수도 있다고 기대한다.

왜냐면 미시세계 덕분에 필자는 제각각이던 종교(불교·기독교 등)와 철학과 과학과 음양 사상과 인류의 정신문화 등 세계관들을 하나로 통합·일치시키는 인류 공통의 세계·우주관을 정리하게 되었기 때문이다.

물질(원자)에 기이한 현상이 포함된 것은 판도라 상자에 남겨진 마지막 희망

근대 시대만 해도 전기와 자기는 별개의 개념이었다. 만상(현상)과 만물(물질)과 만사(세상사, 인생사)도 별개였고, 남자와 여자도, 육신과 정신도, 물질과 현상도, 현실(현세)과 사후(내세)도, 천국과 지옥도 별개로 생각했다.

그런데 물질(원자)에 기이한 현상이 숨겨져 있었고, 이는 엄청난 반전(희망)이었다.

이는 원자라는 판도라의 상자를 열어젖힘으로써 인류에게 재앙이었지만 기이한 현상세계는 마지막 숨겨진 희망이었던 셈이다. (필자의 연구와 결론이 옳다면)

5.
물질과
현상의 관계

(※ '물질과 현상의 관계'를 이해해야 거시·미시세계를 똑바로 접근·이해할 수 있으며, 여기 내용이 매우 중요하다.)

그래서 물질과 현상의 관계와 크기(비중)를 네 가지로 정리했다.

첫째, 물질 〉 현상인 경우다.
이는 물질(형태, 용도 등)로 확정되어서 기이한 현상은 대폭 약해지거나, 사라지는 것처럼 보이는 경우다.
그릇과 건물 등 물건과 제품과 작품처럼 용도가 확정되면 현상은 무시해도 될 정도로 미미하다.

둘째, 물질 ≒ 현상인 경우다.
빛(전자기)처럼 입자이면서 동시에 파동인 경우는 물질적인 성질과 현상이 동시에 기능·작용한다.
그래서 빛은 만물과 만상의 중간에서 다양한 기능을 수행한다.

셋째, 물질 〈 현상인 경우다.

이는 물질보다 현상이 대부분인 경우로 양자의 도약과 중첩과 얽힘이나, 끈 이론이나, 인간의 생각이 해당한다.

넷째, 물질과 현상을 동시에 포함·운영하면서 만물과 만상과 만사를 지배하는 경우다.

이는 태초 이래 우주가 형태를 갖춰서 인간을 출현시키고, 이어서 인류가 세상을 운영하면서 우주와 인류와 미래를 동시에 완성해 가는 것에 해당한다.

우주는 이러한 모든 것을 기이한 이치를 통해서 진행해 왔고, 인간은 생각을 이용해서 만상과 만물과 만사에 적극적으로 관여함으로써 우주의 계획과 미래를 대폭 앞당긴다.

6.
인간 =
육체(원자 덩어리인 물질) + 생각(기이한 현상)

여기서는 인간의 중요한 특징인 생각(기이한 현상)에 관해서 맛보기 정도로 살펴보자.

우주는 138억 년에 걸쳐서 생각하는 인간을 출현시켰고,
인간은 육체에 생각이 합성된 최고의 고등동물이다.
생각을 물리학으로 연관·접근·이해하기 위해서 예를 들어 보자.

"열 길 물속은 알아도 한 길 사람 속은 알 수 없다."라는 대한민국의 속담이 있다.

- '열 길 물속'은 거시세계의 확정적인 물리법칙을 적용받기 때문에 알 수 있다.
- '한 길 사람 속'은 미시세계의 불확정성(유동적·유기적·확률적 특성)을 적용받는다. 그래서 생각은 수시로 바뀌고 변할 수 있어서 파악하기 어렵다.

- 우리는 '아침에 눈을 뜨자마자 뭔가를 생각한다.', '이것도 저것도 무엇이든 생각한다.', '이렇게 생각하다가 저렇게도 생각한다.', '태초부터 미래까지 무엇이든지 생각해 볼 수 있다.'
- 인간의 삶의 질을 높여 주는 형이상학적인 개념들은 그 자체로 생각이거나, 생각을 통해서 실현된다.

인간의 정신문화에 관련된 믿음, 소망, 사랑, 참회, 회개, 속죄, 반성, 정진, 번뇌, 해탈, 수양, 죄업 등 무수한 의미들을 단어 하나에 종합하면 바로 생각이다.

7.
불확정적·확률적·유동적인 인간의 생각

'열 길 물속은 알아도 한 길 사람 속은 모르듯이'

인간은 '생각·말·행동·약속이 일치할지', '마주한 상황과 이해관계에 의해 달라지지 않을지' 확신하기 어렵다.
그렇다고 변화될 상황과 변수와 가능성과 원인을 전혀 모르는 것은 아니고, 어느 정도 가능성(확률)을 예측하거나, 다양한 상황을 대비할 수도 있다.

A라는 사안에 찬성·반대를 표명할 때 한 사람이든, 여러 사람이든 확정적인 물리법칙으로는 확정할 수 없고, 뚜껑을 열어 봐야 확실하다.(슈뢰딩거의 고양이 상자는 사례 자체가 잘못)

만일 세상과 인간이 확정적인 물리법칙만으로 만들어지고, 존재하고, 생각한다면 아인슈타인(확정성의 물리법칙)과 막스 보른·닐스 보어가 의견을 달리할 수 없다.

역시 하이젠베르크(행렬역학)와 슈뢰딩거(파동방정식)가 서로 다른 방식을 내놓을 수 없다.

양자 세계의 기이한 현상·근원·원리 = 생각의 근원 = 세상과 인류의 존재 근원과 변화의 원리 = 인간의 변화·발전·도태의 원리·가능성 = 무한한 우주와 무궁무진한 인류의 미래로 연결하면 수많은 의문을 풀어낼 수 있고, 훨씬 더 근원적인 문제들과 과제들을 풀어 나가게 될 것이다.

그간에 인류는 생각을 이용해서 과학·철학·종교(불교·기독교·천주교 등)·무속신앙·영의 세계·미신·운명 철학 등을 만들어 냈다. 이제는 온 인류에게 합당한 공통의 세계관·우주관으로 통합·일치가 가능하고, 결국은 하나로 일치·통합될지도 모른다. 다시 말해서 하나뿐인 세상에 합당한 인류 공통의 일치된 세계·우주관을 통해서 우주의 기원·역사·존재 이유는 물론이고 인류의 기원·역사·존재 이유와 인간·자신의 존재 이유와 존재 가치와 미래까지 풀어 나갈 수 있길 기원하고 기대한다.

만일 아인슈타인처럼 우주와 인류를 절대적이고 확정적인 이치(창조주, 경전, 말씀 등)에 국한한다고 해 보자.

그러면 인류는 근본적인 변화와 발전이 불가능하고, 이견과 변수를 극복해 갈 수 없으며, 아예 이견과 변수가 생길 수 없다.

8.
양자적(兩者的) 관점의
극단적 이중성(한계 봉착)

인류는 처절한 역사와 수많은 시행착오를 대가로 지불하고서도 월등한 개념과 차원으로 향상하기 힘들었다. 왜냐면 자신보다 월등한 사람·의견을 적극적으로 존중하지 않거나, 위선과 어리석음과 욕심과 모순을 고집하거나, 심지어 타락과 죄악으로 망가졌기 때문이다.

여기서는 자기보다 더 나은 의견을 부정·무시했던 양자적(兩者的) 관점을 살펴보자.

서로 반대인 양자(兩者)로 진행하는 우주

세상(우주, 대자연) 이치는 밤낮이 교차·순환하는 것처럼 서로 상대적인 양자적(兩者的) 관계 속에서 조화와 균형을 이루면서 진행 중이고, 계속해서 미래로 나아간다.

인간도 기본적으로 양자적 관점(남·녀, 선·악 등)이 적용된다. 하지만 인간은 조화와 균형보다는 양자(兩者)가 서로 불평등과 차별과 논쟁과 대립과 분열과 혼란인 경우가 많다.

반대로 잘 조화된 경우는 새로운 개념과 한 차원 높아지는 전환점이 되기도 한다.

여기서는 먼저 성선설·성악설이라는 양자적(兩者的) 관점을 예로 들고, 이어서 물리학(거시세계와 미시세계)에서의 원자와 양자(量子)에 대한 양자적(兩者的) 관점을 정리한다.

양자적(兩者的) 관점의 부작용 사례

1) 성선설과 성악설이라는 양자적 관점의 모순

맹자는 '성선설'을 주장했다. 이에 순자는 '성악설'을 주장했다.
그런데 사실상 인간이면 누구나 양자적 성향을 동시에 지닌다.
사람에 따라 선 〉 악이거나, 선 〈 악이거나, 선 ≒ 악이라는 이야기다.

첫째, 성선설이 성악설을 부정·무시·외면하고, 성악설은 성선설을 부정·무시·외면했다고 가정해 보자.
둘째, 성선설이 성악설을 수용해서 성선·성악설이 정설로 인정되었다고 해 보자.

이런 경우에 과연 어떤 차이가 있을까?

첫째는 맹자와 순자가 서로 존중·인정하지 않거나, 무시함으로써 더 높은 차원으로 향상하기 어렵고, 오히려 자존심 대립과 감정싸움으로 악화할 가능성이 커진다.

둘째처럼 성선설이 성악설을 받아들였다면 인간에 대한 이해와 연구가 한 차원 높아졌을 수도 있다.

성선설이 성악설을 인정·수용했다면 동양에서 먼저 휴머니즘이 시작되었을 수도 있다. 왜냐면 서로 다른 생각과 다양성과 실체에 대한 진실한 이해와 존중을 통해서 합심 협력으로 다음 단계(정보, 개념, 차원)로 넘어갈 수 있기 때문이다.

이를 '휴머니즘'(서로에 대한 인간애, 모두에 대한 인류애)이라고 해 보자. 그랬다면 '인간은 왜 선과 악을 동시에 지니면서 사람마다 서로 다를까?'라는 단계(차원)로 넘어갈 수 있게 된다.

만일 동양에서 휴머니즘이 먼저 시작되었다고 해 보자.

그랬을 경우 맹자·순자의 성선·성악설과 수준 높은 자질과 태도로 인해서 중국의 민족성과 문화는 자연(생로병사·길흉화복·약육강식)의 순환 이치(오행, 사주팔자)에 머물지 않고, 훨씬 더 이상의 개념들과 차원(인간의 존엄성, 질적 가치 추구, 자율적인 자유, 공통의 지향점 등)으로 발전했을 수도 있다.

반대로 성선설과 성악설이 양자적인 단순성(옳고 그름, 흑백논리, 양비론, 장단점 등)에 머물면 시기 질투, 권력 암투, 빈부와 유·무식의 차별, 가진 자와 없는 자, 공산·민주의 대립, 독재·민주화의 혼란, 보수·진보의 갈등, 지배와 피지배 등 일·이차원적인 수준을 극복해 내기 어렵다.

2) 아인슈타인과 후배 과학자들의 양자(量子)에 대한 양자적(兩者的) 견해

아인슈타인은 신이 세상을 창조했고, 그 원리를 확정적인 물리법칙으로 확신·확정했다. 그래서 그는 우주를 지배하는 힘(당시는 전자기력과 중력)을 아름다운 하나의 방정식으로 통합하려는 '통일장 이론'에 집착했다.

'통일장 이론'을 완성하겠다는 아인슈타인은 '신의 창조'와 '하나님'이라는 도그마에 빠졌고, 후배들의 노력(연구, 진심, 진실)을 불신하고 무시했으며, 이는 스스로 통일장 이론을 포기·방해하는 셈이었다.

거시세계의 확정적인 물리법칙과 미시(양자) 세계의 불확정성(확률현상)은 사실상(원래부터) 하나(합성체)였고, 당연히 하나로 집약되어야 했음에도 불신과 무시와 논쟁으로 대립했으며, 하나로 일치되지 못함에 따라 시작부터 모순이었고, 아인슈타인은 30년을 헛고생했으며, 거시세계와 미시세계가 하나로 일치하지 못함으로써 기존의 낡은 세계관들을 바로잡지 못했고, 인류의 정신문화와 국제사회가 동시에 한계에 봉착했다.

3) 오늘날도 계속 중인 양자(量子)에 대한 양자적(兩者的) 견해

"모든 분야와 학문이 물리학으로 환원된다."라는 주장이 강하게 대두되고 있다.

그런데 오히려 물리학에서는 이를 부인한다.

그런데 이 역시도 아인슈타인에 이어서 후배 물리학자들이 만물의 이론을 부정·부인·거부하는 연속일 수 있다. 왜냐면 물리학이 거시와 미시를 하나로 보지 않았고, 그로 인해서 한 차원 도약(종합)하지 못했기 때문이다.

4) 극단적일 정도로 긍정·부정, 낙관·비관, 선·악이 공존하는 종교적 진리와 그와는 정반대인 현실의 모순과 죄악

고대·중세만 해도 인간은 한없이 어리석었고, 우주가 무한한 영역과 심오한 이치라는 사실은 상상조차 하지 못했다.

당연히 인류 역사는 극심한 빈곤과 기아와 차별과 학대와 노예제 등 처절한 과정을 거쳤고, 지금도 숱한 문제와 위기와 전쟁의 위협 등 부정적인 면들과 함께하고 있다.

한편으로 현대에서는 인간이 서로 협력하면 무엇이든지 감당해서 극복해 낼 수 있음을 실감했고, 서로의 개성과 독창성과 창의력과 잠재력을 무한한 가능성과 저력으로 발휘해 내는 등 긍정과 희망의 가능성도 확대되고 있다.

이때 만일 누군가가 "세상은 지옥이고, 인간은 어리석은 죄인"이라고 주장한다면 어떨까?

아마도 이런 사람과 사회와 세상이 있다면 긍정과 낙관과 희망보다는 부정과 비관과 좌절이 판칠 것이다.

그런데 사실은 인류의 정신문화와 세상 진리를 대표해 왔던 불교(부처)와 기독·천주교(하나님)가 세상과 인간을 가장 부정적이고 비관적으로 폄훼했다.

부처는 세상을 고해(苦海, 고통의 바다)로 인간을 범부 중생으로 취급했다.

예수(하나님)는 세상을 에덴에서 쫓겨난 죄인들이 사는 곳으로, 인간을 원죄를 지닌 속죄양들로 취급했다.

그리고는 그러한 해결을 개인들에게 맡겨 놓았고, 그것도 현실이 아닌 사후로 넘겨 놓았다.

이는 세상과 인간을 적극적으로 존중해도 역부족인 상황에서 부처와 예수가 극단적일 정도로 부정하고 무시했고, 그에 의존하는 사람들이 절대자와 불변의 진리로 모셨으며, 맹목적으로 믿고 따르고 의존할 수밖에 없게 되었다.

이처럼 부정적이고 비관적인 전제와 환경과 조건에서는 세상도 인간도 미래도 절대 좋아질 수 없다.

이에 하나뿐인 세상에 합당한 인류 공통의 세계·우주관이 생겨난 이유이고 동시에 절대적으로 중요한 이유다.

양자적 관점을 수용(존중)해서 성공한 사례

1) 호손 실험과 맥그레거의 X·Y 이론

1800년대 후반에 미국의 성과급제(테일러)나, 호손 실험이나, X·Y 이론(맥그레거)은 종업원들을 위한 다양한 노력과 시도들이 성공한 사례다.

이는 기존에 노동자들의 노동량에 의존했던 생산량 증대에서 종업원에 대한 성과급 실시와 사기 진작과 X·Y 이론을 병합·보완해서 서로의 장점을 극대화했다.

특히 기업과 학계와 정부가 협력해서 종업원들의 주요 관심사와 기업 목표를 결합·일치시킴으로써 근로 의욕과 생산 환경과 작업 능률과 불량률 감소와 경영관리와 기업 성과와 산업계 전반이 탄력을 받아서 비약적으로 발전했고, 생산관리·노사 관리·인간관계 관리 등 경영학과 산업계가 급속도로 발전했다.

이처럼 성선설·성악설이나, 바로 뒤에서 다뤄지는 확정성의 물리법칙·불확정성의 양자 세계가 소모적인 논쟁에 머물지 않고 서로를 인정·존중·보완했다면 몇 단계 몇 차원을 도약하게 되었을 것이라는 이야기다.

2) 육체(물질)와 생각(기이한 현상)이 결합한 인간

우주는 무수한 과정을 거쳐서 138억 년 만에 우주의 모든 원리가 내포된 생각하는 인류를 출현시켰다.

그래서 인간도 우주(양자 현상)처럼 미세한 씨앗(정자와 난자)을 모태로 작은 몸집으로 태어나고, 본능과 감각과 감정의 형성을 거쳐서 맨 나중에 생각이 가동되고, 이후에는 생각을 본격화해서 살아간다.

이처럼 우주는 양자(물질과 현상)를 하나로 결합하고, 양자(육신, 생각)를 인간으로 결합하고, 태초 이래 이러한 방식으로 우주·인간의 원리와 진행 과정과 미래를 동시에 진행·완성해 가는 연속이다.

이와는 반대로 만일 인간의 육체(물질)와 생각(정신, 의식)이 따로 놀면서 서로를 불신하고 무시하면 어떻겠는가?

당연히 우주도 인간도 존재와 발전이 불가능하다.

그런데 이런 모순(남녀 차별 등)이 인류 역사는 물론이고 최고의 두뇌들이 종사하는 현대 물리학에서 계속되고 있었다.

바로 물질(거시세계)에 근거한 상대론(아인슈타인, 슈뢰딩거 등)과 현상(미시세계)에 기반을 둔 양자론(닐스 보어, 막스 보른, 하이젠베르크 등)의 상호 불일치, 부조화를 말한다.

과학자들이 대답·생각해 볼 내용

앞에서 필자는 설사 세상(우주)이 창조라 할지라도 그것은 완성과 끝이 아니고, 겨우 시작이라고 했다. 그런데 사실은 창조라고 할 수도 없다. 왜냐면 138억 년이라는 무수한 변화와 차원의 연속인 현재진행형이었기 때문이다.

인간의 태어남도 완성과 끝이 아니고 겨우 시작에 불과하고, 죽음까지 생생한 현재진행형이다.

이처럼 물질의 최소 단위로 여겨졌던 원자 역시 원자로 완성과 끝이 아니었고, 원자 이하에서 기이한 현상들이 발견되었으며, 오히려 그처럼 기이한 현상이 원자를 만들어 냈다.

이는 세상도 인간도 끝과 완성이 아니고, 상호관계 속에서 무한정 미래로 나아가는 현재진행이고, 반복되는 새로운 시작이고, 무한한 연속(생멸·합성·재합성) 과정이다.

하지만 당시에 과학자들은 물질의 최소 단위인 원자가 끝인 줄 알았고, 물리학도 조만간 끝나는 것으로 착각했다.

그런데 이후에 미시세계가 발견되었고, 아인슈타인과 슈뢰딩거를 비롯한 일부 과학자들은 그것을 인정하지 않았다.

이는 마치 육체와 정신이 하나(일체)인 인간이 육체 따로, 정신 따로라고 착각하고 억지를 부리는 셈이었고, 위대한 발견을 해 놓고도 한 차원 도약하지 못한 채 오히려 한계에 봉착했다.

여기서 지금이라도 과학자들이 대답해야 할 것이 있다.

원자보다 더 작은 미시세계는 물질인가? 아니면 현상인가? 또는 이것도 저것도 아닌가? 이것에도 저것에도 모두 해당하는가? 물질과 현상에 관련된다면 생각이라는 기이한 현상과도 관련지어서 연구해 봐야 하지 않은가?

정리)

원자에는 물질만이 아니라 기이한 현상이 포함되어 있다. 다시 말해서 원자의 운명과 미래는 기이한 현상들과의 무수한 상호작용으로 반응하고 진행되고 결정된다.

인간도 육체(원자 덩어리인 물질)와 생각(기이한 현상)이 하나로 합성된 채 기이한 현상들을 통해서 무궁무진한 가능성을 실현해 내는 고차원의 영장류다.

그래서 태생은 유전적인 성향의 영향을 받는다. 하지만 태생(유전)의 조건에도 불구하고, 인생은 양자 현상의 작용으로 생각(진지함, 냉철함, 열정, 집중력) 등 수많은 후천적인 조건들과의 관계 속에서 진행되고 좌우된다.

우주 역시 태초 이후 물질과 현상의 관계 속에서 무한히 진행·변화 중이다.

필자의 견해

우주는 허공에 떠돌아다니는 돌덩이들의 집합이 아니고, 인간 역시 무작정 존재하는 것이 아니며, 우주는 생각하는 인류에게 모든 것을 반영해서 단계적으로 목적을 수행해 가는 고차원의 그 무엇이다.

이를 쉽게 이해·정리하기 위해서는 우주를 5차원 또는 11차원의 과정·목적 세계로 접근해야 한다.

또한 이를 통해서 한계에 봉착한 문제들이 풀어지거나, 초 미세한 세계(양자, 끈 이론)에서 갑자기 평행우주와 다중우주로 뻥튀기하는 비약(모순?)에 대해서도 과학자들이 다시 한번 정리하는 기회가 있어야 한다.

요약하면

아인슈타인과 슈뢰딩거 등이 당시에 양자 세계(불확정성)를 받아들였다면

- 기존의 물질(원자) = 거시세계의 물리법칙이었던 것에서,
- 물질(원자) = 거시세계의 물리적 법칙 + 양자적 특성으로 융합되었을 것이고,
- 인류의 물질문명과 정신문화가 동시에 수 차원 도약했을 것이다.

지금까지는 어떠했든 앞으로는 그렇게 진행되어야 하고, 과거에 의존한 채 막연히·무작정 존재해 왔던 것들은 매우 쉽고 빠르게 무너지고 몰락할 것으로 기대한다.

9.
양자세계의 기이한 현상이
곧 생각의 근원

 필자는 물질보다 더 작은 미시(양자)세계의 기이한 현상들(전자의 이중슬릿 실험·결과, 양자의 도약과 중첩과 얽힘 현상)이 세상·인류가 생성·존재·순환되는 방식·이치·변화·미래이고, 동시에 생각의 근원·원리라고 주장한다.

1) 전자의 이중슬릿 실험(현상)과 생각(확률)의 유사성

 이중슬릿 실험에서 전자는 인간이 관측하지 않으면 파동(간섭무늬)이지만 관측하면 입자로 바뀐다. 이는

- 미시세계(전자)의 파동 현상은 전자가 관측되면 고유한 특성이 즉각 반응(변화, 상호작용)함으로써 확률적인 형태(결과)로 바뀌는 이치로 봐야 한다.
- 아이가 태어날 때 남자나 여자라는 두 가지 가능성을 지니고, 아기로 형성되면서 체격과 체력과 미모와 성격과 지능과 천성 등을 확

정할 수 없지만 나름대로 확률적(유전적)으로 나눠지는 원리일 수 있다.
- 길을 걷던 남녀 학생이 서로를 목격(의식)하면 각자 지닌 수많은 (고유한) 특성(다양성, 현상) 중에서 하나의(특별한) 상태(호기심, 싫음, 미움, 부끄러움 등)로 바뀌는 이치일 수 있다.
- 다람쥐가 뭔가를 목격하면 상대에 따라 놀라거나, 도망가거나, 먹으려고 하거나, 망설이거나, 꼬리를 치거나, 죽은 척하는 등 확률성을 지니는 원리일 수 있다.
- 그런데 이 역시도 다람쥐의 상태와 환경과 성질 등에 의해서 제각각 다르게 반응한다.

다시 말해서 관측은 곧 상호작용(얽힘)이고, 서로에 맞게 반응하는 현상일 수 있다.

2) '양자 도약'이 생각의 원리인 이유

전자는 에너지를 얻거나 잃으면 이동 경로를 예측·측정할 수 없이 순간에 궤도가 바뀐다. 그래서 전자는 위치와 운동량을 동시에 측정할 수 없다.
이를 인간의 생각에 비교해 보자.
우리가 영화를 보려고 생각했다가 책을 사기로 생각을 바꾼다면 생각이 영화(영화관)에서 책(서점)으로 건너뛴다. 이때 생각은 이동 경로가 없다. 이는 이동 경로보다 더 중요한 것이 많기 때문이다.
다시 말하면 전자가 빛(에너지)을 흡수·방출할 때 궤도가 바뀌는 현상(이유)은 영화에서 책으로 생각이 바뀌면 물리학적인 현상(이동 경로)보다도 훨씬 더 중요한 돈의 크기·비교, 소요 시간·비교, 또 다른 여건과 상황과 가능성 등으로 관심(에너지)이 분산·집중된다. 이는 또 다른 것들과 무수한 상호작용과 미래 가능성이라는 면에서는 물리학적인 하나의 측면(관측, 특성)보다는 기이한 현상세계에서 무수한 것들과 연쇄적으로 반응하고 작용하는 원리라는 이야기다.

3) '양자 중첩'이 생각의 원리인 이유

예를 들면 실수나 잘못이 생겼을 때는 양자의 중첩 현상이 나타날 수 있다.

솔직하게 사실을 인정할까? 실수나 잘못을 부인할까? 아예 없었던 것으로 은폐할까? 다른 사람의 잘못으로 조작할까? 누군가를 끌어들여서 책임을 회피할까? 무엇을 어떻게 해야 할까? 등 무수한 생각들이 중첩 현상을 보인다.

여기저기를 기웃거리면서 휴대폰을 찾을 때도 중첩 현상이 생겨난다. 소파에? 화장대에? 방에? 책꽂이에? 식탁에? 여러 가지 생각이 중첩된다.

그러다가 책꽂이에서 찾았다면 발견(관측)과 동시에 중첩 현상은 사라진다.

4) '양자 얽힘'과 생각

우리가 히말라야를 등반한다고 상상해 보자. 그러면 미시세계에서는 우리와 히말라야가 얽힌다.

이처럼 인간이 뭔가를 생각·상상·관측·시도(얽힘)함으로써 위험을 예측하고, 실패 확률을 낮추고, 성공 가능성을 높일 수 있다.

하지만 실제로 목격한 것과 상상해서 얽힌 것은 차이가 있을 수밖에 없다.

아마도 이것저것을 생각하면 실질적인 얽힘보다는 잡다하게 뒤섞이는 중첩 현상도 동시에 가능하다.

그러다가 실제로 등반을 가 보면 잡다한 현상(얽힘·중첩)은 사라지고 관측한 상태로 확정된다. (이중슬릿 실험에서 전자가 관측되면 입자로 바뀌듯이)

- 예쁜 모자가 전시장에 놓여 있다.

이때 다양한 전문가들이 모자를 보면서 제각각 생각한다. (다양하게 얽힌다)

디자인을 생각하는 사람, 색상을, 섬세함을, 원가를, 판매가를, 제조 시간을, 제조 공정을, 재료들을 생각한다. 이는 보는 사람에 따라 모자와 사람들이 제각각 얽히는 현상이다.

슈뢰딩거의 고양이 실험은 양자의 특성을 이해하지 못한 사례여서 가정 자체가 잘못이다.

아인슈타인은 EPR 역설에서 "어떤 것(양자의 얽힘, 상호작용)도 빛보다 빠를 수 없다."라는 이유로 얽힘 현상을 부정했다.

그런데 아인슈타인은 뉴턴의 법칙과 중력을 연구하면서 태양과 우주 공간을 수없이 생각하고 머물고 왕래했을 것이다. 그리고 태양을 왕복할 때마다 16분씩이 아니라 빛보다 훨씬 더 빠른 순간에 태양과 얽혔다.

양자 세계를 모든 인류의 것으로 만들어야

과학자들은 우주의 심오한 이치인 양자 세계·현상을 호주머니에 넣어 놓기보다는 인간 모두에게 최고의 희망과 축복의 선물로 돌려주기 위해 최선을 다해 주길 바란다.

아마도 모두에게 돌려주려는 과정에서 양자 세계에 관련된 의문들이 풀릴 수도 있고, 모든 인류에게 합당한 공통의 세계·우주관을 통해서 세상을 낙원으로 만들어 갈 수도 있다고 생각한다.

이와는 반대로 만일 기이한 양자 현상이 생각의 원리와 다르다고 생각한다면 거꾸로 반박하는 근거를 제시해 보길 바란다. 이는 뒤에서 다시 정리된다.

(※ 여기 내용은 우리가 세상과 인류와 미래의 온갖 의문과 과제를 해결해 가기 위한 핵심 겸 힌트다.)

- 우주의 138억 년 역사를 통틀어서 가장 훌륭한 작품은 인간이다.
- 인간이 타고난 요소(신체, 본능, 감각, 감정, 천성, 자질, 생각) 중에서 가장 훌륭한 것은 생각이다.
- 인류 문명을 통틀어서 가장 위대한 발견과 훌륭한 업적은 원자(전

자 등 미시세계, 양자 세계)의 발견과 이용이다.

또 어떤 이는 "20세기의 가장 위대한 발견은 우주의 배경복사"(팽창적 우주론의 근거)라고도 한다.

필자는 인류 역사(최장 25만 년에서 최단 2만 5천 년)를 통틀어서 가장 인간다운 업적 겸 합작품은 자본주의와 자유민주주의이고, 그중에도 자유민주주의라고 생각한다.

여기서 '인간', '생각', '양자 세계', '자본주의·민주주의'라는 네 가지의 공통점은 기이한 현상(생각의 집중)과 그에 의해서 생겨난 존엄성의 협력으로 가능해졌다.

10.
빛보다 빠른 것

빛의 속도는 30만km/초(299,792,458m/sec)다.

아인슈타인은 "빛보다 빠른 것은 없다."라는 이유로 양자 얽힘을 부정했다. (아인슈타인의 EPR 역설)

그런데 인간의 생각은 빛보다 훨씬 더 빠르다. 왜냐면 빛은 입자(물질) + 파동(현상)이지만 생각은 입자적인 성질보다 현상이 지배적·절대적이기 때문이다.

다시 말해서 빛은 공간에서 이동한다. 하지만 생각은 이동 경로가 없어도 기억과 경험과 연상과 상상을 통해서 곧바로 원하는 것이나, 필요한 목적지에 도달할 수 있다.

- 아인슈타인은 중력과 우주를 연구할 때마다 광속보다 훨씬 더 빠르게 태양을 생각했다. 빛은 태양까지 왕복 16분 걸리지만 생각은 태양을 1초에도 도달할 수 있다.
- 우리는 생각으로 1초 만에 태양을 왕복할 수도 있고, 태양 안을 살펴볼 수도 있으며, 한 바퀴 돌아올 수도 있고, 가다가 멈출 수도 있다.

- 생각은 관측(빛)을 통해서 순간을 인식하는 것은 물론이고 오래전에 봤던 기억과 경험과 배움을 곧바로 연상해 낸다.

역시 이러한 연상과 생각과 상상과 환상과 몽상과 공상과 망상과 영과 믿음 등 현상(미시·양자·끈)세계는 빛이 없어도 다른 것들과 상호 반응하고 작용한다.

여러 명이 모여서 제각각 미국(누군가)을 생각하고, 태양을 생각하고, 태양계 끝을 생각하고, 우주의 중심과 태초를 생각한다고 해 보자.
만일 빛이 더 빠르다면(우주에서 절대 속도라면) 우리가 이것들을 눈으로 그려 보든, 상상하든 시간상으로 다양한 차이들이 있어야 한다. 그런데 미국도, 태양도, 우주의 중심과 태초의 우주도 제각각 동시에 생각할 수 있다.

우주의 요술 방망이는 바로 인간이다.
우주는 빛의 역사보다 훨씬 더 오래 걸려서 생각하는 인간을 출현시켰고, 이는 빛보다 인간이 차원이 높다는 증거다.
빛은 오랜 시간과 세월에 걸쳐서 미세하게 광학적·생물학적·화학적·물리학적으로 작용한다.
그런데 인간은 요술 방망이인 생각으로 만물과 만사와 만상을 분석하고 이용하는 등 빛으로는 불가능한 무수한 일들을 해낸다.
이는 인간에게 양자적인 특성 곧 생각하는 원리와 기능이 있어서 가능하다.

지구 곳곳에서 사람들은 똑같은 달을 보면서 전혀 다른 생각들을 할 수 있고, 달은 사람들에 맞춰서 제각각의 의미들로 연결될 수 있다. 토끼라는 시상으로 연결되고, 탐사선으로도 연결되고, 생각으로 달나라를 소유·점유해 놓고 분할하고 판매하는 등 다양한 실마리와 상상력과 작품 등으로 만들어 낸다.

물리법칙으로는 물질과 정신과 현실과 비현실과 죽은 사람과 사후세계를 역학적 관계로 설명·정리할 수 없다. 하지만 미시·양자·생각 현상으로는 얼마든지 가능하다.

남녀가 마주쳤을 때 한편에서든 양쪽에서든 마음이 끌리거나, 죽어도 싫은 마음이 생겨나는 것은 물리적 성질과 역학과 빛의 전달과 빛의 속도로는 설명할 수 없다.
이는 양자적 특성처럼 서로가 복합적인 요인들에 얽혀서 다양하게 반응하는 기이한 현상이다.

11.
생각하는 인간이
우주나 빛보다 더 대단한 면들

전쟁과 파국과 재해가 아닌 보통의 경우에 현대는 과거보다 더 앞서고, 자식은 부모보다 더 앞서기 마련이다.

이는 현대인들이 오래전 조상들보다 앞서고, 부모가 조부모보다 앞서고, 제자가 스승보다 앞서는 것과 같다.

이처럼 우주가 인간을 출현시켰지만 결국은 인간이 우주보다 더 대단하고 뛰어날 수 있고, 대단하고 뛰어나야 한다.

설사 인간이 미개했던 초기에는 우주보다 못했더라도 우주의 축소판인 인간이 결국에는 뛰어나야 한다.

그래서 우리는 스스로 "만물의 영장", "존엄한 존재"라고 의미도 가치도 부여한다. 그런데 사실은 위대한 사상가들과 철학자들의 이야기이며, 우리의 실체와 실상과 역사와 문화는 그렇지 못하다.

우주가 138억 년이라는 엄청난 세월을 가동한 끝에 마지막으로 출현시킨 것이 생각하는 인간이다.

만일 자신이 평생을 투자하고 집중해서 훌륭한 업적을 세웠다고 해 보자. 아마도 그 업적(완성)은 자기 인생과 목숨보다 훨씬 더 소중할 것이다. 이 역시 시간이 절대적일 수 없는 이유 중 하나다.

이처럼 우주도 인류를 자기(우주)보다 더 소중하게 여길지도 모른다.

- 인류가 없으면 우주는 있으나 마나다. 왜냐면 인류가 없으면 우주를 인식해 줄 대상이 없고, 우주의 138억 년 역사(만물, 만상, 만사)는 있으나 마나이기 때문이다.
- 인간에게는 우주의 모든 내력과 원리와 성분과 성질 등이 다양한 방식으로 함축되어 있고, 실로 오래 세월이 걸렸다.
- 인간은 우주와 함께 미래를 개척해 가는 정교하고도 무궁무진한 가능성을 지닌 실질적인 주체다.
- 인간은 불과 100년여 존재하지만 138억 년의 우주를 수없이 왕래하면서 감상적으로도 합리적으로도 과학적으로도 인간적으로도 초월적으로도 접근하고 이용하고 설명하고 멋대로 규정도 한다.
- 인간은 불과 수천 년 만에 원시와 고대와 중세와 근대를 거쳐서 현대에 이르렀고, 더 나은 미래를 향하고·위해서 적극적으로 변화·발전하면서 차원을 높여 갈 수 있고, 높여 가야 한다.
- 현재진행형과 미래 완성형인 우주에 과거는 없고, 원리와 흔적뿐이며, 인간이 생각을 이용해서 그것들을 밝혀내고 규명한다. 이는 개인의 능력이 아니라 천재와 석학들의 노력과 업적의 축적(배움, 경험, 상상, 열정, 의지 등)을 통해서 시간과 사건을 거슬러 다닐 수 있고, 태초로 가 볼 수도 있으며, 실체와 실제와는 무관한 공상도 환상도 망상도 가능하기 때문이다.
- 인류는 우주만으로는 불가능한 일들을 수없이 해내는 중이고, 다

수가 협력해서 생각을 집중하면 결국은 불가능할 것이 없을 정도로 무한한 잠재력과 가능성을 지닌다.

중력에서는 빛도 휘어진다. 그런데 생각은 중력에서도 자유자재다.

- 빛은 스스로 후퇴하지 못하고, 알아서 회전하지 못한다. 하지만 생각은 후퇴도 꺾이기도 회전하기도 멈추기도 한다.
- 빛은 일단 존재·출발하면 줄기차게 나아갈 수밖에 없다. 그런데 생각은 중간에 말아 버릴 수도 있고, 정반대로 바꿔 버릴 수도 있다.

아인슈타인의 상대성이론에 의하면 블랙홀이 존재한다.
그런데 아인슈타인은 "블랙홀은 수학적으로만 존재하고, 실제로는 존재 불가능하다."라고 말했다.
만일 빛이 블랙홀에서 빠져나오지 못한다고 하면 "빛보다 빠른 것은 없다."라는 자기(상대성) 이론을 스스로 뒤엎는 것이기 때문이다.
그런데 최근에 블랙홀이 수학적으로만이 아니라 실제로 존재한다는 촬영 영상들이 계속 공개되고 있다.

- 빛도 빠져나올 수 없는 블랙홀에 생각은 접근할 수 있고, 사건의 지평선에 가 볼 수도 있으며, 블랙홀의 특이점으로 가 볼 수도 있고, 계속 들어갈 수도 있고, 다시 빠져나올 수도 있다. 이때 우리의 생각은 블랙홀과 얽혀서 갖가지로 상호작용(연구, 이해)하면서도 자유자재라는 점에서 차원이 높고, 사실은 블랙홀보다도 차원이 높고, 결국에는 블랙홀을 이해하고 이용하고 응용하게 될 수도 있다.

이는 우주가 138억 년의 모든 내력과 과정과 원리를 생각하는 인간에게 함축해서 출현·동반 중이고, 인간은 정교하면서도 섬세한 고차원의 가능성을 지닌 영장류라는 증거다.

이제부터 인류는 세상에도 인간에도 부정적·비관적이었던 낡은 세계관들(부처와 예수)을 극복해야 하고, 세상 진리와 인류의 미래를 의존해서는 안 된다,

12.
끈 이론

'끈 이론'이란 우주를 구성하는 근본은 '점 입자'(서로 끊어진 입자)가 아니라 '양쪽 끝이 접착력을 지닌 진동하는 끈'이라는 이론이다.

이는 수학적으로 완벽하게 입증되었다. 하지만 실험적 입증에 실패한 채 한계에 봉착해 있다.

'끈 이론'이 타당한 이유 겸 근거(필자의 견해)

'끈 이론'은 우주(현상과 물질과 변화와 시간과 세월 등)를 지탱해 주고 연결해 주면서 만사를 가능하게 해 주는 근원에 관한 이론이다.

우주는 정교하게 연결된 하나의 시스템이고, 질서 정연하게 상호작용한다. 덕분에 기이한 양자(도약, 얽힘, 중첩) 현상이 동시에 가능하다.

역시 끈 이론의 현상 덕분에 빛은 빛대로(광속으로), 소리는 소리대로(음속으로), 각자의 천성과 다양성도, 능력과 노력과 협력도 동시에 소화해 내고, 그러한 연장선에서 무수한 정보들로 연결되고, 더 이상을 도전하고, 미지를 개척하고, 삶의 양적·질적 차원을 모두 소화해 낼 수 있다.

또한 생각하는 인류에게는 '끈 현상' 덕분에 우주의 모든 이치가 함축·압축되어 있고, 우주의 주체로서 원하는 목적과 미래를 위하고·향해 갈 수 있다.

이처럼 인간의 생각도 양 끝에 접착 성분을 지닌 진동하는 끈처럼 자신이 원하는 것에 접근·관측·밀착·협력해서 분석·활용·응용·개척·실현·도약할 수 있다.

우주의 최소 단위는 '점 입자'가 아니라 '양 끝이 접착력을 지닌 진동하는 끈'이기 때문에

우주를 유기적으로 연결해 줄 매질과 에너지(동력)가 상호작용할 수 있고, 우주가 매 순간 살아 움직이면서 미래로 나아갈 수도 있다. (암흑에너지와 암흑물질은 계속 풀어야 할 과제)

우주가 태초 이래 계속 광활해지고, 더욱더 정교해지는 이유이기도 하다.

진동하는 끈 이치에 의해서 인간이 생각을 동원해서 뭔가를 관측하면 서로 반응·작용하고, 그러한 원칙과 현상은 계속 진행된다.

초면인 남녀 사이에 설렘(연결 고리)과 이심전심(인연·인과)이 생겨난다.

개가 후각으로 마약을 찾거나, 범죄자를 추적한다.

만유인력도 원심력도 가능하다.

질량이 무거웠을 때 시공간이 휘어지는 중력 현상이 가능하고, 정확하게 계산할 수도 있다.

밤·낮과 온·냉과 시간·공간이 질서 정연하게 연결·순환된다.

만물과 만상이 체계적으로 상호작용하고, 덕분에 만사가 생겨난다.

양자의 기이한 현상(도약, 얽힘, 중첩)을 인간이 관측·이용·응용하면서 무한히 나아갈 수 있다.

우주는 '양 끝에 접착력을 지닌 진동하는 끈'으로 구성·연결된 변화무쌍한 이치여서 모든 것이 동시에 가능하다.

13.
하나의 체계로 일치·통합되는
우주와 인류의 미래

여기서는 138억 년의 우주와 47억 년의 지구와 인류의 문명·문화가 하나의 세계 겸 새로운 우주관으로 일치·통합되는 다양한 차원의 이치로 요약해 보자.

1·2·3차원은 공간(입체)이고, 4차원은 세월(흐름, 시간)이 추가된 시공간이다. 이런 결과로 만물이 생겨났고, 3·4차원이 오랜 세월 반복되어서 결국 생각하는(5차원의) 인간이 출현했다.

이후부터 인간은 생각(5차원)을 통해서 세상을 이용·관리·개척하면서 스스로 차원을 높여 가는 수고롭고도 자율적인 영장류다.

'인간이 차원을 높여 가야 하는' 이유는 우주와 지구가 오랜 세월 동안 무수한 과정을 거쳐서 맨 마지막에 5차원의 인간을 출현시켰기 때문이다.

여기 내용을 통해서

- 천재 물리학자들과 평범한 사람들의 현저한 격차를 대폭 줄이고,

- 138억 년 전(태초)부터 지금까지 그리고 지금부터 더욱더 변화될 미래에 대해서 종합적인 안목과 체계를 확보하고,
- 거시세계(확정적 물리법칙)와 미시세계(기이한 현상, 불확정성)를 연결·보완해 주는 연결 고리를 찾고,
- 원래부터 일체였던 원자의 겉과 속을 그간에 서로 다르게 생각했던 고정관념을 바로잡고,
- 아직도 좁혀지지 않은 상대론과 양자론을 하나로 연결·해결해 주는 매개체를 이해하고,
- 미시세계(양자역학, 끈 이론)에서 갑자기 거창한 평행우주(스티븐 호킹)와 다중우주(양자론)로 비약해 버린 이론들이 사실인지 아니면 황당한 뻥튀기인지, 무엇을 어떻게 우선해야 하는지 다시 한번 확인해 보는 계기가 되길 바란다.

우주는 5차원의 목적·과정 세계

미시세계처럼 기이한 현상은 세상과 인류에 관해서 오랜 세월 끊임없는 의문과 고민과 열정으로 집중해야 이해·종합할 수 있다. 이에 여기 내용도 필자의 방식으로 정리한다.

우주의 138억 년을 5단계의 목적·과정 세계로 함축하면 이해와 종합이 쉬워질 수 있다.

* 1단계: 우주는 구상·설계하는 과정이 있었다.
우주가 자체적으로 목적과 존재 방식과 운영 방법과 미래 완성을 계

획·설계하는 과정이다. 이는 순수한 현상의 차원(단계, 상태)이라고 할 수 있고, 우리가 상상할 수 없는 심오하고 어마어마한 뭔가가 있었다는 이야기다.

* **2단계**: 우주가 계획을 실천·실현하는 과정이다.

계획대로 우주는 팽창적이고 심오·기이한 현상들로 무수한 은하계와 태양계(지구)에 대자연이라는 조화로운 영역과 생존 환경을 만들어 냈다.

(※ 제1~2단계는 필연적인 과정이다. 우리가 아기를 잉태·출산·육아할 때 최소한의 환경(밑바탕과 여건)을 제공해야 하는 이치와 같다.)

* **3단계**: 지구에 다양한 생물들을 시작으로 생각하는 영장류인 인간이 출현했다.

생각하는 인간이지만 본능과 생존과 생계를 해결해야 하고, 자연에 의존할 수밖에 없는 등 숙명적인 과정이 추가된다.

* **4단계**: 인간(생각)을 통해 우주(미래, 완성)가 원하는 무수한 정보들(문화, 사회, 개념, 업적, 문명, 공통의 가치 등)이 만들어지고 공유된다.

(※ 인류가 세상에 관한 관심으로 어둠과 무지에서 벗어나기 시작하고, 갖가지 경험과 지혜를 축적하고, 심각한 부작용과 처절한 대가를 치르면서 발전해 가는 운명적·인과적인 과정이다.)

*** 5단계:** 우주는 인류를 동반하고, 인류는 우주에 편승·적응·활용하고, 서로 협력해서 미래 무엇인가를 위하고, 미래 어딘가를 향해서 나아감으로써 인류 미래와 우주 미래를 일치·완성시켜 간다.

(※ 이는 인류가 합심·협력해서 모든 장점을 모으고, 단점과 부작용과 한계와 난제를 해결하면서 차원 높은 세상과 미래를 만들어 가는 개척적인 과정이다.)

5차원의 과정·목적 세계에 인류가 추가되면 아래에서처럼 11차원이 될 수 있다.

우주를 최소 5차원에서 최대 11차원으로 이해하면 거시와 미시도, 물질과 현상도, 상대론과 양자론도, 천재들과 일반인들의 극심한 격차를 좁혀 갈 수 있고, 일치점을 찾아서 인류 공통의 세계·우주관을 형성해서 적극적으로 가치를 발휘하면서 미래로 나아갈 수 있다.

14.
5차원의 우주에
인류를 추가하면 11차원의 세계

우주에 인류가 추가되면 11차원의 세계(1)

- **1~3차원**: 선(x)과 평면(y)과 공간(z)이 합해지면 3차원의 세계다.
- **4차원**: 3차원에 시간(세월, 변화)이 추가되면 만물과 만상과 만사가 어우러지는 시공간의 세계다. 시공간에 존재한다는 사실만으로는 인간 역시 동식물과 다름없는 4차원적인 존재물에 불과하다.
- **5차원**: 인간은 생각(5차원)을 통해서 4차원(시공간)을 이용·관리하고, 더 높은 차원으로 연결하기 위해서 열심히 노력하는 인생과 일생이다.
- **6차원**: 인간은 서로 협력·보호·지원·존중·육성·지원해서 세상 이치(시공간)를 이용·연구·분석·도전·개척·응용함으로써 과학 문명으로 도약했다.
- **7차원**: 인간은 더 나은 질적인 삶과 가치를 위해서 자유와 평등과 정의와 인권과 복지 등 형이상학적인 최고급 개념과 인간다운 삶의 보장과 향상을 지향·추구·실현한다.

- **8~10차원**: 우주에 대한 관심사와 연구(8차원)로, 우주 진출(9차원)로, 본격적인 우주의 개척(10차원)으로, 우주와 인류가 일체로 계속 차원을 높여서 또 다른 차원(11차원)의 시작·계속일 수 있다.

정리하면

* **1~3차원**: 위와 같다.

* **4차원**: 우주의 모든 이치(기운, 현상, 성분, 성질 등)가 함축·압축된 인간이 출현했다.
우주는 인류가 인식해 주지 않으면 있으나 마나다.
인류가 없으면 우주는 존재할 이유와 가치가 없을 정도로 소중하고 대단한 영장류다.
심오한 우주의 목적과 실체를 인식·활용·협력·응용·도전·개척·실현해 낼 주체가 인류다.

* **5차원**: 인간은 생각을 이용해서 식물들(성분과 성질)이나, 동물들(성질, 본능)과는 전혀 다른 삶을 살아가고, 누적된 경험을 통해서 세상을 다양하게 이해·해석하면서 제각각의 사회문화를 이루게 된다.

* **6차원**: 인류는 축적된 지식과 학문과 산업과 기술을 바탕으로 과학 문명을 이뤘다.

* **7차원**: 인간다운 삶의 양과 질이 급격히 향상되었고, 각 개인의 인간다운 삶을 위해서 존엄성을 도출해 냈으며, 국가는 자유와 평등과 정

의와 인권과 복지와 번영을 존중·보장하게 되었고, 각 개인은 좀 더 나은 형이상학적인 질적 가치를 추구한다.

* **8차원**: 인류는 삶의 양과 질이 획기적으로 좋아지는 것과는 반대로 갖가지 병폐와 위기와 한계에 봉착하고, 우주에 관심(관심, 연구, 개발 등)을 기울이기에 이르렀다.

* **9차원**: 인류는 세상·우주에 대한 올바른 이해를 통해서 그간에 모순과 오류와 한계를 깨닫고, 과거와는 전혀 다른 정신문화(세계관·우주관)로 업그레이드하고, 그러한 과정에서 생겨나는 위력을 심오하고 무한한 우주(이해, 연구, 진출)로 집중한다.

지구에서 수많은 문제와 한계를 극복해 내는 원리를 우주(이치)에서 찾아내거나, 실제로 진출하는 새로운 희망과 번영과 비전으로 방향을 모색한다.

* **10차원**: 인류는 몸담은 지구를 우주적인 관점으로 재정립하고 재정리하는 등 고차원의 안목과 지혜와 인생과 방법과 위력을 확보·발휘·영위·창출할 수도 있다.

* **11차원**: 우주와 인류의 일치를 통해서 또 다른 차원으로 계속 연결·연장해 갈 수도 있다.

인간을 위주로 요약한 11차원(2)

- **0차원**: 우주가 폭발하기 전의 고밀도 상태(심오한 목적과 이유)는 인간이 상상하기 힘든 고차원이다. 다시 말해서 단순한 0(無)이지만 1-9까지 모두 함축되어 있고, 관련되어 있다.
- **1차원**: 선(x축, 직선)
- **2차원**: 면(x·y축, 면적, 영토)
- **3차원**: 입체(x·y·z축, 공간), 폭발로 시작되는 공간
- **4차원**: 3차원 + 순환(세월)의 시공간, 우주 만상·만물·만사의 생성, 합성, 운영, 변화

(※ 1~4차원은 세상과 인간에게 동시에 필연적인 과정이다.)

- **5차원**: 생각하는 인간의 출현 = 식물(성분, 성질) + 동물(성질, 기능, 구조, 본능, 감각, 감정, 성향) + 생각

(※ 5차원(생각)이 개입하면서 숙명적인 관계와 삶으로 진행(향상)된다. 인류가 존재하는 동안에는 숙명(음양오행)적인 조건과 관계는 피할 수 없고, 서로의 단점을 최소화하고 장점을 최대화해서 숨겨진 이치들을 일반화해서 숙명적인 비중을 줄여야 하고, 그래야 다음 차원으로 계속 넘어갈 수 있다.)

- **6차원**: 위 1차원 + 생각(본능과 두려움과 안전 등을 위한 도구 사용, 단순히 먹고 보고 듣고 배우는 생각)
- **7차원**: 위 2차원 + 생각(활동, 관계, 소유, 전통, 문화, 관습, 물질

등에 관한 생각)
- **8차원**: 위 3차원 + 생각(과거를 포함한 현실적인 모든 생각)

(※ 1~4차원(숙명적인 조건)에 추가된 5~8차원은 음양오행처럼 세월과 인과가 반복되면서 복잡다단하게 꼬일 수밖에 없는 운명적인 과정(이치)이다.)

- **9~10차원**: 위 4차원 + 생각의 깊이와 위력과 일치 (거시적·미시적 관점을 통해서 자립적·독립적·개척적 과정)

인간의 존엄성을 극대화해서 인간으로서의 기본적인 문제들을 극복해 내고, 시야를 만물과 만상으로 돌려서 구체적으로 접근·분석·정리·정립·응용하고, 좀 더 인간다운 도전과 모험과 희생과 사명과 열정과 기술을 축적해 가고, 인간에게 너무나 당연한 행복과 사랑과 낭만보다 좀 더 높은 차원(가치 추구·실현)을 모색하고, 지구라는 울타리에 머물지 않고 훨씬 더 근본적이고 심오한 우주에 관한 관심·연구·도전·개척을 고민·시도·본격화한다.

이러한 과정에서 극소수일지라도 일반인들로는 개척·실현이 불가능한 지식, 산업, 학문, 기술, 문명을 이뤘고, 자유, 평등, 정의, 인권, 복지 등 형이상학적인 최고급 개념들을 도출해 냈다.

- **11차원**: 생각 + 순간의 적극성 + 현재(끊임없는)진행 + 미래(인류와 우주) 완성

우주와 지구와 인류와 인간과 각 개인의 존재 이유와 가치를 일치시

켜 나간다.

11차원은 1~4차원이 그랬던 것처럼 전적으로 우주의 몫(또 다른 시작)이다.

차원의 핵심

지구가 닫힌계라는 사실은 결국은 공동의 운명체, 하나의 합성체라는 이야기다. 그래서

- 인류(개인, 인간, 역사, 정신문화)는 저 차원이나, 어느 하나의 관점·차원에 머물지 말고 근본적·획기적·적극적으로 변화·향상·발전·도약하면서 부단히 나아가야 한다. 계속해서 한곳에 오래 머물면 동식물(존재물)들과 똑같거나, 오히려 동물들보다 훨씬 더 구제 불능이 되거나, 위험하고 험난하고 잔악한 꼴들을 주고받을 수도 있다.
- 인류가 하나의 차원에 오래 머물면 적극적으로 나아갈 수 없고, 결국에는 너와 나를 따질 것 없이 모두가 잘못한 대가를 치르게 된다. 왜냐면 한곳에 머물면 누군가는 잘못된 과거(야욕 등)나 후진성(무지, 본능, 생계 등)에 기생해서 악용하기 마련이고, 사람들은 악순환(야욕, 병폐, 독재 등)에 붙들리기 때문이다.
- 인류가 서로 합심·단합하면 기본적인 것들을 해결할 수 있고, 서로 존중·협력·지원하면 초월적인 위력과 저력을 발휘할 수 있으며, 결국은 불가능이 없을 정도로 모두 함께 향상·발전·번영을 누리면서 차원을 높여 갈 수 있다.
- 인류가 차원을 높여 가기 위해서는 그간에 형성되었던 수많은 고정관념을 극복·승화해야 한다. 이를 위해서는 마주하는 순간에 순

수·진실·충실해야 하고, 개인적인 도덕, 윤리, 선악, 겸손, 영생, 천국, 성공, 죄책감, 비난, 공격 등을 적극적으로 이해하고 승화하고 용서해야 한다.

이는 정말 소중한 이야기지만 모두의 몫과 공으로 남겨 놓고 넘어간다.

15.
우주와 인간의 거시적·미시적 공통점

거시적 공통점

- 우주는 빅뱅 이후 끊임없이 성장(팽창·순환·생성·재합성)하면서 계속해서 새로운 세상과 미래를 만들어 간다. 다시 말해서 우주는 빅뱅과 동시에 단 한 순간도 똑같지 않고, 엄청난 변화의 연속이다.
- 모든 인간은 새로운 세상(시대, 환경)에서 태어나고, 완전히 새로운 인생을 통해 무수히 변화하면서 미래로 나아간다.

미시적 공통점

- 우주는 138억 년 만에 최고로 정교하고 섬세한 '인간'(기이한 현상을 지닌)을 출현시켰다.
- 인간은 작은 신체로 태어나서 생각(기이한 현상)이 발달하고, 생각이 인생과 세상을 변화시킨다.

이에 대한 문제 겸 과제

거대하고 심오한 우주와 인간에 관련된 이치·진리를 겨우 개인적인 목적이나 서로의 관계에 맞추면 거시적·총체적 안목과 자질에 무지·소홀·무관심·역행할 수밖에 없다.

인간을 우주와 인류로 확대하면 후세대는 과거 선조들과 지금의 앞 세대가 무수히 만들어 놓은 낡은 제품과 고정관념과 습성들에서 훨씬 더 인간답고 성숙하고 근본적으로 깨어나게 되고, 인류와 우주로 차원(의식)을 높여 갈 수 있다.

16.
인간은 스스로 가치와 차원을 높여 가는 명예로운 영장류

　인간은 필연적인 조건 속에서 숙명적인 삶을 살 수밖에 없고, 이어서 복잡다단한 운명과 인과적인 관계로 엮일 수밖에 없다.
　그래서 일상적인 용도·가치(생존·생계·관계·비교·경쟁)보다는 사회문화적이고 미래지향적인 가치를 지향·추구·실현하면서 계속 차원을 높여 가야 번영과 발전을 주도해 갈 수 있다.
　인간은 자립적·독자적·개척적인 삶을 통해서 자신(인간)과 우주의 존재 가치를 동시에 높여 갈 수 있고, 높여 가야 하는 자율적이고 명예로운 최고의 영장류다.
　실제로 인류는 4·5차원, 4·5·6차원, 4·5·6·7차원, 4·5·6·7·8차원 등 새로운 개념과 차원을 계속 추가해 왔다.
　이는 사람마다, 인연마다, 지역마다, 사회마다, 시대마다, 나라마다 제각각의 자체적인 체계(질서·이치·차원)와 가치가 동시에 존재하는 원리이기도 하다.

　- 4차원(동물)적이란 무궁무진한 가능성을 지닌 인간의 생각이 적극적으로 기능하지 못하는 삶이다.

그래서 생각이 타고난 속성(본능, 감각, 감정, 생존, 생계, 가족, 인연, 관계, 이익, 습성, 정분 등)을 위주로(위해서) 가동·이용된다.

이는 5차원(생각)이 6차원으로 나아가지 못하고 2·3·4차원적인 관심과 해결에 집중되는 형이하학적인 삶이다.

모든 동물은 '무리', 인간은 '우리'라는 본능적·감각적·감정적·감상적인 삶(생존·생계·안전·번식·정서·습성)을 위주로(위해서) 살아가고, 평생 숨 쉬고 먹고 마시고 배설하게 된다.

이는 특별히 연구할 필요 없는 필연적이고 숙명적이고 운명적인 삶이어서 미개하고 원시적인 형태에 가깝다.

- 4·5차원적이란 4차원에 건강·미모·안전·행복·사랑·소유·자기강화·자기 미화 등이 추가되는 삶이다.

4차원과 5차원(생각)을 종합하면 약육강식, 적자생존, 생로병사, 길흉화복, 수복강녕, 호의호식, 입신양명, 부귀영화, 지배·피지배, 권력투쟁, 영토확장 등에 가치를 두게 된다. 이런 사람들과 나라들은 인생·관계·사회·문화·역사가 비교와 소유와 경쟁과 대립과 전쟁 등 저차원으로 진행되면서 처절한 과정들을 겪게 된다.

그래서 4차원의 동물들은 생각하는 4·5차원의 인간을 해 볼 수 없고, 역시 4·5차원적인 사람들은 적극적으로 생각하는 4·5·6차원의 사람들을 해 볼 수 없다. 물론 구성원들이 적극적으로 인간적일 때 차원이 높아질 수 있다.

한편으로 우주의 이치와 내력에 의해서 4차원의 동물 중에도 일부는 감정을 지니고, 미약하게나마 생각한다.

- 4·5·6차원이란 4차원(시공간)에 생각을 지닌 인간이 세상에 깊이 파고들어서 연구·분석·관찰·탐험·개척·도전·개발·보호·응용·관리 등 한 차원 발전해서 이뤄 나가는 결실과 보람(지식, 지혜, 학문, 산업, 문명 등)이다.

인간이 4차원을 서로 존중(관심, 의문, 동기부여, 열정, 집중)하면 4차원(시공간) + 5차원(생각) = 4·5·6차원(지식, 지혜, 철학, 과학, 학문, 산업, 문명 등)이라는 차원 높은 결실과 보람을 수확하게 된다.

이때 누군가가 천재성과 영리한 머리와 특별한 집중력을 타고나서 우주(지구, 대자연)에 파고들면 4·5·6차원의 생각이다. 만일 이 사람이

- 대자연에 파고들어서 이뤄 낸 결실을 자신의 성공과 행복과 출세로 이용하면 그대로 4·5·6차원적인 삶이다.
- 반대로 우주와 지구와 대자연에 순수하게 파고들면 7차원으로 도약한다.

이는 구성원들이 4·5·6차원에 붙들리지 않음으로써 더 나은 가치(월등한 사회문화, 형이상학적인 고급개념들, 인간다운 삶의 질 향상 등)로 연결되는(보상받는) 이치다. 덕분에 사람들은 월등한 개념(자유, 평등, 정의, 인권, 복지, 평화, 가치)으로 한 차원 높은 사회문화와 정치질서와 법과 제도와 정책을 누리게 된다.

17.
심오한 우주와 인류의 무한한 가능성

우주는 태초부터 먼 미래까지 완벽하게 계획·설계되어 있고, 상상할 수 없을 만큼 정교하게 엮여서 치밀하게 진행 중이다.

인간은 수없이 직면할 수밖에 없는 위기와 위험과 변수와 한계들을 감당·극복해야 하고, 그에 충실한 과정을 통해서 향상된 의식과 바람직한 사회와 합리적인 문화라는 고급 정보들을 끊임없이 생산해야 하며, 심오하고 광대한 우주로 차원을 높여 가는 기회·의무·권리·사명·행운·축복과 함께한다.

그에 의해서 앞서가기도 끌려가기도 방해하기도 머뭇거리기도 죗값을 치르기도 한다. 역시 인생도 인연도 과정도 복잡하고 난해해서 사람에 따라 행복하고 즐겁고 불행하고 고통스럽고 한스럽고 저주스럽기도 하다.

이를 종합하면 수학적으로 완벽하게 입증된 '끈 이론'이 사실이라는 증거다.

(※ '끈 이론'은 '우주의 가장 작은 단위 및 에너지가 교환되는 최하의 원리는 양쪽 끝에 접착 성분을 지닌 진동하는 미세한 끈으로 되어 있다.'라는 이론)

물론 끈 이론은 물질(거시세계)보다는 현상(미시)이 절대적이어서 물리적 실험으로는 입증이 어렵다.

왜냐면 끈 이론은 우주와 인간과 인생과 일생과 현실과 미래의 종합이기 때문이다.

다시 말해서 우리가 몸담은 허공도 모두 접착 성분을 지닌 진동하는 끈으로 연결되어 있거나, 햇빛(입자와 파동의 성질이 포함된)과 소리도 이것으로 전달되거나, 백억 년 전 별빛이 곧바로 없어지지 못하는 이유도 미세한 끈으로 연결되어 있기 때문이거나, 백억 년이 지난 별빛이 우리 눈에 보이는 이유도 끈 이론이 아니면 설명할 방법이 없다.

(※ 우주 공간에는 암흑에너지(69%)와 암흑물질(26%)로 가득하고, 눈에 보이는 원자 구조는 5%에 불과하다.

이러한 암흑에너지와 암흑물질이 끈·초끈 이론과 어떤 연관성이 있는지 풀어야 할 과제다.)

이처럼 광활한 우주(138억 년)의 전 과정과 심오한 이치를 지구라는 작은 행성에서 인간이 신기한 생각을 동원해서 끊임없이 밝혀내는 연속이다.

물론 이는 총명하고 지혜롭고 열정과 용기와 의지에 넘치는 사람들 덕분에 가능했고, 소수일지라도 이들을 잘 받쳐 주었던 긍정적이고 우호적이고 협력적이고 적극적인 사람들 덕분이다.

그런데 여기서 우리가 명심할 점이 있다.

이처럼 대단하고, 앞으로는 더욱더 대단해질 수 있는 지구·우주라는 천혜의 조건과 대단한 인류였는데도 지금까지는 계속 폄훼되고 쪼개지고 갈라지는 연속이었다는 점이다.

하지만 이제부터는 기존의 세계관에 대한 검증과 반성이 필수이고, 과거로부터 영향받은 자신을 최대한 내려놓아야 한다.

우리가 힘을 모아서 협력하고 집중하면 엄청난 낭비와 소모전을 줄일 수 있고, 그야말로 해내지 못할 것이 없으며, 그간에 상상하지 못했을 정도로 엄청난 저력을 발휘할 수 있다.

18.
암흑물질과 암흑에너지의
특별한 교훈·의미·가치

(※ 암흑물질과 암흑에너지는 물리학과 천문학의 과제이고, 결국은 인류에게도 너무나 중요한 과제다.)

우주에서 원자 구조(물질)는 5%에 불과하고, 나머지 95%는 암흑물질(26%)과 암흑에너지(69%)라고 한다.

암흑물질(Dark matter, Unknown matter)은 우주 에너지의 26%를 차지하며, 아직 정체가 밝혀지지 않은 물질이다. 이는 중력 현상, 나선은하의 안정성이나, 은하의 회전속도나, 중력 렌즈, 우주의 거대한 구조를 형성, 우주의 배경복사 등으로 연관·설명된다.

암흑에너지(Dark energy, Unknown energy)는 우주 에너지의 69%를 차지하며, 우주를 팽창 가속시키기 위해서 전 우주에 걸쳐서 분포할 것으로 추정되는 가상의 에너지다.

암흑물질과 암흑에너지에 담긴 의미·가치·교훈

우주가 138억 년을 가동(운영·진행)해서 생겨난 결실(역사)은 원자 구조로 되어 있는 5%다.

이를 인간에 맞추면

- 생겨난 5%는 우주의 과거(흔적, 이치, 증거)라고 할 수 있다.
- 26%(암흑물질)는 과거와 현재와 미래를 연결해 주는 고리이고, 운영에 관련된 이치이며, 더 이상의 다양한 가능성을 뜻한다.

69%(암흑에너지)는 인류가 적극적으로 활용·고민·협력·변화·도전·개척·향상·차원·도약을 위한 모든 것이라고 할 수 있다.

암흑물질로 인해서 생겨난 것이 현재로 연결·유지된다. 하지만 암흑에너지로 인해서 인간은 늙고 죽고 환생하게 되고, 인류는 멈출 수 없고, 부단히 미래로 나아가야 한다.

이는 우주와 인류가 무한히 미래 어딘가로, 무엇인가를 위해서 나아가야 함을 뜻한다.

19.
차원의
다양한 특징

인간은 태생적으로 미완성인 본능과 감각과 감정과 생각을 밑천으로 인생을 시작한다. 이후에 무한하고 심오한 세상과 다종다양한 사회문화와 천차만별한 인간과 복잡다단한 현실과 사건들을 감당·극복해 가야 한다.

이는 일반 동물들과는 비교할 수 없이 월등하면서도 고단한 존재라는 이야기다. 왜냐면 우주는 인간이 제각각 난관을 극복하면서 차원을 높여 가도록 겹겹이 선물 보따리를 감춰 놓았고, 반대로는 세상과 인생 곳곳이 깊은 수렁과 위험한 지뢰밭이기 때문이다.

그래서 인간은 어느 하나에 만족·안주해서 오래 머물면 식상해지고, 고루해지고, 오염되고, 부패해지고, 혼란해지고, 추악해지고, 위기를 초래하고, 몰락하고, 사악해지고, 도태될 수도 있다.

그래서 차원을 계속 높여 가야 당연하지만 '차원의 함정'과 '차원의 직행'과 '차원의 뜀뛰기'로 인해서 '차원의 연속성'을 유지·지속하기가 쉽지 않고, 자칫하면 처절한 대가들을 치러야 한다. 그간에도 인류는 하나의 개념과 차원을 넘어갈 때마다 엄청난 불행과 고통과 전쟁과 죽음과 장애 등 치명적인 비극을 대가로 치렀다.

따라서 앞으로는 매 순간 강력하게 미래로 나아가는 우주 이치를 본받아서 훨씬 더 합리적이고 적극적으로 살아가야 한다.

'차원의 연속성'이란 3·4차원(만상과 만물의 존재)이던 우주(세상)에 생각이라는 기이한 현상을 지닌 영장류가 추가되면서 3·4차원(대자연)을 이용(5차원)하고, 6차원(과학 문명)으로, 7차원(형이상학적 가치)으로, 8차원(우주에 관심)으로, 9차원(우주 연구와 개발과 개척) 등으로 계속 추가해 가는 것을 말한다.

이는 우주의 생멸과 합성과 재합성의 과정을 통해서(현재진행형과 미래 완성형에 맞춰서) 개념과 차원이 높아질 때마다 인간이 예상·상상했던 것보다 훨씬 더 좋은 결실과 보람이 생겨나는 과정의 반복이라는 점을 명심해야 한다.

'차원의 함정(정체)'이란 어느 한 차원에 오래 머물거나, 적극적인 변화와 발전에 소홀함을 말한다. 이런저런 이유들을 핑계로 적극적인 변화와 미래로 나아가지 않는 것이다.

예를 들면 과거에 생겨난 인연, 경험, 기억, 습성, 업적, 신, 종교, 믿음, 철학, 지식, 경험, 깨우침, 인물, 사상, 추억, 사랑, 행복, 평화, 진리, 법, 제도, 개념, 실패, 아픔, 성공 등 머물 수 있는 요인들이 무수히 많다.

이것들에 의존해서 평생 자기 합리화에 급급하거나, 비슷한 말과 생각과 이치를 평생 반복·답습하거나, 마냥 현실에 안주하거나, 한동안의 성공을 바탕으로 자신을 더욱 강화·미화하게 되면 차원의 함정에 빠진 것이고, 계속 적극적으로 변화·향상·발전·도약해야 하는 우주(세상) 이치(계획, 미래)에 위배·역행하게 된다.

　인간은 적극적으로 변화하지 않으면 누구나 본성적인 속성과 독재적인 요소를 지닐 수밖에 없고, 악독하고 교활한 진짜 독재와 독재자들을 감당해 낼 수 없으며, 인간다운 사회문화와 월등한 미래를 만들어 갈 수 없다.

　'**차원의 직행**'이란 차원을 높일 때마다 마치 일직선처럼 급하게 외양(영역, 세력)을 팽창·확대하려는 욕심과 술수와 편법 등 무리수를 뜻한다. 예를 들면 수신-제가-치국-평천하로, 호구지책-호의호식-입신양명-부귀영화-영웅호걸로 줄달음치려는 것이다. 이는 사실상 불가능하고, 오히려 엄청난 부작용들을 쏟아 낸다.

　이는 '현재진행' 중인 순간의 과정 하나하나를 진지하게 상대·관계하고, 두루두루 챙겨가면서 최선을 다하지 않는 것이고, 세상을 자신과 욕심과 무지에 맞추려는 무리수와 어리석음이며, 무능과 야욕과 독재와 망국으로 몰락하게 된다.

　'**차원의 뜀뛰기**'란 3·4·5차원에서 6, 7차원을 거치지 않고 곧바로 8차원(횡재, 요행수, 기적 등)으로 건너뛰려는 것이다.

　예를 들면 차별과 불평등과 불의로 가득한 문제들을 바로잡으려면 현실에서 최선을 다해도 부족하다. 그런데 엉망인 현실은 방치한 채 부자나 성공이나 횡재나 평등과 정의와 공정을 강조·장담하거나, 기존 체제를 부정하면서 혁명이나 지상낙원을 외치거나, 뚱딴지처럼 정신세계나 사후세계를 들먹이는 경우다.

　역시 복권 당첨으로 자신의 어려움과 행복과 인생을 순간에 일확천

금하려는 경우다.

　이는 우주의 순간(과정) 이치도, 현재진행형의 이치도, 미래 완성형의 이치도 무시한 채 곧바로 현실을 왜곡·비약해서 뻥튀기하려는 것이며, 자신을 망치는 지름길이다.

　이러한 입발림에 속거나 놀아나는 사람들은 평생 이용만 당할 뿐이고, 진정한 변화와 시대와 역사와 미래의 주체와 주역이 될 수 없다.

　몇 가지 예를 더 들어 보자.

　비극과 좌절과 고통에 허덕이면서 곧바로 희망과 행복과 행운을 오락가락하거나, 무지와 빈곤에서 태평성대와 혁명을, 지옥에서 천국을, 엉망인 현실에서 사후세계(극락, 영생, 유토피아)를, 전쟁에서 평화를, 중생에게 부처(해탈)를, 전쟁과 도발과 차별과 고문과 굶주림 속에서 '우리 민족끼리'를, 적대적인 대치 속에서 '우리는 하나'를, 앞가림도 어려운 현실에서 사회주의 지상낙원을, 불평등 속에서 만민평등을, 기준과 원칙과 양심과 상식이 무너진 상태에서 곧바로 평등과 공정과 정의를 제시·강조·장담하는 것이 차원의 황당한 뜀뛰기다.

　이러한 비약은 무지의 극치이거나, 황당한 충동질이거나, 과대망상의 비약이거나, 교활한 사기꾼이거나, 독재자의 사탕발림에 불과하다.

20.
차원의 포용
(갖가지 한계를 감당·극복하기 위한 방안)

'차원의 포용'이란 인간이든 사회든 국가든 시대든 높은 차원이 낮은 차원을 포용하고 해결하고 이끌어야 한다는 의미다.

태초 이래 우주에서 생겨난 것들(만상, 만물, 만사)은 하나도 없어지지 않고 함께 진행 중이다.

산과 바다와 식물에 의해서 동물이 생겨났고, 이것들이 없어지지 않고 계속해서 소중한 역할을 수행 중이며, 이것들에 의해서 인간이 생겨나서 진행 중이다.

인간은 존재 이래 말단의 본능과 감각과 감정과 질병과 사건·사고와 재난과 변수와 시행착오와 죽음과 계속 함께해야 한다.

인간은 부자가 되어도, 아기가 어른이 되어도 매일 먹고 숨 쉬고 잠자는 일을 반복해야 한다.

몸담은 사회문화에 문제가 있더라도 현실을 갑자기 뒤엎어 버리거나, 남의 것을 빼앗아 버리거나, 혁명(폭동)으로 질서를 무너뜨리면 더욱 심각한 독재와 독재자로 악화한다.

보수에 대한 이해와 존중이 없는 진보는 정통성을 확보·승계할 수 없고, 오히려 장기적으로 무가치·위험하며, 역시 진보에 대한 이해와 반성이 없는 보수 역시 무능·무기력하고, 결국은 무가치·위험하다. 왜냐면 우주 필수 이치인 차원의 연속성(이해·존중·포용·체계·질서)을 잃으면 개혁과 혁신이 아닌 서로 빼앗고 차별하고 부정하고 죽이고 없애고 파괴하는 등 독재를 위한 반란과 선동과 혁명과 폭동과 후퇴와 패망의 역적 짓이기 때문이다.

한 차원을 도약할 때는 구성원들의 적극적인 의식 향상이 필수다.

반대로 구성원들이 의식 향상에 적극적이지 못하면 똑같은 차원에서 오래 머물게 되거나, 기어코 무능과 잘못을 합리화면서 또다시 허약해지고 무능해지거나, 결국은 위선과 은폐와 궤변과 억지와 조작과 혼란과 몰락으로 역행한다.

인간은 우주가 진행해 왔던 속성상 여차하면 안주하거나, 누룽지처럼 눌어붙으려고 한다. 왜냐면 인간은 태생적으로 본능적이고, 감각적이고, 감정적이고, 모든 것을 기억하면서 습관적으로 잔상과 잔영을 가지기 때문이다.

그래서 우주는 인간을 영원히 살게 하지 않았고, 끊임없이 생사를 반복함으로써 발전해 가고 새로워지도록 해 놓았다. 그래서 덕분에 모두가 훨씬 더 월등한 세상에 태어날 수 있고, 태어남과 동시에 해 놓은 것도 없이 엄청난 혜택과 배움과 경험을 하게 되는 행운아들이다.

이는 인간이 죽음으로 끝나지 않고, 생사가 계속되면서 차원 높은 미래로 부단히 나아가고 있고, 나아갈 수밖에 없는 증거 겸 이유다.

21.
낮은(3·4·5) 차원에서
요지부동인 종교와 종교인들

종교(부처와 예수 등)가 생겨난 시점에는 차원에 대한 인식이 없었고, 인간의 생각(5차원)에 대한 실질적인 이해가 없었으며, 실제로도 최소한의 언급조차 없었다.

더구나 부처는 대단하고 무한한 인간의 생각과 가능성을 온갖 잡념과 번뇌로 여길 정도로 핵심을 놓쳤고, 예수 역시 이토록 아름다운 세상과 가능성을 지닌 인간과 발전해 가는 인류사는 언급하지 못했고, 세상과 인간을 폄훼했다.

결정적으로 종교는 세상(4차원의 시공간과 인간)의 주체를 진리와 하나님으로 규정했다. 다시 말해서 무궁무진한 4차원의 세상(시공간의 만물·만상·만사)과 5차원(생각하는 인간)을 단순한 피조물로 취급해 버렸다.

그래서 더 높은 차원의 과학 문명(3·4·5·6차원)과 삶의 질 향상(3·4·5·6·7차원)은 세상의 주체(창조주)라고 주장하는 신(하나님, 예수)과 신을 등에 업은 종교인들과 신앙인들은 관심이 없었고, 그러면서도 수천 년 동안 당연히 혜택받는 수혜자였다.

이는 진정한 세상의 실체와 인간의 참모습에 관해서는 진정한 이해도 관심도 대책도 없었다고 해도 과언이 아니다. 왜냐면 종교와 종교인들이 창조(전지전능)를 등에 업었고, 인생의 소중한 순간과 시간과 생활을 지난(이미 창조·결정된 세상) 과거에 의존했기 때문이다.

그로 인해서 종교에 직간접으로 영향받을 수밖에 없었던 인류사회 전체가 이미 오래전부터 세상에 대한 선입견과 고정관념과 모순과 한계에 봉착했고, 인류는 단합된 돌파구도, 전환점도 찾지 못한 채 심각한 위기와 위험과 전쟁 등 고난을 감당할 수밖에 없었다.

22.
인류에게 획기적으로 공헌했던 초기 종교

지구(우주)에서는 오랜 세월 동안 무수한 과정을 거쳐서 미생물이 생겨났고, 식물들과 동물들과 인간이 출현했으며, 초기 인류는 동물들과 다름없었고, 잔악한 폭군과 폭정과 불행과 고통과 공포의 연속이었다.

당시 사람들은 태생적·본능적으로 짐승과 같았고, 현실적으로는 노예들에 불과했으며, 인간적으로는 굶주림과 추위와 차별과 착취의 연속이었고, 전쟁터의 병졸들에 불과했다. 이에 따라서 사람들의 고통이 극에 달했고, 희망이라고는 없었다.

그때 생겨난 신(조물주)과 종교와 성현들과 진리(말씀, 이치)는 인간에게 엄청난 영향을 끼쳤고, 종교가 인류에게 획기적으로 공헌한 대표적인 사례다.

23.
종교의 장단점이
공존했던 시대

인간(5차원)이 무궁무진한 세상(4차원의 성분과 성질과 가능성)에 파고들기 시작하면서 다양한 업적들(철학, 과학, 산업, 문명, 자유, 평등, 정의, 인권, 복지 등)을 쏟아 냈다.

하지만 엉망이었던 과거의 문제들(기아, 차별, 독재, 폭정, 전쟁, 범죄, 사치, 향락)은 계속되었고, 새로운 문제들(독과점, 마약, 유행, 부정부패, 공산·사회주의, 환경오염, 무리한 개발, 문명의 오남용 등)이 생겨났다.

이때는 4차원과 5차원과 6차원이 장점은 장점대로, 단점은 단점대로, 단점이 장점으로, 장점이 단점으로 뒤바뀌는 등 제각각으로 공존했던 시대다.

24.
종교가 식상·고루·오염·부패·망가지는 시대

종교는 3·4차원(시공간의 세상)과 5차원(생각하는 인간)의 주체를 전지전능한 신(조물주)과 절대불변의 진리(불생불멸, 말씀)로 국한했다. 물론 당시에는 얼마든지 그럴 수 있었고, 그럴 수밖에 없었다고 봐야 한다.

하지만 3·4차원의 실제 세상은 5차원(생각하는 인간)이 개입하면서 급격히 변화·발전하기 시작했다.

그런데 종교와 종교인들이 믿고 따르는 신과 진리는 고정적이고 확정적이었고, 변화와 발전의 주체가 될 수 없었으며, 현실에서 뒤떨어지기 시작했다.

모순과 한계에 빠진 종교와 종교인들

신(조물주)과 진리는 세상과 인간을 발전시켜 줄 수 없었고, 신과 진리를 등에 업은 종교인들은 세상과 인간을 발전시킬 주체 자격과 자질을 스스로 포기해 버린 셈이 되었다.

이처럼 종교와 종교인들이 세상과 인간을 신(조물주)의 피조물로 규정하고, 세상과 인간을 폄훼하고, 오히려 부정적인 죄악과 모순과 잘못과 병폐에 물들었고, 갈수록 대로와 정도에서 멀어졌으며, 맹신에 가까운 믿음과 세뇌에 가까운 억지로 버텨 왔다고 할 수 있다. 물론 이는 기존 질서의 업그레이드를 위해서 종교의 장점은 무시하고 단점만을 부각함을 양해 바란다.

25.
인간이 개입한 우주의 급격한 변화

앞에서도 언급했듯이 5차원(생각하는 인간의 출현)까지는 신(조물주)이 주체라고 해도 어쩔 수 없었다. 하지만 적극적으로 인간이 개입해서 진행해 가는 6차원부터는 인간이 당연히 주체이고, 실제로도 세상에 인간이 깊이 개입해서 분석·변화·향상·발전시켜 나갔다.

4·5차원(세상과 인간)에서 6차원에 관한 관심과 협력과 집중이 모두에게 소중한 결실과 보람으로 돌아오면서 인류도 세상도 또다시 7차원으로 도약했다.

그런데 안주하기 좋아하는 인간의 속성과 정체된 종교들로 인해서 6차원의 주체여야 하는 많은 인간이 정당한 주체 자격을 확보하지 못했고, 엄연히(사실은) 인간이 주도하는 6차원의 현실인데도 신(조물주)과 진리(이치, 말씀)와 사후세계와 과학이 애매한 관계로 공존했다.

그로 인해서 지금도 인간의 일부는 4·5차원에 머물고 있고, 일부는 4·5·6·7차원으로 건너가고 있고, 일부는 4·5·6차원에 머물면서 어중간하고, 일부는 4차원(동물들)보다 못할 정도로 망가져서 잔악해지고 위험해졌다.

여기서 "4차원(동물들)보다 못하다."라는 이야기는 인간의 삶과 세상을 지옥으로 만들려는 흉악 범죄와 공산·사회주의와 좌파 독재와 독재 세습 등을 말한다.

분명한 점은 인류(국제사회)는 5차원(생각)이 본격화되면서 일부가 삐뚤어지고, 멈춰 서고, 후퇴함으로써 4·5차원에서도, 4·5·6차원에서도, 4·5·6·7차원에서도 복잡하게 엉클어졌다는 사실이다.

다시 말해서 종교도 종교인들도 신앙인들도 사람들도 세상도 일부는 아수라장으로 어수선해지고, 일부는 정체되어서 혼탁해지고, 일부는 대단해지고, 일부는 심각하게 망가지는 등 복잡다단해졌다.

명심할 점은 시공간(4차원)에 인간(5차원)이 추가되면서부터는 인간이 세상을 연구하고, 이용하고, 개발하고, 보호하고, 관리하고, 파괴하는 등 좋게도 나쁘게도 주도해 왔다는 사실이다.

역시 4차원의 세상(시공간)을 인식하는 인간(5차원의 생각)이 없었다면 세상도 신(조물주)도 진리도 있으나 마나이고, 세상도 신(조물주)도 아무런 의미도 가치도 없다는 사실이다.

26.
신(진리)이 세상과 인간의 주체라고 주장·고집한다면

만일 인간이 세상(5차원 이상)의 주체가 아니라면 세상은 4·5차원(창조)으로 끝났거나, 아무런 변화와 발전 없이 4·5차원 상태 그대로 생로병사만 반복되고 있어야 한다.

만일 전지전능한 신(하나님)이 세상의 주체가 분명하고, 신 덕분에 세상이 엄청나게 변화·발전했다면 그간에 발전을 주도해 온 주체가 종교와 종교인들과 신앙인들이어야 하고, 그렇지는 못해도 종교와 종교인들이 열심히 세상을 이끌면서 공헌(연구, 참여, 변화, 개발, 후원)해야 했다.

그런데 전지전능한 신에게서도 종교로부터도 창조(4·5차원) 이상의 능력은 나오지 않았고, 세상의 끊임없는 변화와 발전에 직접적인 연관성을 찾기 어렵다.

27.
강력한 미래에 의해서
현재가 무너지는 증거들

과거에 생겨난 것들 대부분은 현실에서 사라졌고, 일부만이 박물관들에 전시되어 있다.

인간이 늙고 병들어서 구태의연해지면 죽게 되고, 세상은 젊은이들로 대체된다.

한동안 근심 걱정 없이 평화롭게 살던 사람들이 당대에 예상치 못했던 몰락과 전쟁과 천재지변으로 죽고 다치고 쇠락하게 된다.

지금 존재 중인 것들도 대부분 새로운 것들에 밀려나서 사라지게 된다.

그래서 강력한 우주 이치(계획, 미래)를 이해하지 못하면 현재(권위, 세력, 위선, 교만, 열등감, 우월감, 자신, 믿음, 진리, 관계 등)에 안주하고 합리화하다가 뒤떨어지기 마련이고, 미래를 적극적으로 준비한 사람들은 맹활약하면서 문명과 시대와 역사를 주도해 간다.

여기서 '미래'란 좋고 나쁜 것에 상관없이 적극적인 힘(에너지, 동기, 도전, 실천, 시도, 욕심, 야욕, 불의, 악질, 술수, 중상모략, 열정, 집중력, 의지, 책임 등)을 의미한다.

그래서 강력하면 악도 선을 해 볼 수 있고, 공산·사회주의도 자유민주주의·자본주의를 잿밥으로 삼을 수 있으며, 전쟁이 평화를 깨뜨릴 수 있고, 불의가 정의를 무력화시킬 수 있으며, 악당들과 사기꾼들이 선한 사람들의 세상과 인생을 빼앗거나 망쳐 버릴 수도 있다.

28.
소극적인 현재가 악의적인 미래에
쉽게 밀려나는 사례들

386(컴퓨터)이 나오면 286은 저절로 없어지는 것처럼 낡은 것은 밀려나기 마련이다.

인간도 현실에 안주하면 악의적인(부정적인) 문명(6차원)에 밀려난다. (예. 대한민국의 민주주의는 공짜·모방·시늉으로 시작했고, 개인용도(생계, 행복, 출세 등)로 진행되었으며, 과거를 반성·극복하지 못한 채 관계·하수인 민주주의로 무기력해졌고, 훨씬 더 교활한 좌파·독재에 밀려났다.)

북한처럼 원래부터 모든 면(민족성, 역사, 문화, 사회, 관행 등)에서 열악하고 열등하면 아예 정상이 발을 붙이기 힘들고, 반대로 악이 극성을 부리면서 비전도 희망도 현상 유지도 어렵게 된다.

중공과 러시아 등처럼 악과 불의가 워낙 거대하고 사악하고 교활하고 치밀하고 집요하고 저돌적이면 무대책인 사람들과 국가들은 당하기 쉽고, 전 세계가 홍역을 치를 수도 있다.

개인(자신)도 다수의 인간도 제각각 유리한 것들(종교, 정치, 문화, 사상, 철학, 과학, 사건, 인물, 유행 등)을 몇 개씩 붙들고 현실에 안주(소유, 출세, 향락, 만족)하면 강력한 우주 이치(계획)에 의해서 치명적인 충격(독재, 세계대전, 치명적인 환란, 천재지변 등)에 휩싸이게 된다.

29.
세상과 인간의
주요 이치

우주에서 생겨난 만상과 만물과 만사는 없어지지 않고, 무한히 상호작용한다.

이렇게 진행되고 만들어진 것이 우주이고, 우주의 역사는 138억 년, 지구는 46억 년, 현생인류는 최장 25만 년에서 최단 2만 5천 년이다.

우주는 생각하는 인류를 지구에 출현시키기 위해서 138억 년 동안 밑바탕 작업하고, 46억 년 동안 온화한 환경(생성, 생존)을 조성했다.

이는 물질의 최소 단위인 원자와 미시세계(전자 등)의 현상들이 무수한 것들을 만들어 내고, 또다시 상호작용하면서 더 많은 것들을 생성하면서 미래로 나아가는 이치다.

- 우주와 지구에 생겨난 만상·만물·만사는 물리적·화학적·생물학적인 합성·교차·복합·생멸·재합성 과정을 반복한다. 이는 질량이 전체적으로 똑같이 유지되는 라부아지에의 질량보존의 법칙처럼, 에너지 보존의 법칙처럼, 부처의 인과응보·육도사생·불생불멸의 윤회처럼, 하나님의 영생·천국·지옥처럼 다양한 형태로 반복될 뿐 없어지지

않는다.
- 이처럼 우리 인간의 인생은 물론이고 사소한 생각과 행위와 관계도 미시세계의 이치처럼 서로 복잡하게 작용해서(얽히고설켜서) 엔트로피(무질서, 또 다른 작용과 인과)가 계속 증가한다.

그래서 우리가 음식을 섭취하거나, 지식을 받아들이면 필요한 영양분도, 불필요한 배설물도, 원하지 않은 병원균도, 처리해야 할 쓰레기들과 부작용이 생겨날 수밖에 없고, 모든 것을 잘 감당하고 관리해야 하며, 당연히 힘들어지고 수고해야 할 일들도 많아진다.
다시 말해서 우리 인간은 세상에서 맛있는 음식만 골라 먹을 수 없고, 좋은 양분만 섭취할 수는 없다.
설사 열심히 노력할지라도 우리가 알게 모르게 싱싱하지 못한 음식과 해로운 음식도 섭취하게 되고, 배설물과 쓰레기도 내놓게 되고, 과식과 환락과 중독과 질병과 게으름으로 죽음이 앞당겨지기도 한다.

결국에 인간은 이런저런 이유로 갖가지 문제와 한계(기득권화, 특권화, 관념화, 습성화, 타성, 만성, 질병, 죽음, 절정기 등)에 도달하고, 새롭게 변화되는 세상과 미래에 적합하도록 준비(재합성) 과정으로 돌아간다. 하지만 이는 저주와 비극이 아니라 또 다른 시작이고 때로는 기적적인 행운이고 축복이다.
예를 들어서 열역학 제2 법칙과 엔트로피의 변화가 오랜 세월 반복·증가하면서 아인슈타인처럼 천재가 나왔다고 해 보자. 그러한 과정에서도 무질서도(엔트로피) 역시 증가하기 마련이다.
이는 엔트로피가 증가함으로써 적응하지 못한 낙오자들도, 우둔한 사람들도 계속 생겨날 수밖에 없다는 이야기다. 역시 아인슈타인은 아닐지라도 그에 맞먹거나, 그의 이론을 쉽게 이해하고, 더욱 발전시키는 천재들과 수재들도 생겨나기 마련이다. 이후에 세상이 바뀌면서 그러한 지식을 습득해서 전달하는 지식인들과 전문가들도 생겨나기 마련이다.

이때 지식인들과 전문가들은 아인슈타인으로 착각·행세하면 안 되고, 최대한 무질서한 실패자와 낙오자와 부적응아와 문제아들과 쓰레기들에 관심과 애정을 가지고 해결해야 하며, 최소한 해롭고 위험한 사람들에 대해서는 적극적으로 대응·조치해야 한다.

우주와 지구의 역사를 총망라해서 최고의 결실은 생각하는 인류(인간, 자신)다.

왜냐면 인류(인간, 자신)는 우주의 실체는 아니지만 몸담은 세상을 직접 만들면서 관리해야 하는 실질적인 주체이기 때문이다.

물론 주체 자격과 진행 상황과 최종 결과는 구성원들이 타고난 환경과 문화와 인연과 마음가짐과 능력과 열정과 의지 등에 의해서 천차만별하다.

이는 세상이란 우리(자신, 인간, 국민, 인류)가 부단히 고심·연구·협력·도전·개척해서 직접 만들어 가는 발굴과 개척과 희망의 터전이라는 이야기다. 물론 세상은 우리에게 생존을 위한 환경과 생계에 필수적인 양식까지 제공해 준다.

그런데 사람들은 이를 이유로 세상과 인간을 특정한 뭔가에 맞춰서 속단·규정하기 쉽다. 인류가 세상과 인간에 저질렀던 가장 큰 실수 겸 잘못은 바로 세상과 인간과 인생을 고정관념화(진리화·신격화·의인화·전통화·특권화·세습화·이념화·기득권화·자기화)해 놓고 과거에 만들어진 것들(신의 뜻, 음양오행 등)에 눌어붙어서 합리화·강화·미화하는 등 안주하려고 한다는 사실이다.

이는 우리가 세상을 직접 만들어 가기 위한 수고·협력·도전·개척과 더 나은 삶을 위한 형이상학적 개념과 가치에 치명적인 걸림돌이었고, 위기와 한계에 봉착할 수밖에 없었으며, 그럴 때마다 더욱더 기존의 것에 의존·해결·안주(원망, 기도, 저항, 투쟁, 질시)함으로써 근시안이 되었다.

제18장.
하나뿐인 세상에 합당한 인류 공통의 세계·우주관

1.
매 순간
인류와 함께하는 우주

여기서는 우주의 실질적인 이치가 무엇인지, 그간에 진리가 얼마나 막연한지 살펴본다.

지구는 엄청난 힘으로 자전과 공전을 계속해서 반복하고, 인간 역시 계속 생사를 반복하면서 함께 미래로 나아간다.

지구의 자전 속도

지구 둘레 4만km ÷ 24시간 = 시속 1,666.6666km
1,666.6666km ÷ 3,600초 = 초속 463m
초속 463m는 A급(초속 44m 이상) 태풍의 10.5배이고, 시속 100km로 달리는 자동차보다 16.67배 빠르다.

지구의 태양 공전 속도

지구는 태양을 초속 29.7859km로 공전한다. (자전 속도의 64배)

초속 29.7859km=분속 1,787.154km=시속 107,229.24km

우주의 팽창 속도

과학자들이 직접 관측한 우주의 팽창 속도는 72~76km/초.

빅뱅 이후 38만 년쯤의 원시적인 빛을 계산한 허블 상수에 의한 팽창 속도는 67km/초다.

이는 우주가 얼마나 어마어마하고 신기한 이치이고, 이를 풀어 내는 인간의 생각 역시도 얼마나 대단한지 실감할 수 있는 점이다.

(※ 우주 역사(138억 년)에서 '우주의 배경복사'(38만 년)와 별자리가 최초에 생겨난 기간(4억 년)을 제외하더라도 그간에 우주가 소모한 운동량(우주에 존재하는 별들의 모든 에너지)은 계산·상상할 수 없을 정도로 어마어마하다.)

2.
첫 번째 우주 진리는 '2비트 이치'

우주 진리는 인간이 매 순간 최선을 다해야 하는 2비트 이치다.

2비트 이치는 하나뿐인 세상에 합당한 인류 공통의 세계·우주관으로 일치·통합하는 데 가장 중요한 진리다.

우주의 2비트 이치

우주는 음·양(암수, 남녀), 밤·낮, 냉·열, 생사 등 무수히 순환·교차, 생성·소멸, 합성·재합성되는 2비트의 이치이고, 그러한 중간(영역)에서 생존을 위한 온화한 환경이 조성되고, 조화와 균형을 유지하고, 수많은 일들(만상, 만물, 만사)을 진행·동반하면서 미래로 나아간다.

매 순간 강력한 힘으로 진행되었던 우주의 2비트에 의한 최고의 걸작이 대자연과 인류다.

인간의 2비트 이치

인간이 만든 컴퓨터는 2비트(참과 거짓)의 연산 작용(논리회로)이고, 참이면 정답을 향해 계속 진행(발전, 도약)하고, 거짓이면 정답을 찾지 못한다.

우주와 컴퓨터처럼 인간과 인생도 2비트 이치다. 2비트 이치로 출현했고, 2비트 이치에 의해서 생존하며, 중간에서 많은 것을 만들어 내면서 계속 변화·발전·퇴보·역행·생멸·진화·도태되어 간다.

예를 들면 남·여, 육체·정신, 선·악, 옳음·그름, 부정·긍정, 좌절·희망, 낙관·비관, 실패·성공, 위선·진실, 불의·정의, 역적·충신, 퇴보·발전, 높고·낮음 등이며, 이들 중 어느 하나만으로는 생존도 존재도 불가능하다.

그래서 남녀가 만나면 중간에서 믿음·실망, 안정·불안정, 사랑·미움, 행복·불행, 아들·딸, 희망·좌절, 다양한 분위기 등이 만들어지거나, 만들어 내게 된다.

2비트 이치에 내포된 의미와 가치

우주·인류를 2비트 이치로 묶으면 수많은 의문과 과제에 대한 힌트와 정답과 희망과 비전과 차원으로 계속 연결되어 있음을 알 수 있다. 이를 인류가 이해해서 적용하면

- 조만간 인류는 국제관계와 사회문화와 과거 정리와 인간관계와 현실 생활과 자기 점검과 자기 계발이 명료해지면서 그간에 누적·악화한 수많은 문제를 극복·해결해 갈 수 있다.

- 우주만으로는 절대 생성해 낼 수 없는 형이상학적인 고급개념들을 인류가 무수히 만들어 내면서 월등한 사회의식과 바람직한 사회문화와 질적인 자기 가치 실현과 더 나은 미래를 계속 실현해 낼 수 있고, 궁극적으로는 아름다운 낙원을 실현해 낼 수도 있다.

예를 들어서 우주의 존재 이유·목적이 어딘가(평행우주·다중우주)에 낙원을 꾸미는 중이라면 우리 지구·인류는 그에 필요한 형이상학적인 개념들을 생성해 내는 무수한 생산(2비트) 공장(시험장·검증장)일 수 있고, 우주 곳곳의 정보들이 특별한 뭔가로·어딘가로 집결·종합·진행 중일 수도 있다.

세상이란 무수한 상호(만상·만물·만사) 작용을 통해서 우주의 목적·완성·미래를 향하고·위해서 부단히 나아가는 생생한 현장이라는 이야기다.
각 개인도 세상에 태어나서 영원히 사는 것이 아니고, 죽어서도 영원히 없어지지 않으며, 다양한 형태로 생사를 반복하면서 자신의 실체와 자신의 미래를 직접 만들어 가고 있다는 이야기가 된다.

인간은 개별적으로 세상에 태어나고, 자신을 인식하면서 자기로서 수많은 사람과 함께 살아간다.
하지만 반드시 인류라는 총체적 관점을 확보·추구·지향·실현해야 하고, 자기 자신과 다수(가족, 이웃, 무리, 대중, 인민, 인간 등)에 진지·진실·충실하되 절대 휘말리지 말아야 하고, 한동안의 자신을 기어코 탈피·극복·승화해야만 부단히 업그레이드(2비트)하면서 인류로서의 총체적 관점을 확보·실현해 갈 수 있다.

　반대로 어리석은 자신과 뭔가(전지전능, 신, 진리, 스승, 부모 등)에 절대적인 의미와 가치를 부여하거나, 붙들려서 정체되면 점차 2비트 중에서 부정적인 쪽(억지, 조작, 술수, 위험, 역행, 퇴보, 악화, 도태 등)으로 연결되기 쉽다.
　이는 인류가 존재하기 전까지의 우주(기본) 이치는 무지와 악과 불의와 죄악의 프로그램이며, 생각하는 인류가 존재한 이후부터는 이를 다종다양하고 천차만별한 건전 다수의 인간들이 적극적인 노력과 협력을 통해서 물질문명과 정신문화를 옳고 바르게 만들고 관리하고 개척해 가는 연속이라는 이야기다.

3.
두 번째 진리는
매 순간 적극적으로 최선을 다하는 이치

순간에 최선을 다하는 이치란 우주가 매 순간 강력하게 진행하듯이 인간도 인생에서 적극적으로 최선을 다해야 한다는 이치다.

138억 년 역사의 우주(폭, 깊이, 영역, 차원, 이치)는 물론이고 우주의 미래·완성은 심오해서(넓고, 깊고, 크고, 차원이 높아서) 겨우 100년여 생존하는 인간이 이해하기는 어렵다.

그래서 엄청난 세월과 역사와 과정과 정보들을 모두 축적·함축·진행 중인 우주와 진리는 인간에 많은 것을, 거창한 것을, 그럴듯한 것을 요구·기대하지 않는다.

대신에 인간이 순수한 궁금증과 끊임없는 문제의식과 무한한 열정과 따뜻한 인류애를 발휘해서 마주하는 순간에 충실하고, 과정 하나하나에 최선을 다하면 엄청난 혜택과 번영과 더 큰 기회와 새로운 가능성으로 연결되고, 미래를 보장받는다. 그래서

- 우주는 인간이 순수한 마음으로 매 순간 진심으로 최선을 다해 주길 바란다.

이에 우리는 마주하는 순간과 상황과 사람과 사건과 문제들에 진심으로 진실·진지·충실하게 최선을 다해야 하고, 잔머리 계산하거나, 열등감·우월감·지배욕 만회 수단이나, 서로의 강화·미화·합리화에 이용·악용하지 말아야 한다.

- 인간이 마주하는 순간에 잔머리 계산과 술수, 합리화·강화·미화, 자존심·감정·아집·욕심, 비교·시기·질투·정분·이해타산·적대시로 빗나가면 모순과 위선과 궤변과 억지와 은폐와 조작과 독재라는 한계에 봉착하고, 합당한 죗값들을 치른다.
- 인간은 자신의 실체와 분수와 관계없는 그럴듯하거나, 거창한 의미들(사랑, 평화, 신, 신의 뜻, 진리 등)로 위장·무장하지 말아야 한다. 역시 누군가를 무시·부정·적대시하지 말아야 한다.
- 인간은 세상을 믿고 존중하고 함께하되 의존·원망하지 말고, 자립적·독립적·개척적으로 살아가야 한다.
- 여기 내용인 『하나뿐인 세상에 합당한 인류 공통의 세계·우주관』도 2비트 이치와 마주한 순간에 순수하게 최선을 다해서 집중해 온 수많은 과정에서의 엄청난 우주의 선물과 행운이다.

이에 '순간'이라는 두 번째 우주 진리에는 정말 많은 의미가 함축되어 있고, 뒤에서 조금씩 추가하면서 정리해 갈 것이다.

<u>우리는 각자 마주하는 현실에서 매 순간 최선을 다하면 우주와 함께 무한하고 심오한 세상과 미래를 완성해 갈 수 있다.</u>

4.
세 번째 우주 진리는
현재진행형의 이치

여기서 현재진행형은 '과거형과 현재형'이라는 막연한 시제가 아니다. 이는 앞에서도 언급했듯이 지구의 자전과 공전 등 우주의 강력한 속도와 엄청난 에너지처럼 '훨씬 더 강력하고 생생한 순간의 진행'을 의미한다.

우주(지구)는 태초(빅뱅) 이후 계속 날아가는 화살과 같다

활(시위)을 떠난 화살은 과녁을 향해 날아간다.

화살은 과녁에 꽂힐 때까지 순간을 날아간다. 이때 날아가는 화살을 과거와 현재와 미래로 나누는 것은 무의미하다.

우주 역시 날아가는 화살처럼 태초 이래 계속해서 진행 중인 생생한 순간의 연속이다.

화살과 우주의 차이점

화살은 시작부터 끝(목표)까지 외적인(인간의) 작용(힘, 의지, 실력)으로 과녁에 도달한다. 그런데

- 우주는 잠시도 멈추지 않고 자율적인 시스템과 동력으로 진행되고,
- 우주는 인간이 쏜 화살과는 달리 무수한 변화와 생멸을 수없이 반복·진행 중이며,
- 우주는 최고의 영장류인 생각하는 인간을 비롯한 만물을 생성·동반해서 함께 진행하고,
- 우주의 보호 속에서 인간이 변화와 발전을 주도해서 끝 모를 미래로 나아간다.

우주는 태초(빅뱅의 순간)에 '우주의 배경복사' 38만 년과 최초의 별 탄생 4억 년을 포함해서 약 138억 년 동안 쉼 없이 진행 중인 현재진행형이다.

그래서 태초 이래 우주의 시제는 순간을 날아가는 현재진행형과 미래 완성형이고, 우리에게 당연하고도 익숙한 시간(과거·현재·미래)이나, 인생(전생·현생·내생)이나, 세상(전세·현세·내세)은 인간이 편의상 쪼개 놓은 것일 뿐 우주 이치라고 말하기 곤란하다.

현재진행형의 사례들

'현재진행형'의 의미를 제대로 이해하기 위해서 몇 가지 사례를 더

소개한다.

우리가 음료수를 사러 간다고 해 보자.

이때 어떤 음료수를 살 것인지, 어디에서 살 것인지를 생각하는 것은 우주의 태초(계획, 준비)에 해당하고, 음료수를 사서 마시면 목적(계획과 미래)이 달성된다.

이때 음료수를 사려고 이동하면서 걸음걸이(현재진행 중인 우주)를 한 걸음(과거) 두 걸음(현재) 세 걸음(미래)으로 쪼개 놓고 갖가지 의미를 부여하는 것은 무의미하고, 이는 나무와 숲은 보지 못하고 가지와 이파리만 보는 꼴이다.

- 우리가 100m를 달릴 때는 순간에 최선을 다해야 한다. 반대로 달리던 중간에 여기저기를 끊어 놓고 과거와 현재와 미래로 나누는 것은 무의미하다.

순간을 날아가는 우주는 과거에서 찾을 수 없어

우리는 언제 어디서나 우주의 순간에 위치하고, 그래서 매 순간 최선을 다하는 것이 진리다.

우리가 과거(태초)로 이동한다면 그곳에 우주와 우리는 없다. 왜냐면 우주는 태초 이래 오직 하나뿐이고, 하나뿐인 우주는 지금 우리와 매 순간 함께하고 있기 때문이다.

(※ 설사 스티븐 호킹의 '평행우주'나, 양자론에서의 다중우주가 사실로 밝혀

지더라도 당장 인류가 관계하고 이해하는 우주는 하나뿐이고, 우리 인간과 생각에 관한 연구가 우선되어야 하고, 그 속에서 다음의 답에 대한 힌트가 숨겨졌다고 생각해야 한다.

이는 우리 인간의 감각과 감정과 생각은 물론 상상도 환상도 공상도 망상도 모두 우주를 구성하는 재료와 부품이고, 세상은 인간이 얼마든지 무엇이든지 개척해 낼 수 있는 보물 창고이며, 인간은 시작은 환상이고 망상이고 공상일지라도 결국은 상상을 시작으로 현실에서 실현해 낼 수 있는 영장류라는 이야기다.)

순간을 날아가는 우주는 현재에서도 찾을 수 없어

우주는 현재에도 없다. 우리가 날아가는 우주를 확인하는 순간에 이미 지나 버린 과거(양자 원리)이고, 우리는 이미 변해 버린 다음 순간의 미래·우주와 함께하고 있다. 달리 말하면 우주가 위치하는 매 순간은 과거·현재·미래가 아니라 그대로 순간의 연속이다.

그래서 인간에게 과거·현재·미래란 모두가 인식·일치하는 기억과 경험 속에 존재할 뿐 실제와는 다르다.

순간을 날아가는 우주는 미래에서도 찾아볼 수 없어

우주의 매 순간을 함께하는 우리는 미래로 가 볼 수 없다. 왜냐면 우주는 매 순간 우리와 함께하고 있기 때문이다.

그래서 지금의 우주는 바로 직후의 미래와 다르고, 변화될 미래의 우주는 현재로서는 알 수 없으며, 우리와 함께하는 순간이 아니고는 어디서도 찾을 수 없다. 다시 말하면 우주는 우리의 인식 속에 있으면서 동시에 우리의 인식 밖에 있고, 동시에 우리의 인식(존재)과 관계없이(구애받지 않고) 존재한다.

하지만 우주는 개인에게도 반응하고, 다수 인간에게는 더 잘 반응하고, 모든 인류에게는 적극적으로 반응한다.

이는 인간의 수준과 능력과 열의와 의지에 맞춰서 매 순간 그만큼 반응해 주는 것이 우주이고, 인류에게는 무궁무진한 가치와 잠재력과 번영과 비전과 미래를 약속해 주는 희망이다.

이러한 모든 것은 인간이 생각하는 존재여서 가능하다.

5.
네 번째 우주(인류) 진리는
미래 완성형의 이치

우주는 무수한 과정을 거쳐서 인류를 생성·동반해서 미래 어딘가를 향하고 동시에 미래 무엇인가를 위해서 재합성(생멸·합성)이라는 진화(변화·발전·향상)를 반복하면서 부단히 개념과 차원을 높여 가는 '미래 완성형'이다.

그래서 인간의 관심사와 인간관계와 사회문화와 물질문명과 정신문화도 미래지향적·적극적으로 변화해야 하고, 개인들도 존재 이유와 존재 방식과 존재 가치와 존재 목표가 분명해야 하며, 계속해서 버리고 바꾸고 변화하고 발전해야 하고, 세상사와 인생사가 진지하고 진실하고 충실한 과정의 연속이어야 한다.

여기서는 우주와 인류가 '미래 완성형'인 이유와 증거를 '점쟁이나 예언가' 등을 예로 들어서 쉽게 정리한다.

우리는 흔히 "점쟁이들은 과거는 알아도 미래는 알지 못한다.", "점쟁이들은 자기 죽을 날도 모른다."라고 한다. 물론 이는 사람에 따라 다르지만 그래도 일반적으로 그렇다는 이야기다.

이것이 바로 우주·인류 이치가 미래로 향하고 위하는 '미래 완성형'인

이유 겸 증거다.

미래 예언에 관해서 탄허 스님의 많은 예언 중에서 운명과 관련된 일화 하나를 소개한다.

탄허 스님은 화엄경 등 중요한 경전들을 해석하는 오랜 대장정으로 건강이 나빠졌고, 서울대학병원의 주치의는 6개월 시한부를 선고했다. 이에 탄허 스님은 웃으면서 의사에게 말했다.

"인간은 운이 다해서 죽는 것이 아니라 복이 다했을 때 죽는다네. 나는 6년 후 몇 월 며칠 몇 시에 죽는다네." 그리고는 실제로 그때 죽었다.

지금까지는 그가 했던 기이한 예언들이 모두 맞았다. 물론 아직도 중요한 몇 가지는 남아 있어서 지켜봐야 한다.

그런 탄허 스님도 "머잖은 미래에는 오늘날 종교와는 색다른 체계가 생겨남으로써 종교들이 쇠락하게 된다."라고 예언했다. 하지만 그러한 체계를 구체적으로는 설명하지 못했다. 이는 부처가 수많은 법문을 남겼지만 열반하기 전에 "나는 법을 설(말)했을 뿐 만든 것은 아니다."라고 말했던 것과도 일맥상통한다.

소크라테스와 예수 역시 현대문명과 그 핵심인 원자는 언급하지 못했고, 현대물리학의 아버지로 불리는 아인슈타인도 창조론이라는 확정적·결정론적 세계관에 빠져서 양자역학에서의 불확정성을 인정하지 않았으며, 지금의 양자역학자들 역시 양자통신과 양자컴퓨터의 실용화를 연구하면서도 미래세계가 어떻게 달라질지 알 수 없고, 연구가 깊어질수록 딜레마에 빠지는 연속이다.

이것이 바로 우주와 인류가 더 이상의 개념과 차원을 향하고 위해서 적극적으로 미래로 나아가는 중이고, 나아갈 수밖에 없는 이유다.

그런데 왜 미래를 예측하기 어려운가?

우리 인간(예언가, 점쟁이 등)은 138억 년의 우주 내력(원리·체계·이치)과 49억 년 지구·대자연의 내력과 최장 25만 년인 인류의 내력과 5~6천 년의 역사적인 내력으로 합성·함축되어 있다.

그래서 점쟁이들과 예언가들과 운명 철학자(음양오행)들은 나름대로 과거를 이해하고 설명하고 맞추기도 한다. 역시 좀 더 특별한 능력을 지닌 사람들은 그러한 원리와 체계와 방식으로 미래를 예측하기도 한다.

하지만 미래를 내다봐도 인류가 지나온 내력의 밑바탕과 원리와 체계로 예견하게 된다.

그래서 과거는 알아도 미래는 알지 못하고, 미래를 알더라도 지나온 내력이 아닌 새로운 세계·체계·질서·이치·차원은 구체적으로 예견·설명·이해하기 어렵다. 노스트라다무스의 예언들도 마찬가지다.

만일 운명 철학자들과 점쟁이들과 예언가들이 구체적으로 체계와 질서와 이치 등을 이해한다면 그들이 곧 천재이고 과학자이고 사업가이고 주식 천재들이고 세상을 대부분 소유·독점하고, 전지전능한 신이기도 하다.

이처럼 훌륭한 점쟁이들과 예언가들도 우주와 지구와 인류가 지나왔던 내력(생사·사계절의 순환·수복강녕·길흉화복·희로애락 등)에 근거해서 그렇게 태어났고, 관련된 내력만큼은 볼 수 있고, 설명할 수 있고, 예견도 할 수 있다.

따라서 우주·인류의 미래는 어느 정도는 과거와 현재의 연장선일 수도 있다. 하지만 결국은 획기적·근본적으로 전혀 다른 체계와 질서와 차원으로 진행된다.

그래서 우리는 과거와 현재가 어떻든 그보다는 각자가 적극적으로 변화하면서 새로워져야 하고, 부단히 향상 발전해야 한다.

방금 "향상 발전해야 한다."라고 표현했지만 그런데 사실은 여기서 말로 표현할 수 없을 정도로 참으로 복잡하고 난해하다. 이에 대해서는 책의 후반에 집중적으로 정리된다.

어떻든 이런저런 이유로 인해서

- 부처도 예수도 소크라테스도 세상의 무궁무진한 성분과 성질과 개척 가능성, 인간의 존엄성과 무한한 개발 가능성, 자본주의와 자유민주주의, 원자와 양자의 기이한 현상 등에 관해서는 전혀 언급·설명하지 못했고, 과거의 내력과 현재의 실상에 근거해서 세상과 인간을 부정적·비관적·비현실적·사후적으로 설명했다.
- 미개·원시시대에 근대·현대를 구체적으로 이해·예견·상상할 수 없었던 것도 마찬가지다.
- 현대 시대 초반만 해도 오늘날 최첨단의 정보통신 문명은 누구도 예견·상상하지 못했다.

이처럼 아무리 훌륭한 사람도 현재와 과거라는 내력에 근거해서 생성되고 존재하고 생각하고 예언하게 되고 더 이상의 원리나 체계는 설명하지 못한다.

이는 훌륭한 선지자들, 신들린 점쟁이들, 음양오행, 타로, 점성술, 예언가, 철학, 지식, 인문·자연 과학, 경험, 귀신, 현인, 성현, 신조차도 자기가 생성된 내력과 현재 수준 이상의 미래나 체계나 질서는 이해·설명·예견하기 어렵다.

6.
우주와 인류(문명·문화)는
산고·산통의 집약체

우주는 태초 이래 만상과 만물이 무수히 상호작용해서 지금에 이르렀다.

그간에 폭발하고, 팽창하고, 응축하고, 뜨거워지고, 차가워지고, 찢어지고, 생겨나고, 없어지고, 섞어지고, 나눠지고, 엎어지고, 증발하고, 부서지고, 무너지고, 뒤덮이고, 휘몰아치는 등 합성과 재합성을 무수히 반복하는 연속이다.

우주는 이러한 과정을 통해서 정교한 인류를 출현시켰고, 인류 역시 처절한 과정을 대가로 치르면서 오늘날에 이르렀다.

그래서 인류(인간, 자신)는 그러한 산고·산통의 원리·흔적·잔재가 반영되어서 연약하고도 섬세한 본능과 감각과 감정과 지능을 지니고 태어나고, 태생적·숙명적·운명적으로 생로병사와 길흉화복과 희로애락의 과정을 거쳐야 하고, 여차하면 불행과 고통과 실패와 사건·사고를 겪게 되며, 결국은 죽게 된다.

이처럼 인류(문명, 독재, 폭정 등)는 끝없는 생사와 흥망을 반복하게 되고, 인간은 수시로 몰락하고 무너지고 실패해야만 인간적·사회적·전체적·장기적·진리적으로 반성·변화·발전하게 되며, 덕분에 네로나 진시황이나 히틀러나 김정은이 몰락할 수밖에 없다.

　물론 인간은 정교하고 섬세한 존재이고, 질서 정연한 이치와 관계와 사회문화를 통해서 미래로 나아간다.

　그래서 섬세하고 정교한 체계와 질서에 문제가 생기면 아픔과 불행과 고통과 위험과 죽음과 전쟁에 이를 수도 있다.

　하지만 인간은 아픔과 불행과 고통과 위험과 죽음과 전쟁에 움츠러들고 회피하고 비겁해지면 노예나 동물 수준으로 전락할 수도 있다. 이는 차원이 낮은 정보들로 연결될 수 있다는 이야기다.

　왜냐면 인류에게는 우주의 모든 내력이 함축되어 있고, 다수가 적극적으로 변화·협력·향상하면 우주의 무한한 가능성을 현실화시키면서 발전과 번영과 차원을 높여 갈 수 있으며, 수많은 문제와 부작용 속에서 적당·무난·원만한 태도로 소극적으로 살아가면 치명적인 비극을 대가로 치르게 되는 이치이기 때문이다.

　그래서 인간은 몸담은 현실과 인생에서 수고로움을 당연하게 여겨야 하고, 적극적으로 대응해서 반성과 배움과 변화와 발전과 도약의 기회로 삼아야 한다.

7.
만상·만물·만사가
곧 세상의 구성 부품(원료, 자재, 결실)

　세상은 인간(생각)에 의해서 존재하지 않았고, 자신 역시도 누군가의 의지와 선택으로 존재하지 않는다. 역시 우주는 인간의 생각과 필요에 상관없이 갖가지 현상과 만물과 만사 등 무수한 것을 포함·동반하고, 상상도 몽상도 환상도 공상도 망상도 절대자도 조물주도 신도 귀신도 개념도 관념도 모두 세상의 일부분이고, 세상을 구성하는 재료들이다.

　그래서 인류가 만들어 낸 다양한 세계관(불교의 불생불멸과 인과응보, 기독교의 영생·천국·지옥, 다신론, 귀신, 조상, 음양오행, 철학, 과학 등)도 모두 세상의 일부이고, 세상을 구성하는 재료들이며, 엄연한 현실과 이치다.

　따라서 사람마다 제각각(부처님, 하느님, 조상님, 귀신 등에게) 기도할 수 있고, 기도가 통하기도 하고, 통하지 않기도 한다. 어떤 일은 목숨을 걸어도 이루어지지 않고, 모두가 간절히 기도해도 무용지물일 수도 있으며, 수천수백 년 동안 상상조차 하지 못했던 난제를 종교와는 무관한 사람이 해결하기도 한다.

　예를 들어서 시험 합격이든, 올림픽 금메달이든, 전쟁에서 승리든 이 종교도 저 종교도 해당하고, 무종교에도 해당한다.

　여기서 분명한 점은 인간이 생각한 것들이나, 만들어 낸 것들이나, 여기저기서 누군가가 기도하는 것들은 심오한 이치의 극히 일부에 불과하다. 만일 자신이 믿는 신이 전지전능한 절대자이고, 절대불변의 진리라고 착각하는 사람이 있다면 우주 이치에 무지하고, 사실은 모독하는 것임을 알아야 한다.

8.
인간에 관련된 것은
영원한 진리일 수 없어

 종교도 진리도 믿음도 생각도 상상도 세상의 모든 것일 수 없고, 모두에게 적합·합당할 수 없으며, 항상 그런 것도 아니고, 영원히 그런 것도 아니다.
 실제 세상은 인간이 없어도 세상이고, 생각하지 않아도 세상이고, 생각과 달라도 세상이다. 그래서 인간이 세상을 규정하거나, 사후까지 단정하면 안 된다.
 세상과 인류는 종교나 신이나 과학이나 철학이 없던 시대에도 존재했고, 세상도 인간도 우리의 생각과 믿음에 상관없이 별별 일들을 다 겪으면서 오늘날에 이르렀고, 인류 미래 역시 지금 생존 중인 우리의 생각과 믿음과 예측 속에 있지 않다.

9.
우주에 한 번 생겨난 것은 없어지지 않아

지금부터 시대를 거슬러서 태초로 여행해 보자.
여행을 반복할수록 상식처럼 확연해지는 점들이 있다.

우주는 태초부터 오묘한 이치(설계, 원리, 현상)로 시작되었고, 태초에는 인간도 동물도 식물도 없었다.
우주는 138억 년의 무수한 과정을 거치면서 훨씬 더 복잡해지고 정교해진 오늘날에 이르렀고, 138억 년의 무수한 과정 중에서 하나라도 빠지면 동식물과 인류는 출현하지 못했다.
세상에 한 번 생겨난 것은 끊임없이 상호작용하면서 또 다른 것을 만들어 낸다는 이야기다.

(※ 라부아지에의 질량보존의 법칙은 "지구는 닫힌계"라는 사실을 밝혀낸 것이다. 세상은 닫힌계지만 양자 현상과 끈 이론은 세상이 무수히 상호작용하면서 끊임없이 변화해 왔고, 이는 곧 우주와 무한한 미래 가능성을 뜻한다. 하지만 인간은 과거에 대한 기억과 현재 상황을 기준으로 생각할 수밖에 없는

한계를 지닌다. 그래서 인간으로서는 우주 미래를 알 수 없고, 인류 미래도 알 수 없으며, 자신의 운명도 알 수 없고, 당장 내일 벌어질 일들에 대해서도 확신하지 못한다.)

  우주 만물은 엄청난 세월 동안 순환과 합성과 재합성을 반복하면서 서서히 조금씩 생겨났다. 우주는 식물의 성분·성질에 추가해서 살아 움직이는 생명(동물)들을 출현시키는 연속이다.
  역시 우주는 동물(성분, 성질, 생명, 활동)에 생각을 추가해서 최후·최고·최상으로 정교한 인류를 출현시켰다.
  따라서 현재로서 인류는 우주에서 최고의 작품이고, 이러한 연장선에서 우주를 이해하고 연구하면서 부단히 미래로 나아가는 중이다.

10.
죽음과 도태

우주도 지구도 닫힌계여서 한 번 생겨난 것은 없어지지 않는다. 원자나 전자는 소멸하지 않고 질량이 보존된다.

어렵사리 생겨난 인간도 죽음으로 끝나지 않고, 죽음으로 없어지지 않으며, 우주와 계속해서 함께 나아간다.

인간과 사회문화는 산전수전을 대가로 치르면서 진화(향상·발전)·퇴보(악행·역행)와 이에 의한 재합성·도태라는 생멸 과정을 무수히 반복하면서 엄청난 변화 속에서 우주의 미래와 완성으로 향해 간다.

죽음이란 또 다른 역할과 미래를 위한 진리적(현상적, 인과적, 지리적, 환경적, 화학적, 물리적, 사회적, 문명적, 시대적, 인류사적, 통계학적)인 재합성의 시작이다.

만일 만물(식물과 동물과 인간)이 죽고 없어진다면 모두 어디로 갈 것이며, 무수히 많은 것은 모두 어디에서 어떻게 생겨나겠는가?

도태란 자신이 하늘로부터 선물 받은 고유한 실체·근본·사명을 잃고 역행함으로써 한동안 세상과 인간을 원망하고 위협하고 해를 끼치는 등 활개 치면서 더욱더 악순환의 인과·악질로 전락함을 뜻한다.

도태는 엔트로피 법칙과는 다소 차이가 있다.

(※ 엔트로피 법칙은 "모든 물질과 에너지는 오직 한 방향으로만(쓸모 있게, 질서에 따라) 바뀌며, 질서화한 것에서 무질서한 것으로 변화한다."라는 열역학 제2 법칙이며, 이는 곧 우주 전체의 에너지 방향은 일정하고, 시간이 지날수록 사용이 가능한 에너지양은 점차 줄어드는 지구의 물리적 한계를 의미한다.)

이러한 엔트로피의 이치에는 물질과 에너지가 한 방향으로 사용되면서 더 많은 것(원래는 없던 새로운 세상과 무질서가 동시에 진행되는)에 영향(변화, 생성, 합성, 발전, 차원, 미래 등)을 끼친다. 다시 말해서 물질과 에너지를 사용하는 주체인 인간은 지구 안에서 서로의 잘못에 기생(비난·공격)하지 말고 적극적인 협력과 대안을 통해서 무한히 발전해야 하고, 또 다른 어딘가·무엇인가를 개척하는 등 차원을 높여 가야 한다는 이야기다.

하지만 도태는 남의 잘못과 약점과 한계에 기생함으로써 갈수록 세상에 적응하지 못하게 되고, 원래의 자기 역할에서 쓸모가 없어지고, 자기 존재 가치를 스스로 저버리는 이치다.

이는 세상과 자신만의 순수한 관계와 미래는 계속 소홀해지고, 약해지고, 얇아지고, 끊어지는 등 갈수록 쓸모를 상실하면서 오히려 독소와 독약처럼 해악을 만들어 내는 폐기물과 같다.

이런 사람들과 세력들은 악의 축이거나, 악의 축과 연결되어서 인간을 저주(폭동)하는 세력으로 전락하거나, 하늘이 선물해 준 기초 재산인 양심과 상식을 무시·역행하거나, 미완성의(완전·완벽할 수 없는) 연속인 약점과 부작용에 기생해서(악용해서) 기존 체제를 전복시키거나, 어리석은 대중을 선동해서 주도권·패권을 장악하려는 잔악한 짓들을 마치 인권·평등·공정·정의·평화인 것처럼 위장·궤변·조작한다.

다시 말해서 수많은 사람(군중)이 극악무도한 독재자와 하수인들에게 속아 넘어가서 일방적으로 당하는 현상은 그들의 궤변이 그럴듯한 점도 있고, 속아 넘어가는 사람들의 의식이 빈약해서 그들의 실체와 궤변을 알아보지 못한 점도 있다.

세상이란 인간이 적극적으로 노력하고 협력해도 쉽고 간단하지 않고, 진지하고 진실하고 충실한 과정의 연속과 축적이어야 한다.

- 앞으로는 죽음과 사망은 끝이 아니라 재합성(환생)을 위한 환원·복귀의 재충전임을 인식해야 하고, 문화와 관습을 계속 업그레이드해야 한다.

이를 위한 가장 정확한 방법 겸 증거는 그 누구보다도 그 어떤 것보다도 가장 먼저 자신이 변화하는 것이고, 더욱더 세상과 국제사회와 국가와 몸담은 사회문화와 함께하는 사람들에게 애정과 관심을 기울이고, 촌분을 아끼고 모아서 협조·변화·발전해 가는 것이다.

죽음에 대한 의식 향상과 고정관념의 파괴

인간은 출생하는 순간에 숨을 내쉬고, 죽을 때 마지막 숨을 들이마신다고 한다.

- 인간이 출생할 때 울음(충격, 놀람, 당황)으로 시작했다면 죽을 때는 웃고(용감·안정·안락·흐뭇하게) 죽어야 한다. (장례식의 절차 간소화 또는 생략)
- 출생은 자의가 아니지만 죽음은 자의(선택)여야 한다. (안락사와 시

신 기증의 적극적인 정착)
- 출생과 죽음은 하늘의 이치이고, 하늘의 이치에는 인위적인 절차와 비용은 필요 없어야 하고, 필요하더라도 최소화해야 한다. (장례 절차와 인력과 비용의 최소화)
- 그간에 죽음은 슬픔과 이별이었고, 세상과 인간과의 끝과 헤어짐이었다. 이제는 전혀 다른 여행을 위한 충분한 휴식과 임무 교대를 위한 재충전과 노후화되고 망가진 부분들에 대한 정비(부품 교체)로 받아들여야 한다.

생각이 특징인 인간의 범죄 예방

자기 인생에서 악의와 고의로 죄(거짓, 억지, 위선, 조작, 은폐, 왜곡, 사기 등)를 몽땅 지은 사람이 아니라면 죽음을 못마땅해하거나, 두려워할 필요가 없고, 오히려 행운과 축복으로 여겨야 한다.

인간의 가장 큰 특징은 생각이다.

그런데 훌륭한 업적은 생각해도 실현하기는 쉽지 않다. 반대로 욕망과 거짓말과 범죄 등에 관한 생각은 쉽게 행동으로 옮길 수 있다. 그래서 범죄를 저지를 때 악의나 고의나 의도가 분명할 때는 가혹할 정도로 처벌해야 하고, 이후에도 철저히 관리해야 한다.

인간을 상대로 잘못한 행위만을 문제 삼는 처벌은 범죄의 원인(동기, 의식, 무의식)은 방치한 채 행동만 문제 삼는 때늦은 헛고생이거나, 사후약방문에 불과하다.

우리가 인간을 사랑하고 존중하고 위해 준다면 서로의 생각에 관심을 가지고 살펴 줘야 한다.

11.
출생과 창조의 의미

 인간의 출생은 기쁘고 축하받을 일이다. 하지만 원시시대 이후 모든 인간이 수없이·똑같이 태어났다는 점에서는 너무나 당연하고, 흔해 빠진 일이다. 더구나 인간의 출생은 겨우 시작에 불과하고, 살아가야 할 인생이 훨씬 더 중요하고, 고단하고, 복잡다단하다. 그런데 생각과 관계와 여유가 자꾸 과거의 사건과 기억과 인연으로 돌아가고, 똑같은 삶을 반복하는 인생은 적극적이고 개척적이고 가치 있는 과정에서 멀어지기 쉽다.

 만일 우리가 태어남(생일)을 평생 반복해서 떠올리고, 기뻐하고, 축하하고, 감사하고, 자랑하고, 기념하는 사람이 있다면 서로의 여력이 더 나은 가치에 무관심·소홀·역행하지 않는지 점검해 봐야 한다.

 창조도 마찬가지다.

 세상은 창조로 끝나지 않고, 창조로 완성된 것이 아니며, 겨우 시작일 뿐이다.

 그래서 창조된 사실과 창조의 주체(신 등)를 규정해 놓고 수시로 들먹이고, 반복하고, 의존하는 현상은 모든 인간이 똑같은 가치를 지닌다는 사실을 오히려 직접·간접으로 무시하고 엉뚱한 것들에 낭비하는 것은 아닌지 살펴봐야 한다.

12.
죽으면서 인생을 까먹지 않도록 조심해야

인간이 태어나면 주변(가족, 친지, 사회)에 축하, 기쁨, 행복, 희망 등 쾌활하고 긍정적인 분위기와 기대감이 생겨난다.

반대로 죽을 때가 되면 쇠약해지고, 자신을 가누기 힘들고, 고통을 당하기도 하고, 누군가(가족, 친지, 사회)에게 부담이 되고, 당연히 누군가를 힘들게 한다.

그래서 인간은 자신이 살아생전에 만들어 냈던 좋은 정보(분위기, 관계, 추억, 미담 등)들을 죽을 때 다시 까먹거나, 오히려 현실을 망치지 않도록 조심해야 한다.

이는 자신이 인간으로 태어나서 세상과 인류에게 최대한 플러스 인생이 되어야 하고, 죽음을 전후로 ±0을 만들어 놓거나, 마이너스로 까먹지 않아야 한다는 이야기다.

물론 이를 위해서는 인류애적인 승화와 사회적인 공감대 조성과 제도적인 뒷받침이 필요하고, 이를 전후로 개개인의 의식 향상이 필수다.

13.
강력한 우주(진행·미래)에 맞춰 가야 할
힘겨운 인간·인생

뼈아픈 대가를 치르고야 한 계단씩 물꼬를 텄던 인류

그간에 인류는 우주의 세 가지 진리(2비트·현재진행형·미래 완성형)를 이해하지 못했고, 사람들은 인생에서 적극적인 인류애와 자기 가치를 발휘하기 어려웠다.

반대로 인류가 어둡고 무지했던 초기에는 모두가 짐승처럼 무지하고 잔악했다. 그래서 무지한 사람들이 극성을 부렸고, 인간의 삶과 정신문화가 정상일 수 없었으며, 심한 차별과 가난과 불행과 고통과 위기와 전쟁과 혼란 등 비극을 치렀다.

이처럼 인류는 처절한 대가를 치르고서야 어렵사리 한 차원 높은 개념(행복, 사랑, 평화, 자유, 존엄성 등)으로 물꼬를 텄다.

- 자유라는 개념은 노예와 폭정과 독재에서의 엄청난 차별과 불행과 고통을 대가로 치르고서야 어렵사리 생겨났다. 하지만 자유 속에서는 오히려 나태함과 욕망과 무기력과 우울증과 자살과 향락과

현실 안주와 이기주의와 지상주의가 성행한다. 그러다가 또다시 독재와 폭정과 탄압과 통제로 망가지고 위협받으면 자유의 소중함을 강조한다.

많은 사람이 "자유는 공짜가 아니다. 자유를 위해 희생한 분들을 잊지 않아야 한다."라고 말한다.
그런데 "잊지 않아야 한다.", "기억해야 한다."라는 이야기는 또다시 공짜로 돌아간 것이다. 왜냐면 잊지 않거나, 기억하는 것은 공짜로(생각으로) 가능하기 때문이다.
이 역시도 자신이 도덕성에 상처 입지 않으면서 동시에 공짜로(생각만으로도) 자유의 수호자로 착각·행세할 수 있는 그럴듯한 변신과 위장은 아닌지 살펴봐야 한다.

국가 간 전쟁이 없던 시절에도 평화라는 개념은 꿈꾸기 어려웠다. 왜냐면 평화보다 내부의 차별적인 신분과 악습과 악행이 끔찍했기 때문이다. 그러다가 국가 간에 전쟁이 심해졌고, 전쟁에서의 무자비한 살상과 죽음과 부상과 장애와 굶주림과 생이별이라는 참혹함을 대가로 치르고 평화라는 개념이 잉태되었다.
그런데 평화가 보장되면 사람들은 또다시 게으름과 안주와 향락과 자기 합리화로 일관하고, 나쁜 놈들이 생겨나서 나라를 장악하고, 전쟁을 일으킨다. 그러다가 전쟁과 망국이 걱정되면 평화를 강조한다.

수많은 나라 중에서 극소수 국가만이 인간다운 삶의 존중·보장과 존엄성의 인식·신장 등 민주주의의 씨앗이 심어지고 싹텄다. 하지만 여건이 좋아지거나, 세대가 바뀌면 올챙이 시절을 기억하지 못한 채 불의에 휘둘리고, 악순환에 휘말리고, 위기와 전쟁을 자초하고, 또 다른 독재와 폭정에 시달리는 등 비극의 악순환이 반복된다.

그런데 이러한 현상들은 인류가 한 차원 도약하거나, 한 개념을 향상하기가 얼마나 힘든지 보여 주는 증거들이고, 앞으로는 이러한 문제들과 한계들을 해결해 갈 수 있어야 하고, 그럴 것으로 기대한다.

14.
극한의 모순·대립·부작용은
한 차원 도약할 디딤돌(기회)

세상은 극단적으로 상반된 모순의 중간에서 생겨난 온화한 조화와 균형으로 유지·진행된다는 사실은 이미 언급되었다.

극단적으로 상반되는 본보기들은 밤과 낮, 어둠과 밝음, 열과 냉, 남자와 여자, 천재와 바보, 부자와 거지, 창조와 파괴, 모방과 개척, 답습과 도전, 바다와 육지, 권리와 의무, 평등과 차별, 행복과 불행, 긍정과 부정, 선과 악, 정의와 불의 등 셀 수 없이 많다.

이때 쌍방(관계, 평균)이 50:50인 경우(상태)는 일순간에 불과하고, 대부분 한쪽으로 기울어지다가 극점을 지나면 반대로 바뀐다.

이처럼 우주(이치)는 상반된 이치들의 순환과 교차를 통해서 거대한 세상에 조화와 균형을 유지해 주고, 생존 환경을 제공해 주고, 우리 인간도 이를 통해서 태어나고 생존하고 발전하고 번영을 누린다.

인간의 현실(인생, 사회문화, 국제사회)도 마찬가지다.

발전과 퇴보(몰락)가, 승리와 패배가, 성공과 실패가, 장단점이, 긍정과 부정이, 이익과 손해가, 행복과 불행이, 옳고 그름이, 잘못함과 잘함이 정확하게 반반인(똑같은) 경우는 있을 수 없고, 있더라도 순간에 불과하다.

그래서 항상 불균형이 생겨나고, 인류사적으로나 장기적으로나 거시적으로나 종합적으로나 총체적으로는 조화와 균형이 유지되면서 원래는 무한한 가능성에 불과했던 것들이 결국은 실현되게 된다. 다시 말해서 이것들에 멈춰서 터덕거리면 악화하고, 어떻든 변화·향상·발전·도약해야 한다.

그런데 이러한 과정을 불평등과 불공평과 불의(적폐)로 왜곡해서 불평불만을 조장하는 사람들과 시도들이 생겨난다. 만일 사람들이 이들에게 끌려가면 더 중요한 문제와 변수들을 대처·감당·극복하지 못하게 되고, 갈수록 뒤떨어지거나 문제가 심해지고 악화하면서 위기와 혼란을 반복하거나, 몰락하고 도태당할 수도 있다.

이때 일찍부터 이러한 이치와 문제와 한계와 미래를 예견하고 준비해 온 사람이 있다면 엉망진창인 위기와 난제의 대안이 될 수 있다. 그래서 획기적인 전환점을 통해서 변화와 발전과 도약의 기회가 되기도 한다. 다시 말해서 준비된 사람은 고난과 위기가 오히려 새로운 기회이고, 전체로서는 획기적인 전환점이 된다.

15.
지구를 낙원으로 만들어 갈 수는 없는가?

미개한 원시인으로 출발했던 인류는 생각을 동원해서 4차원의 시공간을 이용하기 시작했고, 수천 년 만에 최첨단의 고급 문명을 이뤄 낼 정도로 몰라보게 변화·발전했으며, 살기 좋은 사회문화와 감동적인 모습들을 연출해 내는 등 처음과는 전혀 다른 인생을 살아가고 있다.

그렇다면 지구는 낙원이 되어 가고 있는가? 평화가 가능할 것인가? 전쟁과 빈곤과 차별은 없어질 것인가?

아마도 머피의 법칙을 믿는 사람은 물론이고 샐리의 법칙을 믿는 사람도 "아니다."라고 단호하게 대답할 것이다.

수천 년 동안 전지전능하다는 조물주와 위대하다는 신들을 등에 업은 사람들 역시 많아졌고, 고학력의 지식인들은 훨씬 더 많아졌다.

그런데 인류의 정신문화와 정신세계는 고대·근대시대 그대로이고, 일치점과 공통점을 찾아가는 시도와 노력조차 없다. 왜냐면 그러한 시도와 노력이 불가능하고 무의미함을 무의식에서나마 너무나 잘 알고 있기 때문이다.

이는 인류의 의식과 무의식은 아직도 수천 년 전 사람들이 만들고 믿었던 것들을 그대로 믿고 의존할 정도로 변화가 힘들다는 증거이기도 하다.

좀 더 사실적·노골적으로 표현하면 첨단 문명과 현대인이라는 외형·외양에도 불구하고 머릿속과 인생은 낡고 낡은 구시대의 것들에게 지배받거나, 자유롭지 못하는 셈이다.

만일 자신에게 지금 사용 중인 물건들과 문명을 모두 버리고 수천 년 전의 것들로 살아가라면 어떻겠는가?

그렇다면 우주의 입장이 되어서 지구와 인간을 살펴보자.

우주는 138억 년을 고생해서 지구에 인간을 출현시켰다.

우주는 인간이 필요로 하는 물질문명을 제공·보장해 주는 것으로 해석할 수 있다.

그런데 인간의 정신세계와 정신문화는 미개했던 조상들이 만들어 놓은 낡은 것들로 수 천 년을 버티면서 살아가거나, 그럴듯한 의미들(진리, 절대자, 전지전능)을 앞세워서 기어코 터덕거린다면 우주로서는 어떻겠는가?

이러한 원리와 사례들은 부지기수로 널려 있다.

자유민주주의가 참혹한 전쟁으로부터 전 세계를 구해 냈을 때 공산·사회·독재·민족 우월주의는 없어질 것으로 생각했다. 그런데 자유민주주의를 공짜로 얻고 모방해서 실시했던 개발도상국들은 법과 제도를 위주로 흉내 내기에 급급했고, 그간에 엉망이었던 자신들의 근본과 밑바탕(의식, 무의식, 습성, 체제, 질서)을 버리지도 반성도 점검도 제대로 하지 않았다.

그래서 한동안 독재와 왕정에서 벗어난 나라들이 대부분 자유민주주의에 실패했거나, 혼란을 겪었고, 일부는 또다시 독재로 망가졌으며, 심지어 자유와 민주주의 선진국들도 세월이 흐르면서 공산·사회주의에 오염되고 위협당하는 지경에 이르렀다.

이에 대한 원인은 무엇이고, 잘못은 누구에게 있는가?
절대다수를 차지하는 우리 인간이 애당초부터 우주 이치(계획, 미래)에 맞춰서 출발하지 못했던 것이 잘못 아닌가?
그럼 지금부터 우리는 무엇을 어떻게 해야 그간에 엉클어지고 꼬여 버린 문제들을 풀어 갈 수 있는가?

인류는 역사 내내 전지전능한 권위(조물주, 신, 종교)와 막강한 힘(권력, 세력, 자본, 군사력, 경제력)과 위대한 인물들과 훌륭한 업적들과 함께해 왔다. 그로 인해서 한편으로 오늘날은 평범한 사람들도 박사학위가 무색할 정도로 엄청난 지식과 정보들을 손에 쥐고 할 말들을 거침없이 표현하고 주장하면서 똑똑하게 살아간다.
하지만 실제 세상은 불투명하고, 국제정세는 불안하고, 인심은 각박해지고, 때로는 민심이 흉흉해지고, 인류 미래는 비전과 전망이 희미하고, 모든 면에서 위기와 위험은 급격히 가중되고 있다.
그럼 지구는 낙원이 불가능하다고 결론 내리겠는가? 포기하겠는가? 사후에 낙원을 찾아가겠는가?
박사학위를 몇 개씩 손에 쥐고 떵떵거리거나, 당당하거나, 똑똑하게 살아가는 우리 현대인들은 도대체 누구이고 무엇이며, 인생 내내 무엇을 어떻게 하려는가?

16.
부처와 예수가
환생한다면

여기서 매우 중요한 질문과 대답을 해 보고 넘어가자.

만일 부처와 예수가 지금 당장 환생해서 다시 살아간다고 가정해 보자.

질문 1) 부처와 예수는 과거에 자신이 해 놓은 이치와 말과 글과 생각에 대해서 어떤 태도를 보일 것인지 아래서 하나를 골라 보자.

① 자신이 해 놓았던 이치들을 조금도 손질하지 않고 똑같이 고수할 것이다.

② 자신이 해 놓았던 것 중 일부를 없애거나, 바꾸거나, 새로운 것을 추가할 것이다.

③ 자신이 해 놓았던 대부분을 없애거나, 바꾸거나, 아예 새로운 것으로 대체할 것이다.

④ 자신이 해 놓았던 것에 구애받지 않고, 완전히 새로운 내용으로 다시 정리할 것이다.

⑤ 기타 의견

답변 1-1) 부처와 예수가 환생했을 때 ②~⑤ 중 하나를 선택했다면 아래와 같은 말이 성립된다.

첫째, 부처와 예수는 어떻든 과거의 자신(진리)과는 달라졌다는 이야기가 된다.

둘째, 그렇다면 지금 사람들이 믿는 진리가 일부일지라도 없어지거나, 바뀌거나, 변할 것이라는 이야기가 된다.

셋째, 이는 부처와 예수(진리)가 변화했다는 이야기가 된다.

넷째, 지금 사람들의 믿음도 달라져야 하고, 무엇을 어떻게 해야 하는지 고민해야 하고, 지금까지도 사람들이 변화하지 않고 오히려 진리와 믿음을 절대시해 왔던 것이 잘못이라는 이야기가 된다.

다섯째, 만일 ③~④를 선택한 사람이 있다면 지금까지 진리를 믿고 살아온 자신이 헛살았거나, 잘못 살았다는 이야기가 될 수도 있다.

답변 1-2) 위에서 ①일 것으로 선택한 사람이 있다면 아주 많이 심각한 사람이다.

이는 뉴턴이 환생해서 이미 자신이 해 놓은 만유인력을 또다시 연구하고 똑같은 내용을 발표할 것이라는 이야기(생각)와 같기 때문이다. 부처가 태어나서 이미 불경이 있는데 또다시 보리수 그늘에서 도를 닦을 것이라는 이야기이기도 하다.

부처와 예수가 환생해서 새로운 인생을 살면서 이미 2~3천 년 전에 해 놓은 그대로를 재현·반복한다면 상식과 정상에서조차 벗어난다는 이야기다.

만일 ①로 답변한 사람에게 인생을 다시 살아가라고 한다면 어떨까? 그래도 자신이 그간에 살았던 인생을 똑같이 재현·반복하겠다고 할 것인가?

17.
인류의 대안

필자는 '인류가 원시시대부터 다시 시작한다면'이라는 가정·전제 아래 시대를 거슬러 다니면서 갖가지 생각들을 해 보았다.

- 과연 인류는 역사를 제대로 걸어왔을까?
- 인류가 그간에 좀 더 잘하거나, 훨씬 더 잘하거나, 완전히 달라졌을 수는 없었을까?
- 인류에게 새롭게 출발할 기회가 주어진다면 무엇부터 어떻게 해야 할까?
- 만일 우리 현대인들이 시대를 거슬러서(시공간을 초월해서) 만 년 전부터 역사를 다시 시작하거나, 다른 행성에서 역사를 다시 시작한다면 지나온 과정을 똑같이 반복해야 할까?
- 지금까지 걸어왔던 과정과 비교해서 무엇이 어떻게 달라질까? 일부분만? 대부분이? 완전히 다른 모습으로 새롭게 다시 시작해야 할까?
- 새롭게 다시 시작할 때 그간에 인류가 믿고 따르고 의존하고 절대시했던 것들이 절대적으로 도움이 될까? 아니면 오히려 고정관념

에 불과해서 장애와 방해가 되지는 않을까?

물론 우리는 역사를 거스를 수 없고, 되돌릴 수도 없다.

하지만 지금부터라도 그간에 잘못했던 것들을 바로잡아 가고, 근본적으로 차원이 다른 사회문화를 만들어 가야 하지 않을까?

당연히 이러한 대안도 우리(인간, 자신) 인류다.

인류가 대안이 되기 위해서는 물론 대한민국이 국제사회와 인류 미래에 획기적으로 공헌한다면 무엇을 어떻게 해야 할까?

만일 인류가 신의 중심이 아니라 인간을 위주로 살아왔다면 인간의 가장 중요한 특징인 '생각'이 활성화되었을 것이다.

필자는 이러한 모든 질문과 의문과 대안을 종합해서 아래의 8개 분야와 학문의 중요성과 신설을 제시·제안한다.

생각, 무의식, 인간, 의식, 2비트, 순간의 적극성, 현재진행, 미래 완성 등의 분야·학문이다.

이는 특히 인류사의 최고 결실인 자유민주주의와 자본주의를 뿌리부터 기둥과 줄기와 이파리와 낙엽까지 업그레이드하는데 최고의 밑바탕과 실질적인 원동력이 될 것이며, 머잖아서 지구가 낙원을 목표로 좋아지는 연속일 수도 있을 것으로 기대한다. 이에 대한 설명회나 토론회가 열리길 희망하고 기대한다.

1) 생각의 체계(영향, 작용, 결과, 분야, 학문)

생각이란 인간으로 태어나서 생각하는 모든 종류와 깊이와 높이와 크기와 넓이 등을 종합·정리하는 분야다.

어마어마한 우주와 지구와 대자연의 합작으로 생겨난 최후의 작품은 인간이고, 인간에게 최고의 특징은 생각이다.

생각으로 종교와 신과 진리와 믿음과 사회와 문화와 정치와 질서와 제도를 만들었고, 인류 역사가 전개되었으며, 인간의 인생과 상호 관계와 생활과 철학과 학문과 문명과 범죄와 무기들도 모두 생각의 결과다.

하지만 생각은 자기 신체와 본능과 감각과 감정과 습성과 관계와 정분과 생계와 강화와 미화와 합리화와 과거를 감당·극복해야 하는 부담을 지니고, 난제들과 한계들과 변수들을 감당해야 한다.

그래서 생각을 방해하는 생각(요인)들도 연구할 대상이다.

2) 무의식의 체계(영향, 작용, 결과, 분야, 학문)

인간은 생각이 활성화·본격화되기 전에 무의식이 형성되고, 무의식의 영향 속에서 성장한다.

자신이 태어나기 전에 이미 만들어져서 전해지고 영향받는 문화와 관행과 분위기는 무의식에서 저절로 익숙해지고, 길들여져서 인생의 대부분을 무의식적·습관적으로 생각하고, 행동하고, 관계하고 살아간다.

그래서 무의식이 오염되거나, 삐뚤어지거나, 피해의식과 열등감과 비교 의식에 붙들리는 요인들을 정리해야 한다.

무의식에서 익숙해지는 대표적인 것이 언어다. 바보천치들도 무의식에 익숙해져서 말하고, 무의식적인 과정(감각적으로 반복된 언어습득)이 다르면 천재와 박사들도 언어소통이 어렵거나, 더듬거린다. 역시 보고 겪은 문화와 사회 분위기가 유사한 사람들은 무의식적인 공통의 정서와 길들어진 습성을 통해서 어색함 없이 당연하게 표현하고 행동하고 관계하면서 살아간다.

　이처럼 인간의 생각과 관계와 인생과 사회문화에 절대적으로 영향을 끼치는 것이 무의식이고, 무의식 분야를 정리하면 인류사회가 획기적으로 달라지고 좋아질 수 있다.

3) 인간의 체계(영향, 작용, 결과, 분야, 학문)

　그간에는 인간을 긍정적이고 종합적이고 합리적으로 이해·정리하는데 소홀했다. 왜냐면 세상의 주체(창조)를 신(창조론)으로 여기거나, 음양오행의 조화로 여기거나, 진화로 이해했기 때문이다.

　이에 따라서 우주에서 가장 최후의 작품인 인간(존재)과 동시에 최고로 정교한 생각이 정당한 평가와 대우를 받지 못했고, 인간이 세상과 인생의 주체로 인정받지 못했다.

　이에 따라서 인간은 과거(절대자, 신, 진리 등) 의존도가 높아졌고, 무의식에서 형성된 개인의 본능과 감각과 감정과 습성과 인연과 관계와 문화에 가로막혔으며, 인류가 정체될 수밖에 없었고, 더 나은 세상과 미래에 적극적으로 향해 갈 수 없었다.

　이제는 인간을 새롭게 정리함으로써 효율적으로 과거를 정리·극복하면서 적극적인 미래로 향해 가는 인간의 체계를 잡아가야 한다. 인간학을 통해서 존엄성의 확보, 가치관의 형성, 적절한 동기부여, 열정과 집중력의 발휘, 자율적인 자유의 구현, 인류가 추구·실현할 공통의 미래 지향점 등을 확보해 가는 시스템을 개발해야 한다.

4) 의식의 체계(영향, 작용, 결과, 분야, 학문)

인간은 혼자(마음대로) 살아갈 수 없다. 하지만 개인적인 삶의 태도로 다수가 모이면 어수선해지고, 혼란해지고, 오합지졸이 되기 쉽다. 왜냐면 인간은 동물적인 본능과 제각각의 인생과 무의식적인 영향과 현실적인 관계로 복잡다단해지기 때문이다.

이를 극복하려면 생각과 무의식과 인간에 대한 정리를 통해서 세상에 합당하고, 미래에 적극적이고, 모두에게 합리적인 의식 곧 인류 공통의 세계관과 국가관과 가치관 등으로 업그레이드해야 한다.

5) 2비트의 체계(영향, 작용, 결과, 분야, 학문)

인간은 생각이라는 논리 회로를 통해서 자신도 세상도 얼마든지 변화·발전해 갈 수 있다.

이때 중요한 것이 마주하는 순간마다 참된 것을 찾아가는 2비트 이치다. 그런데 순수하지 못하면 이익과 손해를 따지거나, 유불리를 따지거나, 정분과 관계를 위주로 하는 등 2비트에 충실하기보다는 이리저리 오락가락 좌충우돌 건너뛰게 된다.

그래서 앞에서 설명했듯이 2비트라는 상반된 조건들 속에서 항상 참을 선택할 수 있도록 체계적으로 정리해야 한다.

특히 2비트 이치는 우리 인간에게 허용된 작은 권한과 기회와 능력을 통해서 엄청난 위력과 결과를 만들어 갈 수 있다.

6) 순간의 적극성 체계(영향, 작용, 결과, 분야, 학문)

순간의 진리는 앞에서 언급되었듯이 138억 년이라는 오랜 세월이 무수한 순간의 축적과 결과다.

우주의 어마어마한 힘과 속도와 이치와 미래까지를 최고로 압축·함축하면 상상할 수 없을 만큼 적극적이다.

이는 우주 이치가 기적의 연속일 정도로 심오하면서도 명료하고, 규칙적이면서도 무수한 변수들로 가득하고, 강력하면서도 정교하고, 치밀하면서도 적극적이며, 무한하면서도 무수한 변화와 개념과 차원으로 가득하다는 이야기다.

이처럼 '적극적인 순간'의 핵심 원리를 인간의 현실인 생각과 생활과 관계와 인생에 적용해야 하고, 관련된 학문과 연구와 분야가 필요하다.

7) 현재진행의 체계(영향, 작용, 결과, 분야, 학문)

현재진행형은 위(생각, 무의식, 인간, 의식, 2비트, 매 순간)를 종합해서 각자 마주하는 현실을 어떻게 판단·선택·책임질 것인지 등 최선을 다하는 분야(학문)다. 이는 인간이 마주하는 순간(상황, 사람, 관계, 사건, 태도, 마음, 난관, 사명 등)에 다양한 입장과 상황과 변수 등을 고려해서 똑바로 행위하고, 미래지향적인 질적 가치를 추구·실현해 가는 실질적인 추진력이다.

8) 미래 완성의 체계(영향, 작용, 결과, 분야, 학문)

　미래 완성형에 대해서는 앞(점쟁이들이 미래를 알 수 없는 이유)에서 다뤘다. 이는 인류가 나아갈 방향과 자세와 방법과 방안 등에 대한 분야(학문)다.

　현재진행형인 우주(이치, 회로)에서는 인간(자신)이 마주하는 순간마다 참을 선택·누적되면 다음 단계인 미래 완성으로 한 발짝 나아갈 수 있다.
　반대로 마주하는 순간에 참된 자신을 뒤로 숨기면서 헛것들(잡념, 욕심, 이해타산, 인연, 정분, 감정, 위선, 거짓, 편견, 열등감, 우월감, 흑백논리, 양비론, 비현실적인 사후세계 등)을 내세우고 개입하면 정체되고, 삐뚤어지고, 고루해지고, 역행하고, 망가지게 된다.
　그래서 주변과 현실에서 문제와 변수와 한계를 마주할 때마다 잘잘못을 따지거나, 비난하기보다는 그러한 사람과 일들이 발생하게 되었던 원인과 영향과 파장까지 껴안아서 점검·연구·분석·반성하면서 장·중·단기 방안을 적극적으로 모색하는 태도와 분위기가 생각하는 인간의 존엄성과 따뜻한 마음으로 승화해 낼 수 있는 인류애다.
　이를 구성원들이 제대로 이해·수용하면 순수한 사람들과 참신한 인재들과 유능한 인물들이 빛을 볼 수 있고, 훌륭한 지도자들을 적극적으로 발굴하고 양성하고 후원하고 존경하고 뒤따를 수 있으며, 모두 함께 좋아지면서 무한히 나아갈 수 있다.

18.
생각으로 진행될 미래는
대한민국의 몫

인류의 미래와 정신문화는 대한민국이 안내하고, 그것으로 우리가 국제사회에 진 빚을 갚아야 하며, 강력한 미국과 우리와 유럽 등은 자유민주주의 선도·수호국으로서 적극적으로 국제사회와 인류 미래를 이끌어 가야 한다.

인류·시대를 세 가지 생각으로 분류하면

- **생각이 무의미한 시대와 인생:** 미개·원시 시대에 인간은 생각이 뭔지 몰랐고, 동물과 크게 다를 바 없었다.

- **온갖 생각들로 살아온 시대:** 인간은 태어남과 동시에 제대로 정리되지 않은 온갖 것(본능·감정·인연·환경·기억 등)이 뒤섞여서 무의식(버릇·습성)으로 살아간다. 더구나 수많은 사람이 부대끼면서 모순과 혼란이 심해지고, 결국은 총체적인 한계에 봉착한다.
실제로 우리(인류)는 과거와 복잡하게 얽혀진 현재의 연장선에서 예측 불가능한 미래를 맞이하게 되고, 과거와 현재와 미래가 복잡하게 뒤엉켜서 불안정·불안한 위기·위험과 함께한다.

이처럼 인류는 막연하게 필연적·숙명적으로 살아왔고, 더욱더 인과적·운명적인 비극과 행운이 겹치고 공존하면서 더욱 불투명해지는 연속이다.

- **적극적인 생각의 시대:** 이제는 앞에서처럼 생각의 세분화·효율화를 통해서 '적극적으로 좋은 마음씨'를 발휘하는 새로운 인간, 실질적인 이치, 승화된 사회문화, 차원을 높여서 미래를 만들어 가야 한다.

인류 역사는 사실상 생각의 역사다. 그런데 생각이 아닌 신권, 왕권, 민족주의, 전체주의, 자유민주주의로 진행되었다. 하지만 자유민주주의만으로는 복잡하게 엉클어진 과거와 현재를 감당·극복하기 어렵다.

그래서 미래는 대한민국이 주축이 되어서 가장 큰 특징인 생각을 현실화(구체화)하고 효율화(전문화)함으로써 인류 역사를 총정리해야 하고, 모두가 적극적으로 좋은 생각들과 마음씨들을 발휘·협력해서 원하는 미래를 개척해 가야 한다.

19.
우주 미래와 인류 미래의 관계

우주 미래와 인류 미래의 관계는 현재로서는 장담할 수 없다. 왜냐면 그간에 인류가 모든 면에서 최선을 다해 보지 않았고, 지금 상태로는 최악부터 최상까지 가능성의 폭이 너무나 크기 때문이다.

그래서 지금으로서 인류 미래는

- 현행 인류의 연장선일 수도 있고,
- 현행 인류의 획기적인 도약일 수도 있고,
- 현행 인류와는 무관할 수도 있고,
- 현행 인류의 멸종일 수도 있으며,
- 이러한 모든 것이 종합적으로 반영된 합작품일 수도 있고,
- 이런저런 과정과 결과가 모두 종합(검증, 결산)된 이후에 또 다른 차원의 세계일 수도 있다.

왜냐면 인간의 존재나, 세상의 존재나, 서로의 인연과 관계가 형성된 연유와 내용은 우리가 원했던 바람과 의지에 의한 것이 아니기 때문이

다. 그런데도 무수한 것들이 생겨나고 연결되어서 엄연한 현실로 진행 중이며, 미래 역시 인간의 기대와 예측과는 다를 수밖에 없을 것이기 때문이기도 하다.

실제로도 오늘날 인류의 삶은 100년 전 사람들이 상상하지 못했고, 지금의 기성세대도 불과 20~30년 전에는 오늘날을 예상하지 못했을 정도로 급속도로 변화되고 발전되었다.

그럴수록 인간은 세상을 믿고 존중해야 하고, 2비트처럼 마주하는 순간과 사람과 상황과 사실에 순수하면서도 적극적으로 최선을 다해야 한다.

20.
우주와 인류의 실질적인 관계

138억 년에 걸쳐서 인류를 생성해 낸 우주로서는 만상·만물·만사가 똑같이 중요하다. 왜냐면 어느 것 하나라도 빠지면 정교하고 섬세한 인간을 출현시키지 못했을 것이기 때문이다.

반면에 인간은 태어난 이후에 생각을 이용해서 세상을 이해하고 이용하고 분석하고 개척한다. 그래서 모든 것이 존재한 이후에 생각을 통해서 필요하고 중요한 것을 구분·계획·획득하고, 시간과 이익과 성공을 계획하고 계산하면서 살아간다.

예를 들면 인간은 대자연의 순환과 교차 등 인간의 영역을 벗어난 현상들이나, 땅과 물과 불과 공기 등을 당연하게 여기고, 이용하려는 목적과 정도와 방식의 크기에 따라 제각각 관계한다.

그로 인해서 사람들 대부분은 난해하고 심오한 우주의 실체와 이치에는 무관심·소홀하고, 결국은 이치에 역행하면서 악순환을 겪기도 한다.

심지어 종교와 종교인들은 하나님이 세상을 창조했다고 주장하면서도 세상에 대한 진정한 관심은 없었고, 세상을 깊이 연구하는 과학자들을 탄압하고 파문할 정도로 역행했다.

우주와 인류의 실질적인 관계

- 인류는 우주·지구가 아니면 존재·생존할 수 없다는 점에서 절대적인 관계다.
- 우주는 인류가 아니면 인식해 줄 존재가 없고, 인간이 알아서 상대한다는 점에서 일방적인 관계다.

이는 우주가 인류를 출현시켰지만 스스로 알아서 살아가는 인간의 본능과 감각과 감정과 생각을 어떻게 해 줄 수 없고, 해 볼 수도 없다는 의미다. 이는 모든 인간이 스스로 알아서 살아가야 하고, 올바로 살아가려면 세상과 일대일의 관계를 유지해야 하며, 다수 대중(유행, 타성, 사치, 고정관념 등)을 위주로 살아가면 갈수록 감정적·감각적·본능적·현실적·이기적인 관심사와 분위기와 정서와 사회문화로 통속화하게 된다는 이야기이기도 하다. 물론 개인적으로는 이렇든 저렇든 상관없지만 갈수록 크고 작은 문제들을 시작으로 결국에는 치명적인 대가 겸 죗값들을 치르게 된다.

탁월한 천재들과 석학들은 우주의 광대하고 심오한 실체와 가치와 가능성에 파고들어서 관찰·발견·발명·연구·이용·응용·개척하는 등 연구와 개발 대상으로 여긴다. 다시 말하면 천재들과 석학들의 탐구적·도전적·개척적·열정적·희생적·협력적인 인생과 업적의 축적을 통해서 결국에 우주는 인류 전체와 조건적·상대적·현실적인 관계로 연결된다.

이는 인간 개개인이 현실과 세상과 미래와 우주와 깊이 관계되어 있고, 수많은 영향을 주고받으면서 미래로 연결된다는 이야기다.

반대로 생각하는 인간인데도 세상과 미래에 무지·무관심·무기력하면 생존적·관계적·감정적·감각적·본능적·현실적·이기적·인과적·숙명적인 삶의 비중이 커지면서 단지 존재하게 된다.

그래서 미래에는 인간(자신)이면 누구나 태어남과 동시에 세상과 모두에게 크고 작은 영향을 주고받는 공인으로 격상해서 항상 좋은 영향을 주고받아야 한다.

따라서 개인적인 의식과 관계와 인생보다는 공인으로서 훨씬 더 적극적인 생각, 적극적인 생활, 적극적인 관계, 적극적인 인생, 적극적인 사회문화, 적극적인 국제사회, 적극적인 세상, 적극적인 일원으로 세상만사에 협력·공헌·책임져야 한다.

왜냐면 우주와 인류의 존재 이유와 존재 가치와 존재 가능성은 모두 미래에 있고, 미래에 완성되며, 미래는 이미 결정된 숙명과 운명이 아니라 오직 인류(자신, 인간)에 의해서 결정되는 진지하고 충실하고 진실한 과정과 결과이기 때문이다.

21.
상대적·조건적·현실적 관계,
절대적 관계, 진리적 관계

첫째, 인간끼리는 서로 상대적·조건적·현실적인 관계다.

데카르트는 "나는 생각한다. 고로 존재한다."라고 했다.
'인간(부모:자식 등)'은 서로를 인식·인지·관계함으로써 상대적·조건적·현실적인 관계가 형성되고 유지된다.
'상대적·조건적·현실적인 관계'란 인간이 태어날 때 지니는 선천적, 본능적, 감각적, 감정적, 생물학적, 신체적, 지적, 환경적, 사회적, 문화적인 성향·인연·교류·영향·이해관계 등을 포함하는 의미다.
상대적·조건적·현실적인 관계에서는 서로가 존재하고 생존하고 활동할 뿐 무한한 우주와 심오한 이치에 접근·이해할 수 없다.
그래서 상대적·조건적·현실적인 관계로 살아가는 사람들은 천재들과 석학들이 우주에 깊이 파고들어서 조금씩 밝혀내는 결과물들을 일방적으로 배우고 활용하고 혜택을 누리고 성공하고 출세하는 방식으로 인생을 살아가기 쉽다.

둘째, 인간과 종교(신)는 절대적 관계

(여기서는 하나님을 예로 든다.)

하나님(예수)과 인간은 기본적으로 절대적인 관계다.

절대적 관계란 하나님이 '세상'과 '인간'을 '창조'하고, 일용할 '양식'을 제공해 주고, 죽으면 다시 거둬 주고, '사후'에 '심판'·'구원'해 주는 일방적인 관계를 말한다.

여기서 '세상', '인간', '창조', '양식', '죽음', '심판', '구원' 등은 하나님에 의한 일방적·절대적 관계다.

셋째, 하나님과 인간의 현실적·조건적·상대적 관계

하나님과 인간의 현실적·조건적·상대적 관계란 하나님이 현실에서 세상사와 인간사와 개인사를 역사·주관해 주고, 죄와 벌과 은혜와 은총을 베풀어 주고, 기도·소원을 들어주고, 기적을 일으켜 주는 것을 말한다.

다시 말해서 우리가 개인적으로 하나님을 인식하고, 이해하고, 믿고, 생활하고, 인생을 살아감으로써 사실은 상대적·조건적·현실적·인과적인 관계로 시작·유지된다.

물론 이러한 관계와 절대적 관계가 병행되는 현상은 이것도 저것도 아닌 모순·짬뽕 관계이고, 갈수록 문제들이 많아지고 누적되면서 치명적으로 악화한다. (이는 생략한다.)

넷째, 인간과 세상은 진리적 관계

진리적 관계란 인간(자신)이 진리를 믿고 따르면서도 자신(인간)도 현실도 세상도 고정적·확정적인 이치에 묶어 두지 않고, 계속해서 노력하고 변화하고 발전하는 관계를 의미한다.

그래서 현실에서의 문제들을 적극적으로 찾아서 보완하거나, 점검·반성·향상하는 발판과 기회로 삼는다.

반대로 한없이 부족한 인간이 진리를 절대화해 놓고 오만해지거나, 인간관계처럼 현실적·조건적·상대적으로 상대하면 자존심과 이해관계 등에 휘말려서 복잡하고 첨예한 현실(인생, 문제)을 감당·극복할 수 없게 된다.

실제로 우리는 인생에서 종교(부처님, 하나님, 신, 귀신, 무신론)에 상관없이 꿈과 희망도, 행복과 불행도, 합격과 불합격도, 이별과 만남도, 질병과 건강도, 실패와 성공도, 행운과 기적과도 함께한다.

이처럼 우리는 인간과 사회문화와 시장경제와 자유민주주의와 국가 경쟁력 등 인생 전체가 상대적·조건적·현실적인 관계이고, 세상을 상대로는 스스로 생각하고 반성하고 변화하고 향상하고 도전하고 개척한다.

절대적, 진리적, 현실적·조건적·상대적 관계가 뒤섞이면 위선과 이율배반과 죄악의 원인

이러한 세 가지 관계·형태는 절대 양립·공존할 수 없고, 모순과 억지와 위선의 연속이게 된다.

인간은 세 가지 관계에 상관없이(예외 없이) 모두가 본능과 감각과 감정과 생각이라는 속성 겸 한계를 지님은 물론이고 인생에서 갖가지 사고와 재난 등 내외적인 변수들과도 함께한다.

이때 세 가지 관계는 양립·병행될 수 없고, 제각각일 수밖에 없다. 그런데도 서로 양립하고 병행되면 갈수록 악화가 설치면서 양화가 제대로 기능할 수 없게 된다. 다시 말해서 악화는 계속해서 진화하고, 양화는 머뭇거리고 더듬거리고 터덕거린 채 진화해 가는 악화로부터 희생당하고 이용당하고 놀아나게 된다.

그래서 개인은 물론이고 사회문화와 종교조차 갈수록 모순과 갈등과 분열과 혼란과 위선과 죄악을 쏟아 내면서 악화할 수밖에 없다.

왜냐면 세상과 인생의 주체인 인간이 뭔가를 이해하고 접근하고 적용하는 관점과 방식과 현실이 불일치하기 때문이다. 물론 그럴수록 막연한 사람들로서는 절대적 관계의 비중이 커지게 되고, 종교의 역할이 커지고 중요해지는 등 악순환의 연속이게 된다.

다시 말해서 아예 종교적으로 살아가면 모를까 복잡다단한 현실에서 절대적·진리적 관점을 의식·치중할수록 단순해지거나 혼란해지기 마련이고, 수많은 변수와 난해한 현실을 감당해 갈 능력과 자질에서 멀어질 수밖에 없다. 이는

- 급격히 변화해 가는 세상과 현실에서 절대적인 주체(신, 종교, 진리 등)와 태도는 변화 없는 말뚝이고,
- 개인들은 제각각 상대적·조건적·현실적인 관계로 세상도 인간도 인생도 진리도 현실도 편의대로 이해하고, 수준대로 믿고, 필요한 만큼 관계하고, 궁지에 몰리면 억지를 부리고, 기어코 합리화하면서 고수하기 때문이다.

급격히 발전해 가는 물질문명과 더욱 진화하는 악과 불의에 한 번 걸려들면 전지전능하다는 하나님도 속수무책일 정도로 엉망으로 망가진다.

22.
세상을 주도·운영하는 실질적인 하나님은 인간

인간의 다양성과 무진무궁한 가능성

인간은 출생과 동시에 선천적·후천적으로 순진무구하고, 다종다양하고, 천차만별하고, 엉망진창이고, 오합지졸이고, 다재다능하고, 각양각색이다. 이는 사람마다 서로 다른 조건(인연·형질·인자·천성·환경·사회문화·교육·성장·가능성)의 영향을 받기 때문이고, 인간도 국가도 세상도 장점·단점(2비트 이치)을 동시에 지닌다.

그래서 부처와 예수와 하나님을 모르던 시대에 살았던 사람들은 물론이고 오늘날 사람들도 하나님을 믿든 안 믿든 상관없이 무의식(태생·유전·환경)적인 천성·본성·속성·후천성을 공통으로 지닌다.

전지전능하다는 하나님을 농락하는 경우

무궁무진한 세상(진리, 하나님)을 속단하고 규정하면 갈수록 오리무중 속에서 위선과 모순과 불의와 죄악이 심각해진다.

예를 들면 '전지전능한 하나님'을 강조하면서도 하찮은 인간(속죄양)들이 하나님을 현실적으로나, 인간의 수준에 맞추는 등 너무 쉽고 간단하게 단정(규정화·신격화·절대화·의인화)하거나, 현실적으로 세속화(조직화·세력화·규모화·세습화)하면 갈수록 현실을 감당하기 어렵고, 악과 불의에 물들면서 결국은 엉망이 되어 버린다.

왜냐면 인간은 한없이 나약하고 초라해서 끊임없이 반성해도 부족하기 때문이다. 그런데 인간(속죄양)이 전지전능한 하나님을 함부로 규정해 놓고, 각자의 수준대로 생각하고, 받아들이고, 상대하는 셈이 된다.

그간에도 하나님을 제대로 이해·소화하지 못함에 따라 맹목적인 신앙과 갖가지 무리수와 어리석음의 합리화와 극단적인 마녀사냥과 말단의 전쟁으로 죄악들을 쏟아 냈고, 인류는 오래전부터 모순과 한계와 화를 자초해 왔으며, 계속 누적·악화함으로써 갈수록 속수무책이고, 결국은 치명적이다.

다시 말해서 진리가 세상에서 가장 오래되고 고루해진 셈이다.

해결이 쉽지 않은 이유는 인간의 잘못 탓

해결이 쉽지 않은 이유는 인간의 문제와 잘못과 책임이고, 당연히 인간이 해결해야 하는 의무와 권리다. 하지만 너무 오랜 세월 세속화·통속화·본능화·감각화·감정화·습성화·타성화·만성화·특권화·고질화되어서 진정한 대안이나 엄청난 충격이 없으면 자체적인 변화는 불가능에 가깝다.

물론 이러한 근성은 시대와 사람에 관계없이 계속되어 왔다. 그래서 한때 찬란했던 문명이 모두 몰락했고, 인류는 끊임없이 위기를 초래하면서 한계에 봉착했으며, 그간에 절대 잘될 수 없었다.

유사 이래 원하는 대로 살았던 사람은 한 명도 없어

유사 이래 자신이 원했던 대로 살아간 사람은 단 한 명도 없다.

단적으로 부처와 예수와 공자와 소크라테스 등도 모두 뜻을 이루지 못했고, '과거와 당대'라는 한시적인 시각뿐이었으며, 그로 인해서 미래는 개인의 사후로 떠넘겼고, 인류의 무한한 가능성과 미래는 언급하지 못했다.

심지어 물질의 최소 단위인 원자에 관해서는 물론이고 훨씬 더 작은 미시세계의 심오함에 대한 이해와 언급조차 없었다.

이는 이들이 세상의 심오함과 인간의 무한한 가능성을 몰랐고, 초기 인류의 무지와 어리석음과 욕심과 사악함을 전제로 세상과 인간을 이해하고 설명했다는 이야기다.

하지만 부처와 예수가 몰랐던 이러한 점들이 사실은 인류가 공통으로 추구하고 실현해 낼 새로운 세계관 겸 우주관으로 근본적으로 향상·도약할 수 있는 최고의 전환점이고 인류의 희망이며, 과거에도 불구하고 부단히 나아갈 수 있는 지혜와 지름길이다.

사실상 세상과 인간의 문제는 하나님이 아니라 인간에 의한 일들이고, 그간에 세상을 주도·운영하는 실질적인 하나님은 인간이었으며, 그간에 역사적·문화적·태생적인 문제들을 통해서 인류 미래를 적극적으로 함께해 갈 수 있다.

인류가 역사 내내 잘못 키워 왔던 두 가지 하나님

* 한 가지 잘못된 하나님

진리와 하나님(부모)으로부터 자립적·독립적·개척적이지 못할수록 인간이 일방적으로 의존할 수 있는 절대자가 필요하고, 무능·무기력할수록 더욱더 절대자가 중요해지고 간절해진다. 이는 자식이 무능할수록 부모에게 의존적인 것과 일맥상통한다.

* 또 한 가지 잘못된 하나님

자신이 절대자를 의존하는 동안에는 또 다른 자신의 반대편(무의식)에 마녀사냥용 먹잇감(변명·원망·증오·보복 대상)을 키우고 있을 위험성이 크다. 왜냐면 절대자에 의존하는 인생으로는 근본적인 변화와 발전이 불가능하고, 오히려 무능과 무기력과 실패와 고생은 받아놓은 밥상과 같으며, 이를 원망할 대상(반대편)이 필요하기 때문이다.

그래서 자신이 한계에 봉착하면 자신의 무능과 실패와 잘못을 책임 전가할 또 다른 절대자(번뇌, 악연, 이념, 적그리스도 등 원망·저주의 대상 등)를 무의식에 숨겨 놓고 키우게 된다.

이런 사람은 자신은 전지전능한 하나님과 함께하는 만큼 모든 잘못은 상대방에게 있다고 생각한다.

그래서 때로는(종국에는) 죄인과 악인보다도 선으로 위장하고, 진리로 무장한 사람들이 훨씬 더 해롭고 위험하고, 심하면 끝까지 자신을 반성하지 않은 채 구제 불능으로 전락하기도 한다.

23.
지금까지 세상과 인류사를 주도해 온 것은 생각(인간)

'세상을 주도·운영하는 실질적인 하나님은 인간'이다.

왜냐면 인류사를 한 단어에 압축한다면 '인간의 생각'이라고 할 수 있기 때문이다. 인류는 지금까지 '생각'으로 살아왔고, 생각의 차이가 곧 타인과 역사와 사회문화와 현실과 미래의 차이로 연결된다.

부처(불교)는 생각을 통해서 세상 진리를 육도사생과 인과응보와 불생불멸로 설파했다.

불교의 최고 경전인 화엄경은 '일체유심조'(一切唯心造, 모든 것이 마음이 지어내는바)라고 했고, 마음도 생각이다.

중생과 속세의 번뇌, 참회, 정진, 자비, 수양, 수행, 해탈, 마음자리도 생각이고, 생각이 없으면 불가능하다.

화엄경을 집대성한 탄허 스님은 "우주 만유를 만들어 낸 것은 우리 마음이다."라고 말하고, 참선을 강조했다.

그런데 '마음'도 '참선'도 생각이다.

기독교·천주교의 믿음과 소망과 사랑도 생각이고, 회개도 생각이다.

과학에서의 관찰도, 연구도, 가설도, 추리도, 억측도, 역설도, 오류도, 개념도, 논리도 생각이다.

남들이 상상하지 못했던 훌륭한 업적을 이뤄 낸 천재들과 선각자들은 세상만사에 갖가지 의문들을 품었고, 진지함과 진실함과 냉철함과 무한함과 경외감은 물론 열정도 인내도 의지도 목숨도 인생도 기꺼이 쏟아부어서 희생하고 집중하는 수고로운 삶의 연속이었다. 이것도 생각이고, 생각의 깊이와 정도에 의한 일들이다.

세상에 감사함도, 범죄자들의 악행도 모두 '인간의 생각'으로 시작되고, 생각으로 행동하고, 해결도 생각이 아니면 불가능하다. 다시 말해서 인간의 행동과 관계와 인생은 생각의 노예에 불과하다. 그래서 생각을 바로잡지 않으면 활활 타오르는 화덕의 불은 놓아둔 채 찬물만 끼얹는 반복에 불과하다.

24.
무한·심오한 세상을 단순화해 놓고
요지부동인 사람들

 사람들은 몸담은 세상의 실체와 기이한 현상과 정교한 상호작용과 치밀한 관계와 무궁무진한 가능성에는 접근과 이해가 어렵고, 아예 관심이 없는 사람도 많다. 설사 세상에 파고들려고 해도 관심과 열정과 집중력과 능력이 부족할 수밖에 없다. 왜냐면 웬만한 사람들로서는 깊이 있는 생각(열정, 집중력 등)에 못 미치기 때문이다.
 지금보다 훨씬 뒤떨어진 구시대 사람들로서는 오늘날의 복잡하고 심오한 이치는 있으나 마나다. 오히려 구태의연해도 쉽고 간단한 이치가 제격이다.

 현대인들도 자기 수준 이상의 이치와 난제보다는 과거에 단순하고 미개했던 사람들이 믿고 따랐던 단순한 이치와 세계관이 난해하지도 복잡하지도 않고 쉽고 편하다.
 더구나 자신의 세계관이 관여·감당할 수 없는 난해한 대상(세상, 현실, 문명, 개척 등)은 각자 자유자재로 이해·판단·선택하고, 융통성을 발휘하고, 이렇게도 저렇게도 합리화할 수도 있다. 예를 들어서 자신에게 이익이 되면 적극적이고, 통속적인 유행은 자연스럽게 받아들이고, 부담스러운 것은 모른 척 외면할 수도 있고, 거슬리면 비난할 수도 있고, 무서우면 회피하고, 귀찮으면 무관심할 수도 있다.

하지만 오래전에 생겨난 세계관들은 당시에 세상이 암울했고, 생존·생계에 시달릴 정도로 극한의 연속이었으며, 현실보다 사후세계를 중시했다.

그런데도 현대인들이 그토록 쉽고 간단한 세계관(진리, 이치, 말씀)을 절대화해서 의존하고 답습한다는 수많은 의미를 내포하고 있다.

얼마 전까지만 해도 지극히 나약했고, 자기 자신도 가누지 못하고 방황(갈팡질팡)하던 사람이 어느 시점·순간부터 어마어마한 세상을 단순화·진리화해서 자신에게 가져다 맞추거나, 자신이 그것에 맞춰 버린다. 이는 특별히 생각(고민, 연구, 판단)할 필요가 없이 무의식만으로도 살아갈 수 있다.

- 앞에서처럼 다수가 믿고 따르는 세계관에 함께 심취함으로써 난제에 도전하고 개척하고 모험하는 등 수고와 희생과 위험을 감수할 필요가 없고, 다수가 함께함에 따라 도덕성에 상처받을 일이 없다.
- 이미 수천 년 전 사람들의 생각과 방식을 흉내만 내는 정도로도 믿음과 신앙생활이 충분하고, 단순한 믿음과 기도로도 모든 것이 가능·충분할 정도로 손쉬운 이치이고 인생이다.
- 더구나 자기 하나(생각, 믿음, 기도)만으로도 어리석었던 과거에서 벗어날 수 있고, 새로운 인생을 살아갈 수도 있고, 모두를 가엾게 여기는 인간적인 사람이 될 수도 있고, 모두를 위해서 기도해 줄 수도 있고, 사후까지 보장받는 월등한 입장으로 올라설 수도 있고,

자신이 곧 세상 진리처럼 우월해질 수도 있으며, 특별히 손해를 볼 것도, 거부할 이유도 없다.
- 이렇게 살아도 함께하는 사람들과 얼마든지 시간과 공간과 정서와 인생을 공유할 수 있고, 이상함도 부족함도 어색함도 느낄 필요가 없다.

25.
과거 극복은 인류에게
공통의 과제 겸 진리

공자는 "미래를 똑바로 결정하려면 과거를 알아야 한다."라고 했다.

이 말을 얼핏 들으면 타당하게 느껴진다. 그런데 이는 매우 잘못된 이야기다.

왜냐면 인간은 생각을 극대화해서 뜻을 세우면 과거에 상관없이 좋은 일도, 보람된 일도, 훌륭한 일도 해낼 수 있기 때문이다.

과거가 현재와 미래에 무관하고 방해되는 경우

최초에 우주나 인류는 과거라는 본보기가 없이 생겨났다.

전기와 비행기와 컴퓨터와 자유민주주의도 과거라는 본보기가 없이 생겨났다.

중국(역사·문화·민족성)에 커다란 영향·악영향을 동시에 끼쳤던 공자(존재)에도 불구하고 중국은 과거(원한·보복)에 갇혀서 서로 싸우고 허약해지고 망하는 등 쳇바퀴 도는 연속이었다.

중국은 5천 년이 넘는 역사다. 그런데도 인류사에 공헌하거나, 인류의 난제를 해결한 업적이 없고, 역사 내내 영토 싸움과 권력투쟁과 중상모략과 무협지(삼국지, 손자병법) 수준의 피비린내 나는 보복과 암투로 자기 앞가림도 제대로 하지 못했다.

중공은 현대사에서도 자기 분수와 주제를 모르는 것은 물론이고 공산주의조차 똑바로 지속하지 못한 채 황제 시대로 망가졌고, 심지어 힘이 생기자 이웃 국가들을 협박하는 등 사고뭉치 노릇이 고작이고, 앞가림도 힘든 역사의 연속이다.

오히려 과거를 반성하고 극복해야

- 인간은 식물과 동물에 근거해서 출현했다.

그래서 인간(사회문화, 국가) 중에는 동물적인 생존에 급급하거나, 영역(영토) 싸움하거나, 힘(무력)으로 지배하려는 저차원(1·2차원)의 독재자들이 있을 수밖에 없다.

이를 극복했기에 처절한 대가를 치르면서도 원시·고대·중세·근대에 이어서 현대에 이르렀다.

- 월등한 미래는 과거에 의해서가 아니라 과거보다 훨씬 더 나은 인류애와 가치를 추구하고 실현해야 가능하다.

인간은 세상과 인류에 대해서 무한한 관심과 열의를 쏟아야 하고, 서로 존중하고 협력해야 미래를 만들어 갈 수 있다.

- 크든 작든 중국의 영향을 받았던 우리도 합리적인 철학과 과학과 존엄성과 인류애와 세계관과 인생관과 가치관에 취약했다.

그로 인해서 세상과 인생을 단지 개인으로 시작하고, 개인으로 살다가, 개인으로 끝나는 수신제가, 치국평천하, 영웅호걸, 호의호식, 입신양명, 부귀영화, 길흉화복, 수복강녕 등 '개인 집착(생존, 보호, 강화, 미화, 합리화) 증세'가 심각한 역사와 문화와 민족성의 연속이었다.

- 만일 공자의 말이 옳았다면 최소한 중국의 공산주의는 없었어야 했고, 있었더라도 진작에 망했어야 했으며, 시황제로 빗나가는 짓은 없었어야 했고, 있었더라도 먹혀들지 않았어야 한다.

이처럼 중국도 한국도 엉망이었던 과거(역사, 문화, 관행, 인연, 습성, 답습, 이념, 관계)로 인해서 수천 년 동안 자유민주주의는 상상조차 하지 못했다.

정리하면,

시대도 나라도 인간도 반드시 적극적으로 좋은 마음씨와 생각을 발휘해야 하고, 계속해서 변화하고 협력함으로써 과거를 극복하면서 발전해 갈 수 있고, 막연한 과거 답습과 말뚝처럼 확고부동한 절대불변의 진리와 결정론적인 세계관들은 한계가 뚜렷했고, 그로 인해서 무가치한 대가를 치러 왔다.

26.
세상(우주, 대자연)과
인간과 자신에 대한 객관화

절대적으로 환경에 지배받는 인간은 이따금 일상에서 과감하고도 홀연히 벗어나서 여행이라도 시도함으로써 현실을 망각해 볼 필요가 있다. 때로는 생뚱맞은 시도들이 소중한 활력소나. 획기적인 전환점이 될 수도 있기 때문이다.

자신이 기존의 자신을 잠시 내려놓아도 수천 년 전부터 전해지는 것들(종교, 조물주, 신, 진리, 말씀 등)은 없어지지 않는다.

그래서 여기서는 수천 년 전부터 전해지는 것들을 잠시 내려놓고, 기존의 자기 자신도 망각해 보자.

이제부터 우리가 아무런 불만도 편견도 없이 미래 어딘가를 향하고, 더 나은 무엇인가를 위해서 진행 중인 우주(세상)에 자신을 맡겨 놓고 함께해 보자.

기왕이면 좀 더 순수한 양심과 객관적인 상식과 맑은 정신과 인간미 넘치는 열정과 냉철한 집중력과 책임을 짊어지는 지성으로 승화해서 세상과 인류를 객관화해 보자.

동물들은 타고난 습성(본능)대로 살다가 죽는다.

소인(小人)은 주어진 환경과 타고난 천성(감각, 감정)과 본능(욕구, 생계)과 인연과 정분과 진한 감동과 찡한 감격과 조상에게 물려받은 방식으로 살아간다.

지자(知者)는 과거의 기반 위에서 현재를 살아가고, 현실에서의 안전과 행복과 더 큰 이익(계산)을 전제로 현재와 미래를 선택적으로 살아간다.

현자(賢者)는 모두의 과거(잘못)를 교훈 삼아서 현재의 어리석음을 경계·차단·계몽하면서 다가올 미래와 해결 방안을 예견·연구·대비하고 살아간다.

개척자(開拓者)와 선구자(先驅者)는 과거는 근본적으로 반성·감사·승화·용서·포용하고, 현재는 더 나은 세상과 인생과 후대를 위한 협력과 사명과 열정과 헌신과 희생과 책임으로 살아간다.

과거(신, 진리)에 대해서 '절대적', '절대자' 등으로 칭송하거나, '완벽하고 완전한 것'으로 착각하는 사람과 사회는 더 나은 차원의 미래를 설계할 수 없고, 갈수록 불의와 악인을 감당해 낼 수 없으며, 결국은 물려받은 사회문화도 유지해 나가기 어렵다.

인생도 사업도 관계도 시작과 과정이 중요하다. 하지만 반드시 끝이 좋아야 한다. 왜냐면 시작과 과정이 아무리 힘들어도 끝이 좋으면 보람을 느낄 수 있고, 어떠한 고난과 역경에서도 한 발짝이라도 더 내디딜 수도 있기 때문이다. 지구촌도 인류도 과거와 현재가 어떻든 반드시 미래를 희망으로 만들어서 끝을 좋게 해야 한다.

홍익인간(弘益人間)을 강조하는 사람과 단체는 홍해인간(弘害人間)들조차 감당해 낼 수 없다.

왜냐면 홍익인간을 명분으로 이익(利益)을 누리려는 사람들을 걸러 낼 수 없고, 그러한 습성과 분위기에서 벗어날 수 없기 때문이다.

만일 진정으로 홍익인간을 본받으려 한다면 홍익(弘益)보다는 홍익(弘翊, 도울 익, 크게 도움이 되는)을 중시해야 하고, 홍익(弘翊)보다 소익(小翊)을 중시해야 한다. 왜냐면 홍익인간이라는 구태의연한 대물림이나, 당연한 강조보다는 홍익이든 소익이든 자신이 실생활에서 직접 실천하는 수고로움이 홍익·소익이며, 구태여 강조·언급할 필요가 없기 때문이다.

27.
다양한 종교적 세계관들이 생겨난 배경

기존의 세계관들(진리, 종교)은 심오한 우주와 인간의 존엄성은 감히 상상조차 하지 못했던 구시대에 생겨났다.

첫째, 초기 인류는 동물들과 크게 다를 바 없었다.

구시대의 인간은 세상·우주와 대자연(성분, 성질, 가치, 가능성)에 관해서 암흑과 무지 상태였다.

중세에는 '지구가 우주의 중심', '태양이 지구를 돌고', '지구는 평평한 네모'라고 생각했다.

그래서 세상과 인간을 함부로·멋대로 규정했고, 그로 인해서 '전지전능한 신들'과 '절대불변의 진리'와 '사후세계'(극락, 영생 등)에도 불구하고 잔악한 폭정과 차별과 탄압과 독재와 전쟁의 연속이었다.

이처럼 최첨단의 우주선과 컴퓨터는 감히 상상도 하지 못했던 시대에(수준으로) 감히 전지전능과 하나님과 신들이 생겨났다는 점에서 아이러니하기 그지없다.

둘째, 당시에 춥고 배고프고 삶에 지친 사람들은 희망이 없었고, 위로받고 의존할 수 있는 안식처가 필요했다. 이때 사후세계(극락, 천국, 영생, 구원 등)가 제시되었고, 당시에 끔찍한 세상과 혹독한 인생에 대한 위안과 보상과 희망의 안식처였다.

세력도 돈도 신분도 없는 사람들로서는 사후세계를 믿고 따르는데 특별한 능력과 대가가 필요 없었다. 밑천이 없어도 생각(믿음, 말, 기도)만으로 사후까지 보장된다는 점에서 거부·부정할 이유가 없었고, 다수가 모여서 동병상련의 공감대와 동질감을 형성했으며, 그것만으로도 삶(세상·인생, 사회·문화)의 놀라운 변화와 발전과 든든한 버팀목이었다.

셋째, 하지만 우물 안 개구리 같은 세계관에 머물면서 세력화·고착화(특권화, 기득권화)되었고, 철학과 과학을 거부·탄압했으며, 인류사는 전체적으로 한계에 봉착할 수밖에 없었다.

28.
사후세계(극락, 천국, 영생 등)를 믿는 종교인들의 모순

여기서는 사후세계를 믿고 따르고 선교하는 종교인들과 신앙인들의 모순을 살펴보자.

- 중병과 불치병에 걸리면 죽지 않고 살아 보려고 애를 쓴다.
- 인간이 사망하면 사후세계로 가는 것을 축하해야 함에도 애도한다.
- 범죄와 사고로 사망하면 하나님의 뜻(역사하심)으로 여기지 않고, 어쩔 수 없는 불가항력으로 받아들이지 않고, 사후세계로 보내 준(?) 가해자에게 감사하지 않고, 신고와 보상과 배상을 받거나, 감옥에도 보낸다.
- 영생과 극락이 몇 살 때 나이로 얻어지는지, 어떤 상태로 얻어지는지 설명도 언급도 연구도 의문도 없다.
- 철부지 나이로 영생을 얻고 극락에 가는지, 육체적 욕망이 왕성한 젊은이로 가는지, 세상과 인생에 대한 경륜이 쌓인 중장년으로 가는지, 또는 늙고 병들고 치매에 걸린 상태로 가는지 설명도 관심도

없다.
- 세상에 태어나서 한동안 머물렀다는 이유만으로 죽어서도 영원히 살려고 하고, 영원히 살아서 무엇을 하겠다는 것인지 언급도 생각도 의문도 연구도 관심도 공론화도 없다.

이러한 현상은 종교인들도 신앙인들도 사후세계가 황당하다는 것을 무의식에서나마 잘 알기 때문일 수 있다.

29.
사후세계가 인류에게 획기적인 전환점이었던 이유

사후세계가 인류에게 획기적인 전환점이 되었던 이유는,

아무런 희망도 없이 막막하고 삭막했던 시대에 무지했던 사람들이 '사후세계'라는 전혀 다른 세상·생각·상상을 하게 됨으로써 현실뿐이었던 생각이 활성화·본격화되는 기회였다.

사후세계를 생각해 봄으로써 기존의 고정관념(세상, 현실, 생각, 고통)이 깨지는 등 인간과 인생을 색다르게 살펴보게 되었고, 전혀 다른 생각과 방법과 노력으로 고통스러운 현실을 이겨 내는 기회가 되었다.

사후세계를 믿는 세력이 등장·결집함으로써 잘못된 현실(폭정, 체제)을 불신·벗어나거나, 저항해서 무너뜨리는 기회들이 되었다.

오직 눈에 보이는 세상과 현실뿐이었던 사람들의 머리에는 사후세계라는 영역과 공간이 만들어졌다.

이는 사실 기존의 세상(현실, 인생)에 사후세계라는 또 다른 세상(사후)이 추가된 것이고, 그로 인해서 실제로도 세상에 균열이 생기면서 새로운 틈바구니 겸 희망이 시작되었다.

무엇이든지 생각·상상해 보는 기회(자유)가 허용되면서 이는 곧 서로의 존엄성, 다양성, 독창성, 창의력의 밑바탕이 되었다.

　물론 그러한 일련의 과정은 부처나 예수가 처음부터 목적했다기보다는 오랜 세월을 거치는 동안에 무의식의 변화를 시작으로 현실에서의 새로운 가능성으로 연결되었다.

30.
부처와 예수가 인류에게 끼친 부작용과 악영향

부처와 예수 등 인물들로 인해서 하나뿐인 세상에 전혀 다른 진리와 세계관들이 뒤섞여지게 되었다.

부처와 예수는 현실보다 사후(해탈, 극락왕생, 영생)에 비중을 뒀고, 하나뿐인 세상이 현실과 사후로 도막 났으며, 사람들의 관심사와 현실적인 여유(시간·경제력·정신·에너지)가 애매한 사후세계로 분산되었다.

이는 현실에 최선을 다해도 부족할 수밖에 없는 상황에서 집중력(인류의 정신, 시간, 비용, 관심사, 생활, 여유, 능력)이 사후세계로 쪼개졌으며, 현존하는 어려움과 위기와 난제들을 해결하는 것에 치명적이었다.

인간이 적극적으로 이해·포용·용서·화합·협력해야 함에도 오히려 세상과 인간과 현실을 잊고 버리고 끊고 부정하고 이단시하는 습성들이 생겨나고 당연해졌다.

(부처는 세상을 고해(苦海, 고통의 바다)로, 예수는 에덴에서 쫓겨난 세상으로 취급했고, 인간을 어리석은 중생과 원죄를 지닌 속죄양으로

폄훼했다.)

　그로 인해서 이를 등에 업은 종교인들은 사람들을 불신·멸시·징벌·마녀·사탄으로 취급했고, 전지전능을 등에 업은 사람과 세력과 권위가 기승을 부렸으며, 마녀사냥과 참담한 종교전쟁과 세계대전을 치렀다.

　인류는 무한한 가능성과 미래 잠재력이 세계관(종교)들에 가로막혔고, 한계 봉착과 위기 반복으로 무능·무기력해졌다.

　자의 반 타의 반으로나 직·간접으로 종교 진리와 분위기에 익숙해진 일반인들조차 뭐가 뭔지 몰랐고, 몸담은 세상과 인간과 현실을 부정하고 저주하고 무시하는 습성을 당연하게 여겼으며, 잘못된 문제와 사건의 책임을 적그리스도나 이교도나 나쁜 놈에게 떠넘겼다.
　이로써 진리는 말뚝처럼 불변이었고, 악과 불의가 진화하면서 세계 곳곳을 침범하고 위험에 빠뜨리고 있다.

31.
현행 세계관들(부처·예수 등)의
미래 가능성

지금의 연장선에서는 부처와 예수의 본래 취지(자비, 사랑, 진리)가 실현되기 어렵고, 현상 유지도 불가능하다. 왜냐면 세상도 인간도 너무 오래 고루해지고 부패해지고 만성화되었고, 현실 극복 능력과 자체 정화 능력이 상실되었기 때문이다. 물론 앞서 나가는 사람들과 훌륭한 사람들도 없지 않다. 하지만 심하게 빗나가 버린 사람들과 삐뚤어진 세상을 미약한 소수와 소극적인 사람들의 자질과 노력과 희생으로는 감당하기 쉽지 않다.

이는 종교와 종교인들과 신앙인들과 사람들이 사악하거나, 무능해서가 아니라 수천 년을 바로잡을 수 있을 정도의 냉정과 열정과 의지는 턱없이 부족하고, 적극적인 대안과 전환점도 마련되지 않았기 때문이다.

32.
세상과 인간의 미래는 낙관적인가?

세상과 인류 미래는 긍정적·낙관적인가? 아니면 부정적·비관적인가? 만사가 그렇듯이 현재로서는 반반(50:50)이다.

부정적·비관적인 이유는 인류의 정신을 주도해 온 부처와 예수의 진리가 세상과 인간을 부정적으로 설정해 놓았기 때문이다.

이는 세상과 인류의 밑바탕과 세상에 세워질 기초 공사가 잘못된 것이고, 인류 역사 역시도 심각한 모순과 오류와 부작용이 반복·축적되었다는 이야기다.

원래 우주 이치는 인류가 제대로 눈을 뜨면서부터는 서로 협력해서 만들어 가도록 설정되었다고 봐야 한다. 그런데 종교적 세계관들로 인해서 인류는 너무 많이 오래 심하게 삐뚤어졌고, 이미 세상과 인간에 대한 불신과 혐오로 가득하고, 그러한 습성과 기억과 사건들에 익숙해지면서 부작용과 병폐가 심해졌다.

그래서 현재의 연장선에서는 긍정적이고 낙관적이고 적극적인 분위기를 끌어내기가 쉽지 않고, 현상을 유지하기도 어렵다.

- 부정·비관은 무시·외면을 낳고, 이어서 비난·원망·증오·공격을 합리화하고, 온갖 모순·위선·거짓·교만·독선·술수·궤변·음모·조작·범죄를 정당화하고, 타락·무기력·패륜·몰락을 자초한다.
- 긍정·낙관은 이해·신뢰를 낳고, 반성·존중·존경을 키우고, 가치·사명·열정·집중력·책임을 짊어지고, 개척·발전·성공·결실·보람을 실현·공유하게 된다.

그래서 『하나뿐인 세상에 합당한 인류 공통의 일치된 세계·우주관』을 준비했고, 이제부터는 적극적으로 우주 이치에 부합해야 한다.

33.
사후세계는
진리가 될 수 없는가?

미개했던 시대에 만들어진 사후세계 그대로는 진리가 될 수 없다. 왜냐하면

우주(지구)는 인류가 존재하기 전부터 부단히 활동 중인 현재진행형이고, 최종 목표를 향해 가는 미래 완성형이기 때문이다. 그런데 사후세계는 모두가 살아서 숨 쉬는 세상을 인간의 생사에 맞춰서 둘로 쪼개 놓았다.

현존하는 세계관들은 암흑 같은 세상(아버지)과 칠흑 같은 인간의 무지(엄마)가 만나서 잉태되고 출산해 낸 조잡한 불량품들이다. 만일 현존하는 종교들과 신들과 진리들이 당장 없어진다고 해도 세상도 인간도 그대로 존재하고 살아가게 된다. 이는 인간이 믿고 따르는 신과 진리와 세계관들이 우주에서 절대적이지도 소중하지도 않다는 이야기다.

태초 이래 우주의 진행을 생각하면 인류는 미개하고 나약할 수밖에 없다.

그래서 미개한 인류는 출발부터 삐뚤어질 수밖에 없었고, 나약한 인류는 뭔가에 의존할 수밖에 없었다.

하지만 세상에 깊이 파고드는 천재들 덕분에 지식과 학문과 산업과 문명이 고도로 발달했고, 엄청난 혜택 속에서 살아간다.

물질문명과는 반대로 인류의 세계관 겸 정신 문화는 시작부터 한계가 뚜렷했고, 기나긴 세월 동안 위기와 불안과 위험과 죽음과 전쟁과 불행과 고통을 대가로 치렀다.

그런데 이제는 밑창이 완전히 드러났고, 획기적인 대안과 전환점이 필수적이다.

34.
참다운 진리의 자격 및 조건

참다운 진리는 아래에서 적어도 하나에는 해당해야 하고, 어느 하나에서도 어긋나거나 벗어나면 안 된다.

첫째, 누구도 부인·불신·부정·무시·조작할 수 없어야 한다

불변의 진리 겸 참다운 진리는 세상에서 없어지면 절대 안 되고, 모든 인간에게 동시에 적용되어야 하며, 감히 누구도 부인·불신·부정·무시·조작할 수 없어야 한다.

이는 우주 곧 은하단, 은하계, 태양, 지구, 공기, 물, 바람, 토양, 낮과 밤의 교차, 사계절의 순환, 다양한 현상들, 원리들, 작용들, 에너지, 성질, 성분, 균형, 조화, 합성, 생성, 죽음 등이다.

이것들은 하나라도 없어지면 지금의 우주도 인간도 생겨나지 못했고, 앞으로도 존재할 수 없다.

둘째, 우주의 만상·만물·만사를 합리적으로 설명해야 한다

불변의·참다운 진리가 되려면 우주의 만상과 만물과 만사를 합리적으로 설명할 수 있어야 한다. 왜냐면 지구만으로는 만상·만물·만사를 두루 포함·이해·설명할 수 없고, 존재할 수도 없기 때문이다.

'만상'이란 모든 현상이고, 만물이란 모든 물질이며, 만사란 만상과 만물에 의해서 생겨나는 모든 것(세상사와 인생사)을 의미한다.

- 지금의 종교는 만상과 만물과 만사를 합리적으로 설명하지 못한다. 종교가 생겨날 당시에는 태양과 지구에 관해서 연구하고 앞서 나가는 철학과 과학을 무시·부정했을 정도로 답답했다.
- 과학은 만상과 만물과 만사를 연구하고 설명하고 이용하는 방식으로 발전했고, 만물 속에 깊이 숨겨진 만상(기이한 현상)과 유기적인 연관성은 설명하지 못했다.

셋째, 우주 이치에 맞추는 인간의 이치

태초 이래 우주는 2비트(상대적인 조건과 과정에 충실)의 원리를 통한 만물의 생성과 온화한 환경 조성, '순간의 연속(적극성)', '현재진행형'(순간에 최선), '미래 완성형'(미래 지향점)에 맞춰서 미래로 나아가면서 계속 차원을 높여 가는 중이다.

그런데 인간이 믿고 따르고 살아왔던 이치들은 우주 이치가 거의 반영되지 않았다.

그래서 앞으로는 인간도 우주 이치를 적용해서 매 순간 최선을 다해야 하고, 각자 마주한 현실에서 양질의 정보들을 생산해야 하며, 적극적으로 반성·변화·협력·향상·발전해야 하고, 강력한 힘을 발휘해서 더 나은 가치와 차원과 미래를 추구·개척·실현·완성해 가야 한다.

이 책에서는 이러한 모든 것을 반영해서 우주와 인류의 핵심 이치와 공통의 뼈대(원리, 근거)를 제공했다.

35.
우주는 인간에게
많은 것을 요구하지 않아

   우주는 인간에게 필요한 것을 제공하면서도 인간에게 많은 것을 요구하지 않는다.
   그래서 우리 인간은 마주하는 상황·순간·과정·사람에게 순수하게 최선을 다해야 하고, 적극적으로 협력·존중해야 한다. 이를 위해서 우리 인간은 각자 타고난 조건(사주팔자 등)에 연연하지 말고 오히려 차원을 높여서 극복해 가야 하고, 오래된 과거에 의존하지 말고, 현재에 안주하지 말고, 이해(利害)와 인연과 정분에 좌우되지 말고, 약아빠진 잔머리를 굴리지 말고, 유·불리한 입장에 연연하지 말고, 더 나은 가치와 관계와 개념과 사회와 문화와 세상을 위해서 진심으로 전념하고, 자발적으로 책임져야 한다.

   역시 인간은 촌분을 아껴서 세상사와 인생사를 승화·연구하고, 서로 반성·포용·용서·화합하고, 합리적인 대안을 마련하고, 적극적인 열정과 희생과 집중력으로 미래를 만들어 가야 한다.
   이는 결코 쉽고 간단하지 않은 과정이고, 그렇다고 지겹고 까칠한 과

정도 아니다.

그간에 우리 인류가 양적·질적으로 발전할 수 있었던 핵심만을 뽑아 낸다면 '좋은 마음씨들이 순간순간 적극적으로 최선을 다했던 덕분'이라고 할 수 있다.

만일 소수일지라도 불변의 진리와 적극적으로 좋은 마음씨들이 없었다면 종교도 종교인들도 신앙인들도 존재할 수 없었고, 존재했더라도 미개했던 원시·고대에서 벗어날 수 없었다.

36.
부처와 예수의 이치가
참다운 진리가 되려면

최초에 사후세계(극락, 영생)를 제시했던 부처와 예수를 참다운 진리로 만들어 보자.

부처와 예수가 몸담은 곳은 세상(지구, 우주)이었고, 사후세계를 언급한 곳도 세상에서였으며, 사람들이 이해하고 받아들였던 곳도 세상이었고, 이는 모두 세상과 인간에 관련된 내용들이다.

다시 말해서 세상을 이해·설명하는 진리는 개인(혼자)용과 인간(다수)용이 아니라 인류(전체, 모두)용이 되어야 한다는 이야기다.

그래서 부처 진리(불생불멸, 육도사생, 왕생극락)와 예수 진리(창조론, 영생, 천국)가 참다운 진리가 되는 방법과 조건은 두 가지다.

첫째, '기존의 개인용 사후세계'를 이 책의 제목인 '하나뿐인 세상에 합당한 인류 공통의 일치된 세계·우주관'이라는 명칭처럼 세상용과 인류용으로 업그레이드하면 된다.

왜냐면 우주와 진리는 개인의 생사로 끝나지 않고, 수많은 인간의 생사가 반복·축적되는 연속이고, 그를 통해서 지혜와 경험과 지식과 학문과 문명이 계속 향상·발전·전해짐으로써 미래로 나아가는 이치이기 때문이다.

인간을 개인만으로 생각하면 100년여를 살고 죽는다. 하지만 세상과 인류는 100년으로 끝나지 않고 계속해서 연결·진행된다. 그래서 세상에 관한 진리는 당연히 인류용으로 확대되어야 한다.

이처럼 인류는 수천수백 세기 동안 세상에서 생사를 반복해 왔고, 세상(사후세계 등)은 개인(혼자)과 인간(다수)보다는 모든 인류에게 적용되어야 한다.

이것이 우주의 참 진리인 불생불멸의 윤회와 인과응보이고, 영생과 천국·지옥의 연속이며, 그대로가 세상사이고 인생사다.

둘째, 사후세계(극락, 영생)를 저세상이 아닌 우리가 사는 지구(재합성)로 바꾸면 된다.

만일 사후세계가 지구(우주)라면 모든 종교와 과학이 하나뿐인 세상에 합당한 인류 공통의 세계관·우주관으로 합치점과 일치점을 찾게 된다.

이는 모든 인류가 공존(상생, 보완, 협력) 관계로 발전할 수 있으며, 평화와 번영과 낙원을 실현해 갈 수 있다. 왜냐면 하나뿐인 세상·우주와 인류가 엉뚱한 것들에 여력을 분리·분산시키지 않게 되고, 훌륭한 인물들과 유능한 인재들과 건전한 다수를 주축으로 무엇이든지 협력하고 시도해서 실현해 낼 수 있으며, 그간에 누적된 문제들의 상당 부분은 저절로 해결될 것이기 때문이다.

이는 우주·지구를 모든 인류가 오래도록 살아가는 영원한 터전으로 만들고 지키고 발전시켜 가는 방법이다.

37.
하나의 체계와 질서로 통합되는 새로운 우주관

세계관(생각과 목적과 방법)이 정반대인 사람이 함께하면 관계가 좋을 수 없고, 오히려 서로의 장점은 무시되고, 상대를 이기기 위해는 단점과 약점을 들춰내고, 악감정과 싸움이 확대된다.

이처럼 두 사람이 만나면 1+1 〈 마이너스(-) 관계와 신세와 국제관계와 세상으로 전락한다.

- 두 사람이 수시로 만나서 술 마시고, 도박하고, 유흥하고, 게임 하면 1+1 〈 1 또는 2도 유지하기 어렵다.
- 본능과 감각과 감정을 위주로 하는 두 사람이 만나서 함께하면 잘되어도 1+1 ≒ 2가 된다.
- 관심사와 지향점이 일치하는 두 사람이 함께하면 서로의 장점이 합해져서 1+1〉2는 물론이고 1+1 〉 3, 4, 5 등으로 비약적으로 좋아진다. 왜냐면 서로에게 없던 능력과 당초에 예상하지 못했던 파생 효과가 생겨나고, 다음으로 나아갈 수 있기 때문이다.
- 만일 막연하고 추상적이고 비현실적인 기존의(개인용) 사후세계를

하나뿐인 지구·우주에서의 사건들로 바꾸면 제각각인 세계관들(과학, 불교, 기독교 등)을 하나의 체계와 질서인 '새로운 우주관'으로 일치·통합시킬 수 있다. 불생불멸도, 인과응보도, 육도사생도, 해탈도, 극락왕생도, 천국과 지옥도, 영생도, 진화론과 빅뱅 이론도, 물리학의 거시세계와 미시세계도, 음양오행도, 미신들도 모두에게 적용되는 현실적인 진리로 업그레이드된다.

예를 들어서 우주(지구)를 비행기에 비교해 보자.

세상 모든 것이 완성된 비행기의 엔진과 구성 부품과 원료와 연료와 기능과 작용에 해당한다.

이때 비행기(세상)는 다양한 이유와 목적과 소지품들을 지니고 탑승한 여행객들을 태우고 목적지를 향해서 매 순간을 날아가는 현재진행형과 미래 완성형에 모두 해당한다.

이는 그간에 우주의 만물과 만상과 만사(사건)가 비행기와 비행기를 구성하는 부품들과 탑승한 사람들 모두에 해당하고, 그대로가 현실 세계를 구성하고 움직이는 다양한 조각들이다.

실제로 우주는 138억 년 동안, 지구는 47억 년 동안 다양한 존재들과 방식들로 불생불멸이라는 만물·만상·만사의 합성·재합성의 순환과정과 생멸 과정(영생)을 반복해 왔다.

세상과 인류의 참다운 진리는 우주가 태초부터 무수한 과정(불생불멸과 영생)을 거쳐서 인간을 출현시켰고, 또다시 수많은 인간의 생사(불생불멸, 영생, 천국, 지옥, 구원)라는 합성·재합성(불생불멸과 영생)의 과정을 반복하면서 오늘날에 이르렀고, 지금도 진행 중이며, 세상은 오직 단 하나의 체계와 질서로 운영 중이다.

이론물리학(미시세계, 양자역학 등)을 종교에 접목해야 한다.

아마도 종교인들은 과학과의 접목을 찬성할 가능성이 희박하다. 왜냐면 천재들이 종사하는 물리학은 매우 난해한 영역이기 때문이다.

하지만 그래도 인류의 위기와 파멸의 방지는 물론이고 영원한 안정과 발전과 번영, 무한한 우주와 인류의 미래(진행·완성)를 위해서는 어쩔 수 없고, 사실은 서로의 접목과 일치를 적극적으로 환영하고 지원해야 한다.

왜냐면 태초 이래 우주(지구)는 종교와 종교인들과 과학과 과학자들에 의해서가 아니라 미시세계의 무수한 현상들과 거시세계의 물리법칙을 통해서 만물과 동식물들과 인간이 생겨났고, 무수한 반복(생멸, 재합성)을 통해서 오늘에 이르렀으며, 앞으로도 무궁무진한 미래로 나아갈 것이고, 절대 과학을 배제할 수 없기 때문이다. 이것이 인류의 발달사와 인생사이고 엄연한 세상사와 인생사 곧 현실이다.

선구자와 개척자와 도전자는 자신 하나를 집중투자(동기부여)하고, 에너지화(열정, 희생, 책임을 발휘)해서 훌륭한 업적을 세우고, 바람직한 사회문화와 더 나은 미래에 공헌·주도해 간다. 이러한 과정에서는 시행착오가 당연하고, 적극적으로 서로의 생각과 방법과 관점을 점검해서 계획을 수정한다. 이처럼 남들보다 앞서가는 사람들은 자기 이상의 뭔가를 위해서 자기(과거, 노력, 방식)에 연연하지 않고, 오히려 자신을 수시로 점검해서 버리고 바꿈으로써 계속 앞서가면서 강해지고, 결국은 뜻을 이뤄 낸다.

일반 사람들은 그럴듯한 미사여구들을 동원해서 막연한 자신을 합리화하고, 그럴듯하게 위장하고, 방해물을 만나면 변명하고 주저앉는 것에 익숙하다. 하지만 기어코 자신을 고수·고집·합리화·강화·미화할수록 진리적으로는 세상과의 연결 고리가 약해지고 얇아지고 느슨해지다가 결국에는 끊어지기 쉽다.

 종교는 세상도 인간도 오래전 과거(신, 말씀, 진리)에 맡겨 놓고 의존한다. 그래서 세월이 흐를수록 무기력해졌고, 신앙인들은 오래전에 누군가가 해 놓은 생각과 말과 글과 집단의식으로 자기 인생과 노력을 대신해 왔으며, 대중은 현실(생계, 안주, 유행, 불신, 저항, 투쟁)에 파묻혀서 안도·향유·소유할 방법들을 찾아왔고, 악인들은 나약하고 어리석은 사람들의 허술한 틈새를 찾아내고 왜곡·기만해서 수단과 방법 가리지 않고 잿밥으로 삼아 왔다.

 이제 우리는 강력하게 밀려드는 무궁무진한 우주·인류 미래를 위하고 향해서 순간순간 최선을 다해서 협력해야 하고, 그래야 그간의 문제들과 부작용을 해결할 수 있고, 획기적인 전환점과 도약의 가능성을 만들어 낼 수 있다.

38.
무지한 인간의
억지와 횡포와 야만적 행위

종교는 우주의 무한한 가치와 탐구에는 무지하고 무관심했고, 수천 년 동안 절대적인 권위를 차지해 왔다.

이처럼 무지한 인간이 선과 진리와 전지전능한 신으로 위장·무장하면 절대적인 권위로 끝나지 않고, 무지를 합리화하다가 잔악해지고 무기력해지기 마련이다.

우주(지구, 대자연)에 담긴 가치와 탐구는 과학이 주도했고, 종교는 과학을 탄압했으며, 그러면서도 오늘날까지 과학으로부터 일방적으로 도움만을 받았다. 창조를 믿으면서도 창조와는 무관한 미시세계의 결실인 컴퓨터(전자공학)와 스마트폰(양자역학)을 사용하고, 아프면 X-Ray와 MRI와 CT를 찍는다. 반면에

- 16세기에 신부이자 학자였던 조르다노 브루노는 "우주가 무한한 영역일 수 있다."라고 했다가 화형당했다.
- 코페르니쿠스(신부)는 '지동설'을 숨기고 있다가 말년에야 어렵사리 발표했다. 하지만 그가 우려했던 대로 '하나님의 질서를 부정한

다.'라는 이유로 수모를 당했다.

- 갈릴레이는 파문당했다가 수백 년이 지난 2000년에야 복권되었다.

오늘날 사람들과 성직자들과 신앙인들은 하나님을 생각하지 않고도 살아갈 수 있다. 반대로 과학 문명(자동차, 컴퓨터, 비행기, 휴대폰)이 없으면 하루도·잠시도 살아가기 힘들고, 인생이 고달파질 수밖에 없다.

3천 년 전에 인류는 부처와 예수를 몰랐고, 그때도 세상과 인간이 존재했다.

이는 우리의 양적·질적 삶과 무한한 발전과 번영을 직간접적으로 좌우·결정해 주는 진짜 진리 겸 증거는 우리 인간이고, 인간이 세상에 파고들어서 밝혀내고 이뤄 낸 존엄성의 협력과 천재들이 주도해 온 과학 문명 덕분이다.

인류는 너무 오래 많이 삐뚤어지고 정체되고 엉클어졌고, 그간에 고도로 발달해 온 과학 문명과의 불균형이 심해졌으며, 물질문명과 정신문화는 심각하게 엉클어진 문제들을 바로잡을 수 없고, 핵폭탄의 3차 대전은 물론이고 물질문명(인공지능 등)을 악용하려는 독재·공산·사회주의 악당들에게 위협받게 되었다.

인류가 존재한 이래 생겨난 모든 종교와 종교인들, 음양오행과 운명철학가들, 점쟁이들까지 모두 한자리에 모여서 간절히 기도하고 설교하고 헌금하고 예언하고 풀이하고 신과 진리와 경전을 암송해 본들 과학적인 업적들(연구, 발명)은 절대 만들어 낼 수 없고, 형이상학적인 최고급 개념들로 전개되는 자유민주주의의 법과 제도 역시 만들어 낼 수 없으며, 지구를 낙원으로 만들어 낼 수도 없고, 범죄와 전쟁도 없앨 수 없다.

왜냐면 지금까지도 절대자, 창조주, 조물주, 진리, 말씀, 경전, 신격 존재인 부처와 예수가 있었고, 인간에게 엄청난 영향을 끼쳤으며, 그랬음에도 지금의 오늘날이기 때문이다.

39.
무지와 억지가
죄악과 비극으로 확대되는 현상

　범죄나 사고가 터지면 당장은 문제를 일으킨 범죄자와 문제아 곧 당사자의 잘못과 책임이다. 똑같은 문제와 희생자들이 반복해서 발생하면 예방하지 못한 관계자와 주변인들에게 잘못과 책임이 확대된다. 사건과 문제가 끊임없이 터지거나, 더욱 심해지면 전문가들과 지도자와 사회 전반의 잘못과 책임이 광범위해진다.
　이때는 우수하고 유능한 전문가들과 지도자들이 제대로 역할 하지 못했다는 점에서 기존의 사회문화와 사회환경을 근본적으로 검증해서 바로잡아야 한다.
　대한민국이 현대사 75년 동안 독재와 민주화와 대립과 분열에서 터덕거리고 있다면 이는 국민 모두의 잘못이고, 역사도 문화도 민족성도 관행들도 인간관계도 관심사도 모두 점검해야 한다는 이야기다.
　만일 수천수백수십 년이 지나도 문제들과 문제아들이 계속되거나, 더욱 심각해지면 절대적인 권위(조물주, 신, 진리, 왕들)는 물론 전지전능과 미사여구(생각과 말과 글)로 살아가는 습성화(진리, 믿음, 신앙, 습관)된 사람(종교인, 신앙인, 일반인)들에게서도 잘못과 책임을 찾아야 한다.

  이때는 인간이 보고 듣고 배우고 생각하고 느끼는 것들에 대해서 뿌리와 토양부터 샅샅이 점검해야 한다.

  왜냐면 인간은 서로의 생각과 협력을 통해서 결국에는 불가능한 것이 없을 정도로 무궁무진한 가능성을 지니고, 잠재력과 위력과 저력을 발휘할 수 있는 최고의 영장류이기 때문이다.

40.
인류가 세상을 규정하면서 삐뚤어졌던 이유

우주의 나이(138억 년)와 지구의 나이(47억 년)에 비교하면 인간의 수명은 고작 100여 년이다.

이는 개인이 우주에 탑승하는 시간은 찰나에 불과하고, 우주에서 먼지보다 더 미세하다는 이야기다.

그로 인해서 인류는 미개한 원시·고대·중세를 거칠 수밖에 없었다.

이는 인류가 전지전능한 신의 자식이라는 것과는 정반대로 초기 인류는 동물과 비슷했고, 미개한 원시인의 과정을 오래 걸었다. 역시나 미개했던 고대에 세상을 쉽게 규정·단정·설명했고, 근대와 현대에도 계속되고 있다.

이는 무지했던 인간들이 어마어마한 세상을 상대로 생각을 가동·관여하자마자 하나뿐인 세상을 두 개(현생과 사후세계)로 쪼개 놓았고, 심지어 어마어마한 세상을 개인들의 사후(해탈·극락, 천국·영생, 구원)용으로 전락시켜 놓았으며, 인간이 세상에 어둡고 무지했다고 생각한다면 어쩌면 당연한 일들이었다.

이처럼 무지와 우둔함과 막연함으로 시작한 인류는 갖가지 모순과 위선과 억지의 연속이었고, 한계들이 노출되었음에도 합리화로 일관하면서 다양한 대가들을 치러 왔다.

이는 마치 인간의 몸에 붙은 세균들이 인간을 멋대로 규정해 놓고 기생하다가 죽으면 그만인 반복이었던 셈이다.

41.
불행 속에서도
그나마 다행이었던 훌륭한 업적들

　근대 서양에서는 남들이 모르는 새로운 지식과 과학이 상류(특권)층의 전유물(유행, 자랑)이었고, 당시에 과학자들은 오늘날의 톱스타나 대스타처럼 인기가 많았다.

　덕분에 귀족이었던 뉴턴은 만유인력(프린키피아)을 연구할 수 있었고, 인정받을 수 있었으며, 실제로 최고 인기를 누렸던 대스타였다.

　반대로 배움이 전혀 없는 무학자로서 제본소의 직공이었던 패러데이는 멸시와 비웃음 속에서도 열심히 연구했고, 학구적인 분위기 덕분에 전·자기장에 관한 연구와 발표가 상류층에게 쉽게 받아들여졌으며, 왕립학회 회원이 되었다. 물론 패러데이가 전기장과 자기장이 같은 원리라고 주장했던 발표는 비웃음을 받기도 했고, 노년이 되어서야 맥스웰에 의해서 사실로 입증되었다.

　핵분열을 최초로 성공한 리제 마이트너는 빈 대학의 첫 여학생으로 입학해서 물리학을 전공했고, 여성의 심한 차별 속에서도 독일 최초로 대학교수가 되었으며, 실력을 인정받아서 교수가 되었음에도 대학의 목공소에 연구실이 차려졌고, 화학자인 오토 한과 연구를 진행했다.

유대계인 그녀는 독일(나치)에서 죽을 위기에 처했고, 그녀를 아끼는 동료 과학자들의 적극적인 협조로 탈출에 극적으로 성공했으며, 스웨덴에 머물면서 오토 한과 서신을 주고받으면서 연구를 계속했고, 핵분열을 해냈다. 하지만 그녀는 유대계라는 이유로 노벨 수상자가 되지 못했고, 연구의 조력자로 이름을 올리는 것에 그쳤다.

아인슈타인은 특허청에서 일하면서도 연구에 전념해서 특수상대성이론 등의 논문을 발표했다.

이때도 유럽은 '솔베이 회의', '코펜하겐 모임'처럼 최고의 지식인들이 과학을 논의하고 검증하고 토론하는 공론화의 장이 있었다. 그래서 특허청 직원인 아인슈타인의 발표들이 쉽게 검증되고, 빛을 보았다.

로마는 탐욕과 타락으로 멸망했다고 한다. 그런데 문명이 발달하고 살기 좋아지고 넉넉해진 오늘날 현대에도 사람들은 본능과 감각과 감정과 유행과 게임과 놀이와 여행과 취미와 체험과 놀이와 경기·경연·공연(스포츠·드라마·영화·음악·예능·체험 등) 많은 시간과 정신과 비용과 체력을 소모한다.

현대인들은 첨단과학과 미시세계(전자공학, 양자역학 등)로부터 엄청난 혜택들을 누리면서도 자기보다 월등한 것들에 대해서 진심으로 존경심과 애정과 열정과 관심조차 지니지 않거나, 월등해진 힘(권력·명예·재산·인맥 등)으로 유유상종하거나, 더욱더 위로 내달리거나, 소심하게 지키려고 혈안이거나, 심지어 최소한의 감사함도 잊은 채 공산주의·사회주의·독재로 빗나갈(찬양·추종할) 정도로 망가진 사람들도 있다.

아마도 대한민국이었다면 패러데이도, 리제 마이트너도, 아인슈타인도 빛을 보기 힘들었을 것이고, 그들의 노력과 인생은 다른 누군가에게 빼앗겼거나, 변질·왜곡되었을 수도 있다.

42.
인간이 우주·이치에
무관심·소홀·방해·역행하는 경우

우주에서 가장 중요한 핵심 이치는 '매 순간 적극적으로 나아가는 이치', '참을 선택하는 2비트 이치', '현재진행형', '미래 완성형' 네 가지다.

인류가 엉클어진 인류사와 제각각인 세계관들을 극복하면서 세상과 인생을 낙원으로 만들어 가려면 이러한 네 가지 이치를 똑바로 이해·적용해야 한다.

인간이 네 가지 진리를 방해·역행할 때 우주의 반응

네 가지 이치인 우주는 자기 계획과 미래에 어긋나는 것을 용납하지 않으며, 인류가 이에 어긋나면 반드시 그만한 과정과 대가를 치르게 된다.

그간에도 인류는 세상을 함부로 속단하고 규정하면서부터 근본적으로 삐뚤어졌고, 미래를 향해 적극적으로 나아갈 수 없었으며, 갖가지 병폐와 부작용들을 대가로 치러 왔다.

여기서는 우주가 목적을 방해받는 경우의 반응과 관계를 자신과 친구로 예를 들어 보자.

1) 할 일이 많은 자기 자신을 우주라고 가정해 보자.

자기(우주)가 지금 중요한 일을 수행하느라고 최선을 다해서 집중하고 있다.

그런데 친구가 와서 놀자고 졸라 대면 어쩌겠는가? 당연히 할 일이 많아서 바쁘다고 양해를 구할 것이다.

그래도 놀자고 졸라 대면 어쩌겠는가? 아마도 중요한 일에 지장이 생길 것이고, 짜증이 날 것이다.

그래도 수시로 찾아와서 방해하면 어쩌겠는가? 아마도 친구를 쫓아내거나, 관계를 끊을지도 모른다.

이는 중요한 일을 적극적으로 진행 중인 우주(자기)와 막연히 살아가는 인간(친구)의 차이다.

2) 우주는 인간에게 갖가지 기회들을 끝없이 제공해 준다.

만일 인간(자신)이 우주(계획, 이치, 미래)는 안중에 없이 지나 버린 과거에 의존·연연하거나, 현재에 만족·안주하거나, 더 나은 미래를 위하고 향하지 않으면서도 사후세계(극락, 영생)까지 욕심내면 어떻겠는가?

역시 한때 배우고 느끼고 경험하고 깨우쳤던 소견머리를 그럴듯하게 미화해서 평생 고수하거나, 세상을 함부로 규정해 놓고 자신의 강화와 미화와 합리화로 빗나가면 어떻겠는가?

당연히 우주는 목적을 이루기 힘들 것이고, 짜증이 날 것이며, 인간이 하는 짓들을 봐 가면서 합당한 가능성을 열어 주거나, 정체된 대가를 치러 주거나, 새로운 방향과 개념을 제시해 줄 것이다.

때로는 온건한 방법으로, 때로는 충격적인 방법으로, 때로는 상상할 수 없는 비극(참화, 시련, 도태, 전쟁, 멸종)이 될 수도 있다.

43.
세상은 인류가 알아서 엮어 가는 생생한 현장

지구에 대자연이 생성되었을 때 인간은 존재하지 않았다.

그런데 인간이 출현하면서부터 세상(지구, 우주)은 전혀 다른 모습과 내용과 차원으로 바뀌기 시작했다.

그래서 세상은 인간이 우주를 대신해서 많은 일을 진행하면서 미래로 나아가는 생생한 순간의 현장이다.

생각하는 인간이 출현함으로써 세상을 이용·분석하고, 개발·파괴하고, 관리·오염시키고, 전쟁·평화도, 실패·성공을 반복하면서 급격한 변화와 번영과 비전과 미래를 가속화하고 있다.

각자가 명심할 내용

각자가 자각하고 명심할 핵심은

첫째, 세상(지구, 인류)의 주체는 인간이 아닌 우주다.

둘째, 우주는 인간을 통해서 원하는 뭔가·미래를 실현·완성해 가고 있다.

셋째, 이러한 우주에 인간이 추가되어서 세상을 파헤치고 응용·개발하면서 미래로 나아간다.

넷째, 세상은 '미시세계'를 통해서 무수한 일들을 진행해 왔고, 인간은 '생각'으로 세상의 만상·만물·만사를 조합·응용·개척·완성해 가는 주역이다.

다섯째, 인간은 정교한 질서를 깨뜨리면 안 된다.

이는 범죄자들과 불량배들과 음주 운전과 음주 폭행과 폭주족과 독재자들과 부정부패처럼 안정적인 다수의 질서와 진행을 방해하는 사람들과 비교할 수 있다.

이런 사람들이 설치면 인류의 터전과 미래인 세상의 생생한 순간과 현장이 불결해지고, 모두에게 좋을 수 없다.

44.
인간이 영원히
살 수 있는 존재라면

만일 그간에 세상에 태어났던 모든 인간이 죽지 않고 영원히 살게 되었다면 어떻게 되었을까?

아마도 사람들 대부분은 아예 세상에 태어나지 못했을 수도 있고, 고대·중세처럼 노예·죄수·병졸일 가능성이 크다.

왜냐면 네로황제나, 진시황이나, 칭기즈칸이나, 히틀러나, 김일성·시진핑·푸틴 같은 폭군이나 독재자들이 세상을 장악했을 것이기 때문이다.

역시 끝없이 태어나는 인간의 포화상태를 막기 위해서 출산을 제한했을 것이고, 태어난 사람들 대부분은 병졸과 몸종과 노예와 거지와 도적과 죄수였을 것이다.

그뿐 아니라 세상은 환자들로 가득한 생지옥이나 다름없을 수도 있다. 왜냐면 세상은 갈수록 자기 몸을 못 가누기 힘든 노인들과 병자들과 치매 환자들로 넘쳐 날 것이기 때문이다.

45.
모든 인간이 축하받을
세 가지 행운(사건)

인간이면 누구나 세 가지(출생, 사망, 대물림)를 축하받을 수 있는 행운아들이다.

첫째, 인간은 인생에서 다양한 경험과 기회들과 함께한다는 점에서 출생했다는 자체가 축하받을 사건이다.

둘째, 인간은 영원히(추하게) 살지 못하고, 제각각의 시점에서 죽게 되는 행운아들이다.

셋째, 인간은 태어남과 동시에 자신으로는 절대 불가능한 세상(문화, 문명)을 대물림받고, 더 나은 세상을 만들어서 또다시 대물림해 주고 떠나는 행운아들이다.

반대로 인간이 죽지 않고 영원히 산다면 세상은 낡아 빠진 폐품들로 가득할 것이고, 젊은이들은 쓰레기들에 불과한 폐품들을 먹이고 키우고 뒤치다꺼리하는 데 일생이 고달플 것이다.

만일 우리가 살면서 당연히 행해 왔던 출생(생일, 죽음), 요식행위들(기념일, 제사, 잔치 등)을 정반대로 바꾼다면 세상은 비관적이고 부정적인 면들이 대폭 줄어들거나 없어질 것이고, 의식이 급격히 향상할 것이며, 세상도 인간도 인생도 알찬 추억과 미담으로 넘쳐 날 것이다.

46.
시간(이치, 질서)과 세상이 다르게
적용·존재되는 사례

　인간의 수명(인생)은 100년여 전후다. 그런데 하루살이는 하루가 고작이고, 내세(내생)라고 해 본들 인간의 내일에 불과하다.
　이런 하루살이가 세상의 실체와 주체를 자기들 방식으로 규정하거나, 세상을 여러 개로 쪼갠다면 그것이 실제 세상이고, 세상의 주체이겠는가?
　마찬가지로 그간에 인간이 제각각 쪼개 놓은 시간과 세상과 진리들과 사후세계들이 우주의 실제이겠는가?
　천재 과학자들도 세상과 인간에 깊이 파고들었다.
　그렇다면 그들도 세상을 규정했는가?
　물론 아니다. 그들은 세상을 규정하기는커녕 무한함과 심오함에 놀랐고, 겸손해졌다.

　수백억 광년 떨어진 별빛(항성)이 우리 눈에 보일지라도 지금은 죽은 별이거나, 블랙홀에 빨려 들어서 실체가 없어졌을 수도 있다. 이처럼 우주의 실제와 인간의 관측은 다를 수 있다. 이 또한 단 하나뿐인 세상

(우주)에서 가능한 일이고, 실제로 일어나는 사건과 현실이다.

따라서 단순한 인간의 안목(지각, 판단, 수준)으로 세상을 규정해 놓으면 우주 이치에 어긋날 뿐 아니라 모순과 오류에 갇혀서 더는 나아갈 수 없고, 악의적인 인물들에게 당하고 먹히고 놀아나기 쉽다.

우리는 시대를 원시·고대·중세·근대·현대로 구분한다. 이는 앞서 나간 문명국의 지식인들이 분류한 것이다. 하지만 현대에서도 원시와 고대와 중세와 근대가 동시에 존재하고, 문명국에도 원시와 고대와 중세와 근대 수준에 머무는 사람들이 있다.

아직도 지구 곳곳에는 미개한 부족이 있고, 고대와 중세처럼 암흑과 폭정과 공포에 떠는 사람들이 있으며, 이것도 저것도 이렇든 저렇든 막무가내인 공산·사회·독재주의와 봉건왕조도 있다.

역시 현대에서 자유와 인권과 복지와 낭만을 누리는 사람들이 있고, 차별과 폭력과 학대와 추위와 굶주림에 시달린 사람들이 있고, 성공의 연속인 사람들과 실패의 연속인 사람들이 있고, 술과 도박과 유행과 향락과 퇴폐한 삶으로 망가지는 사람들도 있고, 저질 공산·사회주의자들이 떵떵거리는데도 생각과 말과 글로만 비난함으로써 오히려 사회 분위기와 자기 주변의 공기까지 더럽힌 사람들도 있다.

심지어 세상과 현실은 안중에 없이 자기보다 훨씬 낮은 수준(차원)의 애완동물에게 생활의 관심과 여력의 상당 부분을 쏟아 주면서 온갖 인간미를 발휘하거나, 오래전에 죽고 썩어서 흙이 되어 버린 조상들이나, 자신이 죽은 이후의 사후세계나, 도박·게임·유행·사치·취미·흥행몰이용 사극·드라마에 자신의 관심과 시간과 여유와 인생을 쏟아 버리는 사람도 있다.

물론 이는 수많은 과정을 거칠 수밖에 없는 이치들로 인해서 거칠 수도 있는 한동안의 과정이기도 하다. 하지만 적극적으로 미래를 향해 가야 하는 이치에 소홀하거나, 정도에서 벗어나는 과정일 수도 있다는 점에서 깊이 살펴봐야 한다.

47.
인간의 네 부류와
한계 봉착

우리는 똑같은 세상에서 똑같은 인간으로 태어난다. 하지만 똑같은 세상(세월, 자연, 사회, 문화, 인간관계)에 서로 다른 삶이 추가되면서 전혀 다른 현실과 인생이 전개된다.

이때 세상(자연, 세월, 인생)에 각자 어떤 방식으로 삶을 추가하느냐에 의해서 크게 네 가지 인생으로 나뉜다.

첫째, 인간이 세상(자연, 세월)에 내맡겨진 인생

인간이 자연과 세월에 맞춰서 천성, 본능, 감각, 감정, 생각 순으로 살아가는 인생이다.

이는 인간이 순리(자연, 질서)에 맞춰서 생로병사·호구지책·희로애락·길흉화복·수복강녕·생존경쟁·약육강식으로 살아가는 인생이다.

역시 '수신제가', '호의호식', '입신양명', '부귀영화', '영웅호걸', '치국평천하' 등에 대한 관심사와 사회문화로 개인의 강화·합리화·미화를 위주로 살아가는 인생이다.

이러한 공통점은 인생(평생)을 개인으로 시작하고, 개인(가족)으로 살다가, 개인으로 끝난다는 점이다.

그래서 조상들은 말년에 '인생 유수', '인생무상' 등 세월의 덧없음과 인생의 허무함을 한탄했고, 심지어 인간을 식물들(사군자, 소나무)과 비교해서 개탄했을 정도로 인간의 존엄성과 무한한 가능성에 무지·역행했다.

이는 인간이 존엄성을 살리지 못하고, 세월(흐름)에 내맡긴 채 자연의 순리와 인간의 속성대로 살아가는 형태다.

둘째, 어마어마한 세상을 인간에 맞춰서 규정·설명하는 인생

고대·중세에 인간은 동물적인 본능(욕구, 생존, 생계)과 본성(감각, 감정)과 약육강식 수준에 머물렀고, 세상과 인간에 대해서 아무것도 몰랐던 0점(제로, 무지, 암흑) 상태였다. 그래서 세상의 기원과 주체를 인간(생존, 사후 등)에 맞춰 놓고 의인(하나님)화, 절대(신격)화했다.

이는 세상에 무지했던 인간이 세상도 인간도 진리도 함부로 규정해 버릴 정도로 어리석었고, 시작부터 삐뚤어지고 빗나갈 수밖에 없었다.

이처럼 초기에 인간은 세상(우주, 대자연)을 이해할 수 없었고, 엄청난 세상을 인간에게 그것도 수행용과 사후용에 맞췄으며, 생각과 말과 글로 이해하고 관계했다.

셋째, 인간이 세상(대자연)의 가치를 인정·존중하고 분석·연구·개척하는 인생

우주에는 강력하고 심오하고 무궁무진한 이치(현상, 힘, 에너지, 계획, 가능성, 미래)가 담겨 있고, 인간은 우주 이치에 깊이 파고들 수 있다.

그래서 인간은 탐구적·철학적·모험적·도전적·과학적·실용적·합리적·미래지향적인 삶을 통해서 세상의 다양한 현상과 성질과 성분 등을 연구·분석·이용·응용·개척할 수 있고, 이에 적극적으로 협조·봉사·후원할 수도 있다.

넷째, 더 나은 사회문화와 세상을 만들어 가는 인생

인간은 현재보다 더 나은 사회문화와 세상을 만들어 갈 수 있다.

이를 위해서 모두를 아끼고 배려하는 포괄적인 인류애와 인간의 존엄성 확보와 질적인 가치의 추구와 자율적인 동기부여에 따른 자유의 구현과 미래지향적이고 가치지향적인 인생을 지향·추구·실현해 갈 수 있다.

48.
인간이 정말 하나님의 자녀인가?

부모들은 자식을 낳는다. 그런데 자식은 부모(성격, 자질, 기대)와 달리 사고뭉치나 패륜아나 범죄자로 성장하기도 한다.

그럼 인간은 정말 전지전능한 하나님의 자녀들일까?

그렇다고 가정해 보자.

그렇다면 물질문명에 물들어서 타락한 현대인들은 어쩔 수 없다고 치더라도 최초에 하나님의 자녀들로 태어난 사람(조상)들은 최고의 지성인·지식인·문명인이거나, 차라리 외계인이어야 한다.

그런데 초기 인류는 미개하고 야만적인 원시인으로 시작했고, 오랜 세월에 수많은 우여곡절을 거쳐서 문명인이 되었다.

이는 세상 이치(원리)가 과거보다 현재가, 현재보다 미래가, 부모보다 자식들이, 조상들보다 후손들이 더 뛰어나고, 앞서고, 발전해 가는 이치이기 때문이다.

그래서 미개했던 원시인들은 하나님의 자녀일 수 없다.

세상만 보더라도 하나님이 태초에 만들어 놓은 것과는 비교 불가능할 정도로 엄청나게 발전했다.

이런 점에서 세상도 인간도 전지전능한 하나님의 창조물이라고 말하기 곤란하다.

설사 세상이 창조물이라 할지라도, 또는 인간이 하나님의 자녀라 할지라도 그런 자체에 특별한 가치와 의미를 둬서는 안 된다. 왜냐면 창조와 출생은 겨우 시작에 불과하고, 세상과 역사와 미래는 인간이 피와 땀으로 조금씩 만들어 왔던 세상사와 인생사의 축적물이기 때문이다.

왜 이런 일들이 생겼을까?

실제로 하나님의 창조자는 인간

하나님을 우주라고 한다면 인간의 창조는 우주 곧 하나님이다.

그런데 과거에는 미시세계의 기이한 현상 다시 말해서 핵심적인 이치를 몰랐다. 그래서 그것이 우주였든 하나님이었든 조물주였든 진리였든 창조주였든 신이었든 단지 무지하고 답답한 인간이 만들어 내고 믿고 따랐던 졸작이었다.

다시 말해서 미시세계의 기이한 현상을 모른 채 인간이 만들어 내고 생각하고 믿고 따랐던 졸작들(하나님, 진리, 세계관)은 엉망인 인간에 의해서 만들어진 피조물들이라는 이야기다.

이에 관해서 여기서 살펴보자.

우주도 인간도 2비트 이치다.
우주의 2비트는 오차가 거의 없을 정도로 완벽하다.
그런데 인간에 의한 2비트는 절대 완벽할 수 없고, 긍정적인 면과 동시에 부정적인 문제들(병폐, 한계, 부작용, 대안)이 끊임없이 생겨나고 반복된다. 왜냐면 인간도 세상도 무한히 변화·발전해 가야 하고, 진화·도태, 생·사, 고물·신품이 반복하는 무수한 과정의 연속이기 때문이다.

그래서 인간에 의해서 만들어진 하나님이 한동안 엄청난 가치를 발휘했다.

하지만 불완전한 인간에 의해서 만들어진 하나님도 결국에는 조잡한 불량품일 수밖에 없고, 수많은 문제(악행, 부조리, 병폐, 부작용 등)를 쏟아 냈다.

그래서 이처럼 조잡한 불량품들이 오늘날 인류가 총체적으로 한계에 봉착할 수밖에 없었던 실질적인 원인과 과정에 가장 큰 몫을 차지한 셈이다.

그래서 완벽할 수 없는 인간에 의하거나, 관련되는 하나님도 자체적으로 무한히 변화·발전·진화하든지 아니면 도태나 종말이나 고물이라는 반복 과정으로 전락하기 쉽다.

49.
코로나바이러스가 인류에게 가져다주는 교훈 및 경고

중국의 우한·코로나 바이러스가 가져다주는 소중한 의미는 진리의 경고라 할 수 있다.

코로나바이러스

코로나바이러스가 인류에게 가져다주는 의미는 인간이 얼마나 오만하고 건방지고 위선 덩어리인지를 경고해 주고, 이미 인류가 총체적으로 한계에 봉착했음을 확인해 줬으며, 총체적인 점검과 냉철한 반성과 적극적인 대안이 필요함을 암시하고 있다.

인간은 수천 년 동안 신, 부처님, 하나님(조물주, 창조주 등), 말씀, 전지전능, 역사하심, 신의 기적, 절대자, 해탈 등 거창한 의미와 존재들과 함께하면서 당연하게 들먹이고 의존해 왔다.

이는 마치 세상에 태어난 사람이 자기 부모에게 절대성을 부여해 놓고, 미화·찬양하면서 부모의 보호 속에서 자신을 안주·의지·강화·합리화·미화하면서 사후까지 보장받으려는 것과 같다.

그런데 페스트와 에볼라와 코로나에서 보듯이 인류가 전지전능한 신과 진리로 치장했을 뿐 실제로는

- 미세한 바이러스 하나도 제대로 해결·이해·설명·감당하지 못했다.
- 심지어 거창하고도 그럴듯한 의미(생각, 믿음, 말, 생활, 관계, 인생)들로 살아온 교회와 종교인과 신앙인 중에는 "하나님을 믿으면 코로나에 걸리지 않는다."라고 큰소리칠 정도로 무지하고 어리석은 모습들을 노출했다.

이는 하나님을 믿지 않는 일반 사람들보다도 오히려 훨씬 더 비정상임을 증명한 셈이다.

- 벌써 수천수백 년이나 이토록 무지한 사람들과 사기꾼들까지 설치는데도 똑같은 하나님을 믿는 종교와 목회자와 신앙인들은 단속도 노력도 공론화도 반성도 하지 않았다. 이는 하나님이 전지전능하고 완벽하다고 주장하면서 마치 자신들도 똑같다고 착각하거나, 왜곡해서 우월한 지위를 차지하거나, 권위를 누리고 싶은 현상이다.
- 세상에 부처와 하나님과 예수와 종교와 종교인과 신앙인이 없어서 제1, 2차 세계대전이 일어난 것이 아니다.

유럽인의 1/3이 흑사병으로 떼죽음했을 때도 마찬가지다.
남한(서울)보다 북한(평양)에 교회와 신자들이 10배는 더 많았음에도 김일성의 노예로 전락했던 것도 마찬가지다.

도대체 이런 이유는 무엇인가?

이러한 것도 하나님의 뜻일까?

그럼 코로나도 속수무책으로 당해야 하고, 오히려 적극적으로 환영하고 감사해야 하지 않은가?

우리는 절대 이유를 알 수 없고, 해결 방안도 마련할 수 없고, 간절한 기도가 능사인가?

그것이 전지전능한 하나님의 자녀와 종들의 믿음과 능력과 권한인가?

바이러스를 조작한 대가로 멸망이라는 죗값을 치르는 중공

바이러스가 인간에게 해롭든 이롭든 조작했든 우주의 심오한 이치 중 하나다.

그런데 중공(우한의 연구소)은 신성하고 심오한 우주 이치인 바이러스를 조작해서 악용하려고 했다는 것이 지금까지의 중론이고 연구 결과다.

어쨌든 결과적으로 중공은

- 국제사회에서 절대 공영·공존·공생해 갈 수 없는 악질 국가임을 스스로 입증함으로써 견제당하기 시작했고,
- 전 세계가 한동안 고통을 겪다가 해방되는 상황에서 오히려 중공은 나라를 폐쇄·고립한 채 자멸과 망국을 재촉하는 지경으로 전락하는 등 망국을 죗값으로 치르고 있다.

만일 대한민국의 제20대 대통령선거가 부정선거로 계획되었었다고

가정해 보자.

이는 대한민국에 치명적인 종북좌파·주사파·중공몽 세력의 몰락을 설명하기 위해서 부정선거로 가정한 내용이고, 실질적인 증거들을 통해서 사실로 입증될 때까지는 단지 가정이라는 전제로 진행한다.

대한민국의 종북좌파·주사파·중공몽 세력이 몰락하는 결정적인 이유

제20대 대통령선거는 결과를 확인해 보나 마나였을 정도로 불순세력의 의도대로 착착 진행되던 상황이었다.

그런데 사전 투표 막바지 2시간에 바이러스 확진자들의 투표 과정에서 엄청난 반전이 일어났다.

사실상 당락에 무관한 바이러스 확진자 투표는 엉망(형식)으로 관리·진행되었고, 부정선거 등에 대한 여론과 민심이 급속도로 악화했으며, 우파 시민단체들의 반발과 감시가 더욱 심해지고 철저해졌다.

그로 인해서 지역에 따라 치밀하게 계획된 투표함 운반과 개표소 수합과 개표에 차질이 생겼고, 0.7% 차이로 윤석열이 역전했다. 너무나도 미세한 바이러스에 의해서 중공에 이어서 대한민국의 불순세력도 하늘로부터 징벌받은 셈이 되었다.

이것이 바로 저질·악질 불량국가인 중공·러시아, 악질적인 독재 세습 정권, 저질·악질적인 종북좌파·주사파·중공몽 세력, 신성한 우주 이치, 상서로운 한반도의 기운, 대기만성의 짱짱한 국운, 악전고투의 역사와 산전수전인 현대사의 탄탄한 과정, 남북한의 자유·평화통일, 국제사회에서의 획기적인 공헌과 찬란한 미래 등 적어도 9가지가 엮인 기운에 의해서 0.7%라는 근소하면서도 기적적인 승리가 연출된 것이다.

만일 부정선거가 사실로 낱낱이 밝혀진다면 위의 내용이 얼마나 진정하고도 무서운 아치인지 더욱더 실감하게 되리라고 생각한다.

인류가 얻어야 할 교훈

우주는 무수히 생성되는 갖가지 정보들을 통해서 몇 차원 향상된 미래·완성을 향하고·위해서 부단히 나아가는 이치다.

인류는 그러한 우주 이치에서 벗어나면 한계에 빠져서 혼란을 반복하게 되고, 역행하면 합당한 죗값을 치르게 되며, 부단히 나아가면 당초에 계획·예상하지 못했던 양적 성과와 질적 보람을 연쇄적으로 수확하면서 계속 나아가게 된다.

만일 세상 곳곳이, 인간 대부분이 엉망진창이면 반드시 그에 관해서 먼저 깨닫고 느끼고 알고 확신하고 예언하고 믿고 기도하고 노력하고 호소하는 사람들이 생겨나기 마련이다.

그래 본들 우주(완성·미래)의 입장에서는 합당하면서도 실질적인 대안이 없으면 사람들의 염원과 걱정을 들어 주지 않는다.

왜냐면 한계와 위기에 빠진 세상(이치)은 어차피 도토리 키 재기에 불과한 오합지졸들을 믿고 기대할 수 없고, 적극적인 방안도 없기 때문이다.

그래서 적극적인 대안과 분석과 반성을 외면한 오합지졸들의 바람과는 정반대로 악의적이고 야비한 놈들이 극성을 떨거나, 그래도 안 되면 한동안 지옥이 되어 버린다.

그것이 제1·2차 세계대전이고, 6.25이며, 대한민국의 좌파 독재 5년이다.

이는 히틀러든 전쟁이든 바이러스든 상관없이 악의가 극성을 떨면서 무지·무능·무기력한 인간과 세상을 난장판으로 만들어 버리는 이치다.

물론 악의를 품고 설쳐 댄 악질들도 결국은 더욱더 비참하게 몰락한다.

그래서 항상 옳고 바른 사람들이 나쁜 놈들을 똑바로 감당해 내지 못하거나, 획기적인 전환점을 만들어 내지 못하면 또다시 끔찍하고도 충격적인 죗값들을 치른 이후에 새롭게 다시 시작하게 된다.

특히 종교가 정신 차리고 긴장해야

세상과 인간의 근본을 담당하는 종교와 종교인과 신앙인들은 수천 년 전 과거와 크게 달라지지 않았다. 경전과 교리도, 예배 방식·내용도, 옷차림도 변화가 없다. 이는 절대자와 절대 진리뿐만 아니라 그에 관련된 모든 것이 절대적인 권위를 확보·행세한 때문이고, 수천 년을 답습해도 특별히 부족함이 없고, 사실은 넉넉하고 풍족하다는 증거다.

'성 베네딕도회 한국 진출 100주년 기념'으로 제작된 120년 전과 100년 전에 2차례 독일 선교사로 조선을 다녀간 노르베르트 베버 총아빠스의 「고요한 아침의 나라에서」라는 제목(1시간 분량)의 무성영화에 나오는 구절 하나를 소개하면서 마무리한다.

어느 여신도는 "왜 신부님은 우리의 영혼은 거둬 주면서 아픈 육신은 거둬 주지 않으신가요?"라고 말했고, 베버 총아빠스는 "커다란 충격을 받았다."라고 소개하고 있다.

50.
인간의 육체 건강과
문명의 변화와 정신 건강의 차이

인간의 육체 건강

육체는 음식을 먹으면 알아서 소화하고, 양분을 흡수하고, 호르몬을 분비하고, 나머지는 배설한다.

만일 알아서 배설하지 못하면 곧바로 병에 걸리거나, 오래 버티지 못하고 사망한다.

인간이 만든 문명의 변화

인간이 만든 컴퓨터는 386이 나오면 286은 사라진다. 586이 나오면 486은 많은 역할을 빼앗긴다. 가방에 붓과 먹물, 펜과 잉크병과 만년필, 볼펜과 연필을 모두 가지고 다닐 일은 없다. 머리는 상투, 상의는 양복, 하의는 운동복, 양말은 버선, 신발은 군화를 신고 다니는 사람은 없다.

그래서 286, 잉크병, 상투, 버선 등은 일상에서 사라지고 박물관에 전시·보관된다.

인간의 정신

인간의 정신은 배설 기관과 기능이 없고, 교체 기관과 기능도 없다.

그래서 육신과 문명과 달리 2~3천 년 전에 만들어진 고루한 것들을 여전히 최고·최상(절대 진리)으로 여길 수도 있고, 수백 수천 년 전을 답습하고 모방해도 평생 살아갈 수 있으며, 세상에 대한 선입견과 편견과 고정관념으로 자기 실체를 구성할 수도 있고, 자기 무의식을 불행과 고통 등 부정적인 것들로 채워 넣을 수도 있다.

따라서 정신은 자신이 의도적으로 좋은 것을 보고 배우고 받아들여서 향상·발전해야 하고, 적극적으로 자신을 점검·반성하면서 버리고 바꾸고 변화해야 한다.

인류의 새로운 미래, 공통의 우주관에 걸림돌

만일 인류가 지금까지와는 전혀 다른 세계관·우주관을 통해서 지구를 낙원으로 만들 수 있다고 가정해 보자. 이때 가장 걸림돌은 기존의 잡다한 것들에 물들고 습성화되고 나태해져서 무기력하고 무능하고 무대책인 '자신'과 '진리'와 '선'이다.

이때 자신과 진리와 선이 문제인 이유는 고정관념과 편견이기 때문이다.

인간이 변화·향상·발전·도약하는 세 가지 방법

인간이 변화·향상·발전·도약하는 방법은 세 가지다.

첫째, 자신이 스스로 잘못과 문제와 한계를 인정하고 열심히 찾아서 작은 것부터 적극적으로 반성·교체·향상하는 방법이다.

둘째, 자기 이상의 향상된 목표를 설정하고, 열심히 재미를 붙이고, 열정을 쏟아붓고, 힘들면 외로움도 인내도 의지도 오기도 희생도 각오·경험하면서 더욱더 최선을 다하는 방법이다.

셋째, 위. 두 가지를 병행하면 훨씬 더 쉽고 빨라진다.

51.
머리 겔만의 '양자역학과 원숭이·금붕어'와 우주 이치

"양자역학을 완벽하게 이해하는 사람은 없다." (리처드 파인먼, 노벨물리학상 수상)

"양자역학을 아는 사람과 모르는 사람의 차이는 양자역학을 모르는 사람과 원숭이의 차이보다 더 크다. (머리 겔만)

"양자역학을 모르는 사람은 금붕어와 조금도 다를 바 없다." (머리 겔만, 노벨물리학상 수상)

두 사람 모두 동시대의 미국인인데 의견이 다소 상반되는 듯 보인다. 하지만 파인먼은 "기이한 현상을 완벽하게 이해하는 사람은 없다."라는 이야기고, 겔만은 "기이한 현상을 아예 모르거나, 인정하지 않고 무시하는 사람은 세상도 이치도 알 수 없다."라고 해석하면 똑같은 의미다.

여기에 필자의 견해를 추가하면

첫째, 인간은 기이한 현상(양자)세계와 더욱 기이한 생각(무의식, 순간, 생각, 의식)이라는 복합적·유기적인 현상·관련성을 이해하기 힘들다.

역시 이를 적극적으로 인정·존중하지 못하면 갈수록 세상과 인간과 사회문화와 인류 미래를 바르게 이해·설명·영위·공존해 갈 수 없다고 생각한다.

둘째, 이처럼 세상과 인간에 관련된 이치를 바르게 이해하지 못하면 갈수록 세상이 어수선해지고(무질서해지는 엔트로피 법칙처럼) 망가지는 사람들이 활성화되어서 활개 친다.

이런 경우 생각하는 인간은 원숭이나 금붕어만도 못할 수도 있다. 왜냐하면 원숭이나 금붕어는 세상을 망치거나, 해치지 못한다. 하지만 인간은 난장판도 전쟁터도 지옥도 만들기 때문이다.

심지어 양자역학을 이해하고 연구하는 천재들과 전문가들도 독재자의 하수인으로 전락해서 세상과 인간을 파멸로 몰아갈 위험도 있다.

셋째, 세상과 인간에 관한 이치와 관련성에 무지·무관심·무시하면 남녀노소 지위고하 유·무식, 빈부에 상관없이 현실에 안주하거나, 타성과 만성에 빠지는 등 위기와 한계에 봉착하게 된다.

그래서 적극적인 변화와 발전이 불가능하고, 새로운 것을 수용할 여유(생각, 생활, 관계, 인생, 능력, 미래)를 잃게 된다.

결국은 습관적(현실적·본능적·감각적·감정적·무의식적)인 인생과 생활과 관계와 역할에 머물면서 위기와 한계에 봉착하고 처절한 대가를 치러야 한다.

넷째, 당장은 정답(결론)이라고까지 단정하기 곤란하지만 잠깐 우주 이치(미시세계)를 추가한다.

인류에게 대안이 있었다면

- 제1·2차 세계대전이라는 대참사는 터지지 않았다.
- 앞으로도 인류에게 대안이 있으면 제3차 세계대전은 터지지 않는다.
- 대한민국에 대안이 있으면 남북한은 재앙에 가까운 위기를 면하게 되고, 동북아·인도 태평양이 안전해진다.
- 진정한 대안 세력을 만들어 낼 수 있고, 민주화와 진보로 위장·암약했던 불순세력을 정리할 수 있고, 획기적인 대전환점과 대도약을 추진·실현할 수 있다.

반대로 인류가 우주에 역행하거나, 오래전에 생겨난 것(고정관념, 관행, 타성, 진리, 인물 등)에 의존한 채 안주하거나, 낡고 고루한 세계관에 물들어 있거나, 새로운 가능성과 전환점이 도저히 불가능해지면 남북한의 전쟁이든, 인도 태평양의 전쟁이든, 3차 대전이든 일어날 수 있고, 더 이상의 멸종 사태가 생길 수도 있다. 왜냐면 인류를 동반해서 미래·완성을 향하고·위해서 부단히 나아가야 할 우주의 계획에 심각한 장애와 차질이 생겼고, 인류로부터는 새로운 대안이 도출 불가능하기 때문이다. 음식이 신선도가 많이 떨어졌을 때는 버려지는 것과 같다.

물론 138억 년의 우주로서는 어렵사리 생성해 낸 인류의 재앙과 멸종이 목적일 수는 없다.

이는 우주가 인류를 생성하기까지 거시세계의 천지개벽, 미시세계의 무수한 상호작용, 거시·미시세계의 유기적인 합성·재합성의 과정이 무수히 반복된 덕분에 인류가 출현했음을 생각하면 쉽게 이해할 수 있다.

다섯째, 유럽은 지식과 학문과 문명이 가장 발달했고, 천재들도 많이 배출되었다. 그런데 왜 제1·2차 세계대전이 유럽에서 시작되었는가?

- 당시에 유럽은 새로운 대안이어야 했다. 물론 귀족들은 새로운 과학을 오늘날의 유행처럼 즐겼다.

하지만 세상과 인간에 대해서 종합적·유기적·거시적인 관점이나, 더 나은 사회문화를 위하거나, 한 차원 월등한 체제나 질서로의 변화와 발전에 소극적이었고, 정신세계는 여전히 고루했다. 그래서 적극적인 미래 대안이 되지 못했다.

- 천재는 하늘의 이치에 의해서 태어나고 천재성을 발휘해서 심오한 세상에 깊이 파고들고, 난해한 자연과학 분야를 편리한 물질문명으로 개척·완수해 낸다.
- 일반인들도 하늘의 이치에 의해서 태어난다. 하지만 천재와는 달리 서로 소통·협력·존중해서 합리적인 문화와 바람직한 사회와 아름다운 세상을 조성해야 하고, 탁월한 천재들과 참신한 인재들을 발굴·육성해서 세상과 인류와 후대와 미래를 위해 나아가도록 적극적으로 뒷받침해야 한다.

그런데 유럽은 관행과 타성으로 가득했고, 심지어 종교전쟁과 마녀사냥과 면죄부를 팔아먹고, "신이여 어디로 가시나이까?"라고 의심할 정도로 신의 역할과 존재까지 무의미해질 정도로 한계에 봉착했으며, 우주로서는 더 이상 기대할 수 없었다.

- 새로운 변화를 열망하는 사람들이 신대륙으로 계속 떠나는데도 유럽은 반성하지 않았고, 새로운 대안에서 멀어지면서 산업과 지식과 학문과 과학기술에 의존해서 오만해진 채 분수를 잃었으며, 결국 제1·2차 대전이라는 참담한 대가를 치렀고, 어마어마한 대가를 치르고서야 미국의 참전으로 평화와 자유를 되찾았다.
- 그런데 EU는 또다시 '단일 통화·시장 구축'과 '국제사회에서의 미국의 독주 견제'라는 소극적인 목표로 출범했고, 여전히 미국에 안보를 의존한 채 국방비를 쥐꼬리만큼 부담해 왔으며, 러시아의 우크라이나 침략과 함께 엄청난 참사와 만행과 위험에 노출되었다.

여섯째, 우주(이치)의 입장에서 미국이라는 초 강력한 대안에도 불구하고 유럽이 연거푸 세계대전에 이어서 또다시 러시아와 우크라이나의 전쟁이라는 화마에 휩싸이면서 위기가 반복되는 이유는 무엇인가?

- 미국 혼자만으로는 전 세계를 감당해 내기 힘들기 때문이다.
- 미국으로서는 근현대사 내내 소극적으로 일관해 왔던 유럽은 현상 유지해 가고, 새롭게 떠오르는 중국을 대안으로 삼았으며, 적극적으로 중국을 도와줌으로써 민주주의를 확산시키고 러시아를 견제하길 기대했다.

그런데 중국은 패권·패도국가로 삐뚤어졌고, 또다시 미국은 중공과 러시아와 이란과 북한 등을 견제하게 되었다.
- 한편으로 러시아의 우크라이나 침략 전쟁은 EU 회원국에게 자유민주주의 체제인지 기회주의인지를 적극적으로 선택하고 입증하는 시험대이기도 하다.
- 이제부터 유럽은 물론 국제사회는 정신을 바짝 차려야 하고, 우주의 강력한 이치에 맞춰서 적극적인 노선과 정책으로 변화해야 한다. 물론 이는 다양한 의미와 가능성을 지니며 여기서는 생략한다.

일곱째, 현대사 내내 미국은 전 세계를 감당·지원하느라 너무나 외롭고 힘들다.

그래서 대한민국 역시 좌파 독재 5년을 반성과 교훈의 기회로 삼아서 정신을 바짝 차려야 하고, 훨씬 더 적극적으로 미국과 국제사회와 함께해야 하며, 이는 필연·숙명·의무·사명·권리이고, 이를 최고·최상·최대의 기회와 행운으로 삼아야 한다.

여덟째, 오늘날 미국과 사우디아라비아의 외교관계, 미국과 이스라엘의 외교관계가 심란해지는 이유는?

앞에서처럼 국제질서가 새롭게 바뀌려면 예상치 못했던 다양한 일들이 일어나기 마련이다.

또한 그간에 미국과 함께해 왔던 나라들이 얼마나 진실하고 적극적인지 스스로 선택하고 입증하는 절호의 기회이기도 하다. 물론 자국의 이익을 위주로 하는 것은 당연하다. 하지만 그렇더라도 미국과의 외교 노선을 정반대로 뒤집거나, 적대적인 관계로 악화하거나, 오히려 적대국과 동지가 되는 것은 신중해야 한다.

아홉째, 제2차대전에서 유태인들의 엄청난 죽음은 어떻게 받아들여야 하는가?

내용에서 보았듯이 우주는 정교한 이치와 강력한 에너지로 나아가면서 모든 초점이 미래(완성)에 맞춰져 있다. 역시 우주는 상상하지 못할 정도로 적극적이고 치밀하다.

이러한 과정에서 우주는 생각하는 인류를 출현시켰고, 인간은 우주의 미세한 일부(물질, 이치, 현상)만을 이용해서도 컴퓨터를 만들었으며, 인공지능과 양자통신과 양자컴퓨터를 개발 중이고, 우주 개척에 열정을 쏟고 있으며, 우주와 인류의 미래를 위해서 나아가고 있다.

이처럼 적극적인 우주와 미래라는 관점으로 제1·2차 세계대전도, 6.25도, 유태인들이 당한 대학살도, 우리 각자가 인생에서 별별 우여곡절을 두루 겪는 것도 우주와 인류의 미래를 위한 숱한 과정 중 일부라고 봐야 한다.

다시 말해서 우리가 아무리 행복하고 불행해도 그것이 전부가 아니고, 그것으로 끝나지 않는 것이 우주·인류의 미래 이치다.

이스라엘에 관해서 필자의 견해를 덧붙이면

여기서는 미국(바이든)과 이스라엘의 불편한 관계를 고려하지 않고 내용을 전개한다.

이스라엘에 관해서 상징적으로 정리해 보자.

유태인들은 오늘날 혼란과 상황이 미래의 대안으로서 역할들을 짊어져서 훨씬 더 강해지는 계기일 수도 있다.

마치 제대로 된 부모(우주)는 자기 아이가 싸우고 오면 잘잘못에 상관없이, 역시 자기 아이가 얼마나 때리고 맞았는지에 상관없이 자기 아이를 나무라는 것과 같다. 왜냐면 자기 아이가 쪼잔한 친구들과의 사소한 일들에 연연하지 않고 훨씬 넓고 큰 세계로 향하도록 해 주기 위해서다.

- 반대로 우리처럼 양쪽 부모까지 가세해서 "내 아이를 기죽게 하면 안 된다.", "내 아이의 기를 살려야 한다."라고 생각하면 아이들의 존엄성과 사회성과 장래는 언급할 수준도 가치도 없을 정도로 뻔하다.

왜냐면 부모들도 자녀들도 서로에게 허용된 인생이라는 기회(시간, 정신, 나이)를 통해서 적극적으로 배우고 반성하고 변화하고 협력해도 부족할 수밖에 없기 때문이다.

그런데 일상에서 누구나 당할 수도 있는 사소한 현실(문제)조차 소화·감당·해결하지 못하거나, 서로 박치기하면서 꼬라박고 꼬꾸라지거나, 부모들 싸움으로 확대해서 동네를 소란하게 하거나, 가해자와 피해자를 따져서 남(경찰, 법)에게 주도권을 내주거나, 법으로 해결하는 것은 서로의 관계는 물론 인간미와 존엄성에도 방해가 된다.

- 장래 가능성이 있는 사람은 어떠한 속에서도 원망보다는 자신을 되돌아보고, 반성하고, 교훈을 얻고, 생각과 방법을 바꾸고, 재도전

하고, 성공하고, 발전한다.

이것이 2차대전에서 유태인들이 몰살당했음에도 엄청난 모습으로 부활하게 되었던 이유이고, 반대로 대외적으로 자신을 기어코 왜곡하고 숨기려는 일본(극우세력)과의 극단적인 차이고, 일본인들의 수많은 장점에도 불구하고 그에 맞는 신뢰도를 확보하지 못하는 이유이기도 하다.

- 현명한 부모는 형제자매가 수시로 싸우면 잘잘못에 연연하지 않고 동시에 나무란다. 그리고는 맏이는 맏이대로, 잘못한 자식도, 억울한 자식도 조용히 데려다 타이른다.

문제가 생겼을 때는 맏이는 물론 형제들이 잘해야만 가정의 분위기와 질서가 유지되기 때문이다. 물론 맏이가 맏이다웠을 때의 이야기다. 부모가 맏이를 존중하고 배려하고 기회와 권한을 제공하면 맏이도 아우들을 모아 놓고 앞으로는 무엇을 어떻게 해야 하는지 알려 주고 약속하고 실천하고 또 대화하고 확인하면서 모두 함께 좋아진다.

- 형제자매가 수시로 싸우면 제대로 된 부모는 잘잘못을 따져서 원리를 가르친다.

특히 1:1의 관계에서 형이 나이를 앞세워서 우격다짐으로 동생을 이겨 버리거나, 동생이 그런 방식으로 져 버리면 장기적으로는 관계가 나빠지고, 서로가 적극적인 관계는 불가능하고, 형제 모두 존엄성과 인간성이 훼손될 수도 있다.

- 사병이 일상에서 잘못한 것을 사령관이 목격했을 때 사병을 직접 벌주고 가르치지 않는다. 사령관이 일상에서 잘못했을 때도 사병은 소속한 상급 지휘 계통을 거쳐서 건의·항의해야 하고, 사병이 곧바로 사령관에게 항의하거나, 지휘 계통을 무시하고 외부에 발설·고발해 버리면 안 된다.

그런데 만일 사병이 사령관을 직접 고발하고, 이런 짓들이 먹혀든다면 좋든 싫든 서로가 아픈 대가를 치러야 하는 것이 이치다.

- 해방 후에 북한은 남한보다 종교인·신앙인들이 10배는 더 많았는데도 저질·악질 김일성에게 속수무책으로 당했다.

이 역시도 종교인·신앙인들이 제대로 역할 하지 못했거나, 애당초 대안이 아니었다는 이야기다.

- 지금의 국제사회도 마찬가지일 수 있고, 지금부터는 미국과 대한민국의 역할이 막중하고, 인류사적으로도 총체적인 위기와 새로운 전환점의 갈림길일 수도 있다.

그래서 당장에 두드러진 우리의 한시적이고 단편적인 점들을 부각하거나, 고정관념들로 꽉 들어찬 지금까지의 우리를 또다시 카드로 내밀기보다는 오히려 문제투성이였던 우리를 내려놓고 근본적인 대안을 모색하기 위해서 진지해지고 심각해져야 한다.
이것이 필자가 대한민국의 찬란한 미래와 국제사회에 공헌과 남북한의 감동적인 자유 평화통일과 대기만성의 짱짱한 국운과 상서로운 기운이 동시에 깃들어 있음을 강조하는 이유다.

몇 가지 질문을 남기는 것으로 마무리한다.
참다운 대안이나 진화가 왜 그토록 힘겨운 과정이어야 하는가?
지상낙원과 천국 등 그럴듯한 미사여구나, 선전·선동에 다수 대중은 왜 그토록 취약한가?
이를 망라해서 획기적인 대안이 있다면 무엇이고, 왜인가?

52.
조만간 인류에게
가장 큰 변화가 생긴다면 무엇일까?

이 질문에 대답하기 전에 먼저 생각할 점이 있다.

- 시대·동서양·인종·나이·신분·지위·배움·빈부에 상관없이 100년 전 사람들이 오늘날을 예측했을까?
- 지금 우리가 200년 후나 100년 후 아니 20년 후나 10년 후를 예상하면 맞을까?
- 앞서가는 사람이 있다면 자신을 과거나 현재에 말뚝 받아놓은 사람일까 아니면 적극적으로 반성·변화·연구·향상·도전·개척하는 사람일까?

미래는 자신(생각, 습성, 한계, 단점, 장점 등)을 적극적으로 버리고 바꾸려는 세상이 될 것이며, 자신을 지키고 강화하고 합리화하고 미화하는 사람은 뒤떨어지게 될 것이고, 이에 대한 종합적·유기적인 장·중·단기 대책 마련이 시급하다.

특히 자유민주주의와 자본주의는 인간의 가장 큰 특징인 생각 중에서도 적극적인 생각으로 밑받침·뒷받침되어야 장점을 극대화할 수 있고, 인류의 헛걸음질을 비료 삼아서 방향과 방법을 바로잡아 갈 수 있으며, 비로소 지구를 낙원으로 만들어 갈 수 있음을 확신하게 될 것이다. 왜냐면 우주가 138억 년에 걸쳐서 생성해낸 가장 정교한 작품이 인간의 생각이고, 그러한 세상과 인간을 미시세계의 기이한 현상들로 진행했듯이 인간도 생각과 협력을 통해서 결국은 해내지 못할 것이 없기 때문이다.

이 책과 내용이 묻혀 버릴 수도 있다.
여기 내용이 가브리엘 베네치아노에 의해서 200년이나 지나서 발견된 레온하르트 오일러의 강력 방정식처럼 묻혀 버리지 않길 바란다.
혹시 영원히 묻히지 않고 그렇게라도 발견되어서 가치를 인정받게 된다면
"'만물은 원자로 되어 있다.'라는 말을 지구 곳곳에 남겨야 한다."라는 리처드 파인먼의 말처럼

기이한 현상들의 무수한 상호작용으로 생겨난 인간 역시 항상 새롭게 태어나서 다시 시작한다는 새로움으로 살아가야 하고, 자신이 태어난 조건들, 느끼고 배우고 터득했던 것들, 열심히 노력해서 이뤄 놓은 것들에 구애받지 말아야 하고, 그럴수록 오히려 적극적으로 버리고 바꾸면서 부단히 변화·발전해야 하는 인생으로 엮어 가길 바란다.

지금까지 미시세계의 이치들 곧 양자 세계의 기이한 현상들에서 보았듯이 세상과 우주와 인간의 진화와 변화와 발전과 향상과 도약은 미

세하게 조금씩 진행된다. 그래서 낙원과 사후를 만들려고 노력할지언정 너무 쉽게 횡재하려고 무리하지 말아야 한다.

우리가 다음 세상에 태어날 때는 물론이고 지금 죽더라도 세상에서 오래 물들고 익숙해지고 길들었던 것들에게 점령당하지 않은 상태여야 새로운 것을 잘 받아들일 수 있다.

반대로 죽으면서도 극단적일 정도로 욕심(극락, 영생, 구원 등)을 부리면 미래에도 이기심과 어리석음과 고정관념에 휘둘리게 되고, 또 다른 피해와 희생과 불행과 고통이라는 악순환의 역할과 구도로 전락할 수도 있음을 명심해야 한다.

제19장.
부처와 불교

1.
불교 진리인
'유와 무'

먼저 괴짜 같으면서도 너무나 상식적인 질문으로 시작한다.

갓난아이는 할아버지의 조상이나 부모나 선배인가?
유와 무는 돌고 도는가?

세상에 무(無)라는 것은 있을 수 없다.
왜냐면 세상에는 오직 있는 것뿐이기 때문이다.
그래서 무와 유가 돌고 돈다는 말 자체가 성립이 안 된다.
다시 말해서 '무'라는 것은 있을 수 없고, 있는 순간에 무가 아니다.

다시 화두를 던져 보자.
우리는 인과응보로 인해서 육도사생을 마냥 돌고 돌면서 불생불멸하는가?
286 컴퓨터와 펜티엄도 마냥 돌고 돌다가 생겨났는가?
폴더폰이 고물상에 버려지니까 스마트폰으로 바뀌었는가?

글라이더와 행글라이더와 여객기와 제트기와 로켓도 마냥 돌고 돌다가 생겨났는가?

(※ 부처는 열반하면서 "나는 진리를 만든 것이 아니라 설명했을 뿐"이라고 했다.)

여기서는 불교 진리의 핵심이라 할 수 있는 무(無)와 유(有)를 살펴본다.

(※ 불교의 반야바라밀다심경(삼장법사)은 총 260자로 되어 있다. 그중에 없을 무(無)가 21자이고, 아니 불(不)이 8자다.)

불교는 '세상은 무에서 유로, 유에서 무로 돌고 돌며, 인간은 인과응보에 의해서 삼계 육도(三界, 六道)사생을 통해 윤회(불생불멸)한다고 한다.
* 3계: 욕계, 색계, 무색계,
* 6도: 천상, 인간, 수라, 축생, 아귀, 지옥
* 4생: 태생, 난생, 습생, 화생(胎生, 卵生, 濕生, 化生)

세상에 무(無)란 없으며, 오직 있는 것뿐이다.

세상에는 무(無)라는 것이 없고, 아니(不)라는 것은 중요하지 않다. 왜냐면 세상(모든 것)은 있는 것뿐이고, 없는 것이란 세상에 있을 수 없고, 있는 것이 아니기 때문이다.
역시 세상에 한번 생겨난 것은 없어지지 않고, 무한히 상호작용한다.

(질량보존의 법칙, 에너지 보존의 법칙, 더욱 복잡해지는 엔트로피 법칙 등이 증거)

세상과 인간에 관련되는 모든 것은 '아니다'라는 사실(부정, 관계)보다 그 자체로서의 실체(무엇인지)와 실제(유기적·종합적 관련성)가 중요하다.

예를 들어서 '나는 네가 아니고, 너는 내가 아니다.', '선은 악이 아니고, 악은 선이 아니다.'라는 것은 너무나 당연하고, 사실은 하나 마나 한 생각과 표현이다.

한정된 영역(공간, 시간 등)에서의 유와 무

세상이 아니라 한정된 영역이나 일정한 조건에서는 유와 무가 성립될 수 있다.

'방에 사람이 없다.', '호주머니에 돈이 없다.' 이는 타당한 이야기다.

그런데 방에 사람이 들어오거나, 호주머니에 돈을 넣으면 '있는 것(有)'이 된다. 물론 이는 사람과 상황에 따라 제각각이어서 모두에게 적용되는 진리라고 하기 어렵다.

이처럼 '시공'이라는 조건과 상황이 추가되면 '유와 무'가 가능해진다. 하지만 모두에게 적용되는 이치나 진리로는 부적합하다. 아마도 미시 세계를 이해했다면 이런 설명이 이해하리라 믿는다.

우주(진리, 세상, 이치)에서의 유와 무

우주에 무(無)란 없다. 왜냐면 '없는 것'이란 '우주'에 있을 수 없고, 오직 있는 것만 있는 곳이 우주이기 때문이다.

이를 인정하기 싫으면 '세상에 없는 것(無)을 말해 봐라.', '세상에 없는 것(無)이라는 사실을 입증해 봐라.'

세상(진리)을 유(有)와 무(無)로 설명했던 이유는 무(이치)에 무지·막연했기 때문이고, 그래서 모르는 것과 보이지 않는 것은 무로 표현할 수밖에 없었다.

이는 부처 진리의 핵심이 심각하게 흔들릴 수 있는 허점이다.

부처 진리의 한계

인간이 죽고 썩어서 흙이 되어도, 공기로 흩어져도, 물 한 방울이 공기 중으로 증발해도 없어진 것이 아니다.

(질량보존의 법칙처럼)

다만 눈에 보이지 않고 손으로 만져지지 않아서 없는 것(무)처럼 여겨질 뿐이다.

속이 텅 빈 깨끗한 병에도 공기가 들어 있고, 균들이 있다. 병을 진공상태로 만들어도 무가 아니다. 왜냐면 '병 속의 진공(상태)'은 인간의 노력과 기술이 축적된 작품(문명)의 하나이고, 언젠가는 깨지거나, 또 다른 상황(가능성)들로 바뀔 수 있기 때문이다.

그래서 세상(진리, 이치)에 무(無)란 없고, 유(有)는 또 다른 것들과 끊임없이 관계되고 변화되기 때문에 영원하지 않다.

(※ 이러한 모든 현상이 태초(빅뱅) 이래 매 순간 우주(지구)에서 일어나는 사실과 현실이다.

기독교의 영생과 천국과 지옥도 사실은 지구(우주)에서 무한히 반복·진행 중인 현실과 사실이다.

이걸 받아들이면 현존하는 세계관들과 과학이 일치되면서 새로운 우주관으로 통합될 수 있고, 지구를 낙원으로 만들어 갈 수도 있다.)

'유의 무'와 '무의 유'

'유의 무'는 유인데 없는 것처럼 무로 여겨지고, '무의 유'는 없는 것처럼 생각되는데 사실은 있는 것을 말한다.

오래전에는 인간의 눈에 보이지 않고, 손으로 만져지지 않으면 '무'로 인식되었다.

세포, 원자(핵, 전자), 분자, 형질, 성질, 중력, 전·자기력, 강력·양력, 유전자, 미생물, 미세먼지, 미시(쿼크)세계, 반물질, 암흑물질, 암흑에너지 등은 눈에 보이지 않고, 감각과 감정으로 느낄 수 없다.

(※ 하지만 부처·불경도 예수·성경도 이러한 의미들은 한마디도 언급되어 있지 않다.)

당연히 오늘날은 이것들을 '없는 것'이라고 말하지 않는다.

이것들뿐 아니라 유(물질세계)와 무(현상세계)의 중간(세계)에서는 기이한 현상들과 무궁무진한 가능성을 만들어 내고 있고, 정교한 관계 속에서 유기적인 역할들(순환, 합성, 재합성 등)을 수행해 낸다.

그래서 우리는 영원한 유가 아니라 이치에 맞춰서 변하고 늙고 죽고 썩어서 또다시 재합성의 과정을 거치게 된다.

역시 인간은 살아서 숨을 쉴 때는 물론이고 죽어도 뭔가에 영향을 끼친다. 그로 인해서 세상도 인간도 국제사회도 과거와 현재가 다르고, 원시인과 현대인이 다르며, 어제의 자신과 내일의 자신이 다르고, 어제보다 오늘이 더 좋아지거나, 더 나빠질 수도 있다.

인간이 태어나는 것도 마찬가지다.

자신이 태어나는 과정을 보면 당초에 남자와 여자(엄마와 아빠)가 있었을 뿐이다. 이때도 자신은 이미 무에 가까운 '유의 무'였고, 뭔가를 내포하고 있는 '무의 유'였다. 그래서 당시에 '무의 유'와 '유의 무'는 자신의 출생으로 연결될 수도 있었고, 다른 사람일 수도 있었고, 누구도 태어나지 못할 수도 있었다.

단지 누군가를 머금고 있는 유의 무(만남)였으며, 출생이라는 오묘한 과정이 시작될 수 있는 유의 무(만남)였고, 보류될 수도 있는 유의 무(만남과 관계와 행위 등)였다.

이는 물리학에서 미시세계처럼 불확정성의 이치, 확률이 적용되는 무의 유와 유의 무의 복잡한 현상이다.

2.
미시세계에서의 끊임없는 관계와
새로워질 가능성(확률)

출생하기까지의 실제 가능성 겸 과정을 남녀가 만난 순간부터 생각으로 재현해 보자.

첫째, 남녀(연인, 부부)가 만나서 곧바로 인간(아기)을 출생하는 것은 아니다. 남녀가 성관계할 수도 있고, 하지 않을 수도 있기 때문이다.

둘째, 성관계를 하더라도 정자와 난자가 수정되지 않을 수도 있다. 배란 시기가 아니거나, 불임이거나, 피임(기구, 약 복용)했을 수도 있기 때문이다.

셋째, 수정되더라도 출생은 장담할 수 없다. 유산되거나, 낙태해 버릴 수도 있기 때문이다.

넷째, 출생과 동시에 사망해 버릴 수도 있다.

다섯째, 이를 다 통과해야만 자신(인간)이라는 존재로 태어나서 살아간다.

이처럼 여자와 남자(엄마와 아빠)가 만나서 사랑을 나누던 중에 어느 날인가 수정되어서 다양한 과정을 거친다. 그런데 신기하게도 당초에 없었던 것이 생겨났으며, 보이지도 만져지지도 않았던 뭔가가 인간의 모습을 갖춰 가다가 세상에 태어난다. 역시 태어난 이후로도 하루도 잠시도 쉬지 않고 성장하고 늙어 가고 죽어 간다.

보았듯이 '유의 무'와 '무의 유'가 '유'로 바뀌기까지는 어쩌면 불가능에 가까울 정도로 신비하고도 기적적인 이치들과 현상들을 나름대로 완전하고 완벽하고 정교하게 거쳐야 한다. 이렇게 보면 세상의 모든 인간과 만물이 실로 대단한 존재이고 우주의 훌륭한 작품이 아닐 수 없다.

(※ 위에서처럼 남녀가 만나서 아기를 낳기까지 사람에 따라서, 환경과 조건에 따라서 다양한 가능성 중에서 어느 하나를 '깨우침'(진리)인 것으로 착각하거나, 자신을 대단한 것처럼 미화하거나, 어리석음을 합리화하면 안 된다.)

(※ 이러한 모든 것을 포함·동반한 채 수백수십억 년 운영·진행 중인 우주와 세상과 세월과 미래에 대해서 우리는 적극적으로 가치를 인정하고 존중해야 한다. 그렇지 않고 나약하고 초라한 인간의 생사와 인생에 어마어마한 우주와 이치를 꿰맞추는 방식으로는 인류가 더 나은 세상과 미래를 만들어 가기 어렵다.)

과제) 거의 완전하고 완벽한 과정을 거치지 않으면 세상에 태어날 수 없는 인간이다. 그런데 왜 우리는 세상사와 인생사에서 너무나도 부족하고 불완전한 존재로 살아가는가. 도대체 그 이유는 무엇이고, 이것이 상징해 주는 바가 있다면 무엇인지 생각해 보자.

3.
미시(중간) 세계는 무엇인가?

　미시세계를 한 단어로 표현하면 '온갖 현상으로 가득한 세계'라고 할 수 있고, 만물과 만사를 생성해 내면서 미래로 나아가고, 미래를 완성해 가는 밑바탕이고 원동력이라고 할 수도 있다.
　그래서 불교에서의 '무'를 현대적으로 살펴보면 어마어마한 유다. 왜냐면 사실은 눈에는 보이지 않는 무형의 중간 세계(물질과 현상이 연결되는 세계)이며, 원자, 분자, 원소, 성분, 성질, 초미세 입자, 세포, 기운, 원리, 화학적·생물학적·물리적 현상과 반응들, 파장, 파동, 자기장, 암흑에너지, 암흑물질, 반물질 등 엄청나기 때문이다. 특히 우주 전체에서 원자 구조로 되어있는 것은 5% 미만이고, 암흑물질과 암흑에너지가 95% 이상이라고 한다. 그래서 부처가 말한 무는 어마어마하고, 무궁무진하다.
　자신이 나쁜 마음을 먹고 숨을 길게 내뿜을 때의 공기(호흡)와 아름다운 마음으로 내쉬는 공기가 서로 다르다. 이때 두 공기(호흡)의 차이를 곧바로 '유'라고 단정할 수는 없다. 하지만 알지 못하는 가운데서도 어딘가에, 누군가에, 무엇인가에 그만큼 다른 영향을 끼칠 수 있다. 그래서 이는 무의 유(무에 가까운 유, 유의 가능성이 내포된 무)다. 그리고 실제로 영향을 끼치면 '유의 무'(뭔가를 내포한 무)에서 '유'로 바뀐다. 이러한 현상과 반응과 작용과 합성을 현실화해 주는 것이 중간 세계(끈 이론, 암흑물질, 암흑에너지, 반물질, 인간의 생각 등 무한한 이치와 정교한 현상들)다.

이는 과거부터 현재와 미래까지 모두 연결된 유의 무와 무의 유다. 엄청난 정보(뭉치)들이 생성, 결합, 조합, 합성, 일치, 분리, 순환, 교차, 소멸하면서 운영(진행)과 전진(개척)의 연속적인 반복과정이라고 할 수 있다. 다시 말해서 이것들이 어떻게 작용·합성·재합성되는지에 의해서 무수한 현상과 원리와 가능성으로 연결될 수 있다. 그래서 인간은 세상(현실, 대자연)을 상대로 무한한 가능성을 연구하되 결론(인간을 위주로)부터 내려놓고, 그것으로 세세생생 살아가면 안 된다.

4.
중간 세계는 인간의 생각을 통해
다양하게 구현할 수 있어

무처럼 여겨지는 중간 세계는

첫째, 막연한 생각과 상상으로도 제각각 접근해 볼 수 있다.

둘째, 반대로 두 눈을 치켜떠도 접근·확인·파악이 어렵다.

셋째, 생각하지 않고 상상하지 않아도 이미 접촉되어 있고, 일치되어 있다.

넷째, 정교하고 예리하고 치밀한 관찰력과 집중력을 지닌 탁월한 능력과 노력과 협력(발명품)이 있어야 구체화(연구, 분석, 이용, 응용)가 가능하고, 쉬워지고 빨라진다.

다섯째, 세상의 모든 현상과 만물과 원리는 생각과 말과 글과 가르침과 암기와 지능이 아닌 무한한 궁금증과 순수한 동기와 긍정적인 목적(지향점)과 끝없는 열정과 우호적인 협력과 적극적인 집중력과 무한한 책임과 자발적인 희생과 헌신을 대가로 치러야만 겨우·어렵사리 확인과 이용·응용이 가능하다.

(※ 이것이 우주의 핵심 이치인 2비트의 이치와 현재진행과 미래 완성에 부

합하는 인생의 결실과 보람이다)

　여섯째, 인류의 생성과 자신의 출생과 죽음과 다양한(서로의) 차이들은 대부분 형태를 알 수 없는 무형(중간)의 이치와 무형(중간)의 세계에 의해서 결정되고 진행된다.

　일곱째, 무형의 이치와 세계는 인간의 존재와 본성과 생존을 보조해 주고, 더 이상을 뒷받침해 준다. 하지만 중간 세계의 존재 이유와 존재 목적은 인간의 존재와 본성과 생존을 위한 것이 아니다. 왜냐면 이것도 저것도 그것들도 동시에 모든 것이 포함되고 일치되는 고차원의 또 다른 무엇이기 때문이다.

　여덟째, 우리의 일거수일투족은 물론이고 생각 하나하나까지 '미시세계'에 고스란히 기록되고 저장 중이라고 장담할 수는 없다. 하지만 우리의 일거수일투족과 수많은 생각이 무의미하게 없어질 것이라는 장담은 더욱더 할 수 없다. 왜냐면 세상의 이치 자체가 없는 것은 세상에 있을 수 없기 때문이고, 있는 것은 없어지지 않는 이치이기 때문이다.

5.
색과 빛의 상반된
유와 무(원리)

우주 이치가 '유와 무'와 '무의 유'의 무수한 작용임을 보여 주는 사례가 색과 빛의 삼원색 원리다.

색의 삼원색 원리

하얀 종이 위에 다양한 색을 덧칠하면 점점 어두워지다가 결국에는 검은색이 되어 버린다.

색상(유)들이 갈수록 검정(무, 더욱더 유)을 만들어 낸 것이다. 이는 색상들의 입장에서는 유가 무로 바뀐 것이고, 검정의 입장에서는 무에서 유가 생겨난 것이다.

이를 달리 생각하면 검은색은 다양한 유를 머금고 있고, 다양한 색상들은 검정으로 바뀔 수 있다는 점에서 영원한 유(자기)라고 단정할 수 없다.

빛의 삼원색 원리

 반대로 다양한 색상의 빛들이 겹치면 점점 밝아지다가 결국 투명해(무색이 되어)진다. 이때 다양한 빛들이 없어진다는 점에서는 무의 유(없어지는 유)다. 하지만 갈수록 투명해짐으로써 만물을 더 잘 밝혀 줄 수 있고, 덕분에 수많은 일을 해낼 수 있다는 점에서 유의 무(다양한 가능성을 내포하고 있는 무)다.
 이처럼 다양한 색상의 빛들은 점점 투명해지는 '무의 유'이고, 동시에 새로운 뭔가를 머금고(비춰 주고), 가능하게 해 주는 '유의 무'다.

이러한 빛·색이 유·무와 무·유에 주는 의미

 세상 이치는 빛과 색처럼 이중적·모순적일 정도로 상반된 순환·원리와 교차·방식이 존재·작용·조화·진행됨을 알 수 있다.
 우리 눈에 보이는 세상(유)은 무와 연관되어 있고, 눈에 보이지 않는 세상(무)도 유로 연결되고, 하지만 결국은 현실에 나타나고, 복잡다단하게 변화되고 발전되고 퇴보하고 망가지기도 한다.

6.
세상의 수많은 비밀

　세상(현실, 인간)의 비밀들도 사실(결국)은 비밀일 수 없다. 왜냐면 세상의 만상과 만물과 만사가 '무의 유'와 '유의 무'의 정교한 이치와 정보들로 생성되고 연결되고 교차하고 합성되고 순환되고, 비밀로 생각될 뿐 없어지지 않고, 아예 없는 것이란 없으며, 비밀과 거짓이 쓰레기(엔트로피)가 되더라도 수많은 것에 영향을 끼친 이후이고, 쓰레기 또한 영향을 미치기 때문이다.

　이는 세상사와 인간사에서 터무니없는 것은 없고, 사실은 정교하고 치밀하게 엮어진 결과이며, 동시에 또 다른 시작이라는 이야기다.

　그래서 모든 일이 과거에 의해서 진행되지 않고, 오히려 미래로 나아가는 과정에서 필연적이고, 때로는 어쩔 수 없는 일이다.

　그래서 잘못(행위, 사람, 결과 등)에 집착하거나, 비난·공격·매도하는 짓들은 바람직하지 못하다. 오히려 잘못(행위, 사람, 결과 등)을 이해·포용·승화·용서·화합하는 것이 바람직하고 당연하다.

　왜냐면 그것에서 또 다른 것이 생겨나고, 기왕이면 좋은 것들이 생겨나야 하고, 좋은 영향들을 주고받아야 좋은 것들이 생겨나기 때문이다.

　이것이 양자(量子) 세계에서의 에너지가 고정된 방향과 양으로 흡수

되고 방출되는 이치이고(엔트로피 법칙), 생각이라는 현상에 의한 영향과 효과이기도 하며, 그에 의해서 무수한 것들이 생성되고 만들어진 곳이 우주와 지구다.

세상의 수많은 비밀이 왜 결국은 비밀일 수 없는지 좀 더 사실적이고 구체적으로 생각해 보길 바란다.

신기하고 정교한 이치에 대해서 우리 인간이 갖출 예의(자세와 태도)가 있다면 그러한 세상에 인간으로 몸담고 살아가는 서로의 생각과 마음과 생활과 표현과 관계와 관심사와 인생을 적극적으로 존중하고, 적극적으로 가치를 부여해야 한다는 점이다.

반대로 그것이 무엇이었든 이미 지나버린 과거의 것들이나, 오래전에 만들어진 것들에 의존하지 말고, 서로 논의하고 협력해서 미래를 직접 구상하고 설계해서 정성껏 만들어 가야 한다.

7.
부처의 착각

부처는 열심히 정진해서 속세의 번뇌를 끊고, 해탈해야 육도사생의 인과에서 벗어나고, 왕생극락을 한다고 한다.

그래서 신도들은 "성불하세요.", "해탈하세요.", "부처 되세요."라고 합장(인사)한다.

그렇다면 실제로 부처가 될 수 있는지 확인해 보자.

저기 구석에 웅크리고 앉아 있는 저능한 바보가 세세생생 정진하면 부처가 될 수 있는가? 물론 어림없는 이야기다.

그럼 위대한 업적을 세운 천재가 열심히 정진하면 부처가 될 수 있는가?

오래 배우고, 많은 것을 알고 있는 박사는?

지혜롭고 현명한 철학자가 세세생생 정진하면 해탈하거나, 부처가 될 수 있는가?

정답은 "절대 아니다."이다.

아마도 "세세생생 정진하면 가능하다거나, 가능할 수도 있거나, 불가능하다고 단정할 수는 없다."라고 생각하는 사람도 있을 것이다.

그러면 이번에는 상황을 정반대로 바꿔 보자.

만일 부처가 번뇌를 끊고 세세생생 열심히 정진하거나, 평생을 등신처럼 놀고먹는다면 저기 한쪽 구석에 웅크리고 앉아 있는 저능한 바보가 될 수 있을까? 당연히 부처 역시도 절대 바보가 될 수 없다.

그래서 중생이 아무리 정진해도, 부처를 열심히 흉내 내도 자신(중생)일 뿐이고, 반드시 자신(중생)이어야 하며, 자신이 그만큼 달라진 것일 뿐이다.

역시 자신(중생)이어야 할 사람이 부처가 되려는 자체가 황당한 번뇌일 수도 있다. 왜냐면 인류사를 통틀어서 부처는 오직 부처뿐이고, 더는 나올 수 없으며, 나올 필요도 없고, 나와 본들 이미 부처가 아니기 때문이다.

예를 들어 보자.

부처가 세상에 다시 태어난다면 또다시 보리수나무 아래로 가서 수행할까? 절대 그렇게 하지 않을 것이고, 또 다른 삶을 살아갈 것이다. 설사 보리수나무 아래에서 똑같이 수행해도 절대 똑같은 부처가 될 수 없다. 왜냐면 이미 시대와 환경이 전혀 다르고, 보고 듣고 느끼고 경험하는 것이 다르며, 깨우치는 것 역시 다를 수밖에 없기 때문이다.

이는 뉴턴이 다시 태어나더라도 사과 떨어지는 것을 쳐다보면서 만유인력을 생각하지 않는 것과 같다.

역시 어리고 젊은 영재들이 뉴턴 같은 과학자가 되겠다고 사과나무 아래에서 사과 떨어지는 것을 쳐다보는 일은 없다. 왜냐면 누군가가 이미 걸었던 길이나, 한번 이뤄 놓은 업적은 그것으로 끝난 것이고, 사람들은 제각각의 삶을 살아가야 하며, 제각각의 삶을 살아갈 수밖에 없고, 실제로도 제각각의 삶을 살아가고 있기 때문이다.

누군가가 해낸 업적은 오직 그 사람이 해낸 것이고, 남들이 흉내를 내고 따라가면 황당한 짓(모방, 흉내)이다.

이는 우리가 황당한 생각들과 원시 집단 행위와 거창한 의미들로 자신을 위장하지 말고, 자신이 당장 해낼 수 있는 일들을 생각하고 도모하고 협조하는 등 현실에 충실하고, 서로에게 진실하고, 세상과 인생에 진지하고 충실해야 한다.

제20장.
음양오행(사주팔자)의 한계

음양오행이란 천지의 조화를 통해
만물이 생성·성장·순환하는 이치(자연철학, 자연 이치)를 말한다.
다시 말해서 대자연(4차원의 시공간)의 순환·교차를
상생과 상극의 원리로 풀이하는 이치다.
필자는 여기서 음양오행(사주)의 풀이가
자연(순환, 조화)의 이치(상생, 상극)라고 인정하고 시작한다.

1.
음양오행으로 밑바탕 된
우리(문화·무의식·민족성·역사)

음양오행을 바탕으로 살아왔던 전반을 요약하면

- 역사에서 우리 조상들은 자연(하늘, 땅)에 의지해서 사시사철을 버텨 냈고, 풍년을 바라고 하늘에 기우제를 지냈으며, 나라의 태평성대와 무난한 인생을 염원했다.
- 대자연을 구성하는 일반 동식물들도 자연의 순환 이치(음양오행)를 적용받고, 인간도 대자연의 순리를 부정·거역·역행해서는 안 된다. 그렇다고 자연의 순리대로 맞춰서 살면 존엄성과 가능성을 살려 낼 수 없게 된다.
- 우리는 역사 내내 빈곤했고, 신분과 계급과 빈부와 유·무식과 남녀를 따져서 차별·착취·학대하는 연속이었다. 그래서 대자연의 이치인 음양(온화한 환경 조성과 만물의 소생 등)을 인간에게 적용하면서도 하필이면 입신양명과 부귀영화 등을 중시할 정도로 내면보다 외양으로, 질보다 양으로 치우쳤다.
- 그로 인해서 인간의 존엄성과 질적인 가치와 명예에 소홀·무지했

고, 형이상학적인 고급개념들(자유, 평등, 정의, 인권, 복지 등)은 물론이고 수준 높은 사회의식이 필수적인 자유민주주의를 상상조차 하지 못했고, 오히려 역행했다.

실제로도 역사 내내 비민주적·비인간적인 양반·상놈의 신분제도와 조상 모시기와 어른 공경과 봉건왕조와 관료주의에서조차 벗어나지 못했다.

인간은 타고난 조건들(사주, 신분 등)에 상관없이 서로의 장점을 찾아서 존중·육성해 주고, 단점을 보완해 줌으로써 바람직한 사회문화를 만들어 가게 된다.

그런데 5차원의 대자연(4차원의 시공간)의 이치로 살아간다면 호구지책과 희로애락과 길흉화복과 수복강녕과 호의호식과 입신양명과 부귀영화와 생존경쟁과 약육강식이 고작일 수밖에 없었고, 음양의 이치를 오행(상생·상극)의 관계로 풀이하는 수준에서 벗어나지 못했다.

그래서 우리 조상들은 노년이 되어서 "인생무상", "낙화유수"라고 푸념·한탄했다.

2. 똑같은 사주를 타고나는 확률

사주팔자의 종류

60갑자×365일×12시=최소 262,800가지 사주

남녀를 구분하면 262,800×2=525,600가지 사주 (최소한)

(※ 자시를 구분하면 경우의 수는 더 많아진다.)

똑같은 사주를 타고날 확률(동성)

- 남한 인구 50,000,000÷60갑자÷365일÷12시÷2(남녀) = 남녀 각 95.86명이 똑같은 사주·운명을 타고난다.
- 남북한 인구 75,000,000÷60갑자÷365일÷12시÷2(남녀) = 남녀 각 142.69명이 똑같다.
- 세계인구 80억÷60갑자÷365일÷12시÷2(남녀) = 남녀 각 15,220.70명이 같은 사주와 운명이다.

사주팔자와 오행(수, 목, 금, 화, 토)의 풀이

사주는 각자 타고난 연월일시이고, 팔자는 십간십이지의 조합이며, 풀이는 오행(木火土金水)의 상생(相生)과 상극(相克)의 원리다.

- 십간: 갑자을축무기경신임계, 십이지: 자축인묘진사오미신유술해
- 상생: 목생화, 화생토, 토생금, 금생수, 수생목,
- 상극: 목극토, 토극수, 수극화, 화극금, 금극목

모두가 전혀 다른 운명일 수밖에 없는 이유

대한민국에서 똑같은 사주로 태어난 남자와 여자는 각각 95명씩이다. 95명의 운명과 인생은 비슷할 수도, 다를 수도, 전혀 다를 수도, 정반대일 수도 있다.

사주팔자가 똑같은 95명 중에서 똑같은 인생·운명을 사는 경우는 단 한 명도 없다. 왜냐면 95명의 운명·인생은 타고난 이후에 후천적인 영향을 훨씬 더 많이 받기 때문이다. 후천적인 영향력이 얼마나 중요한지는 남한 국민과 북한 인민을 비교하면 알 수 있다.

인생은 출생으로 결정되는 것이 아니고, 출생은 겨우 시작일 뿐이며, 실제로도 출생하면 걸음마부터 시작하고, 후천적인 요인들에 의해서 천국과 지옥처럼 전혀 다른 삶을 살아갈 수도 있다.

사주팔자와 유전자까지 똑같은 이란성 쌍둥이나, 일란성 쌍둥이의 운명과 인생도 절대 똑같을 수 없고, 나이가 들수록 더욱 달라진다.

3.
각자 자문자답해 보고,
함께 극복할 음양오행(사주팔자)

의문 1) 대한민국의 대통령들이 실패를 면하거나, 비운을 면하려면 사주팔자를 잘 타고나야 하는가?

의문 2) 유명한 사주쟁이들이 모여서 지혜를 짜내면 자유민주주의를 만들어 낼 수 있는가?

음양이 진리인데 왜 우리는 5천 년 동안 자유민주주의를 상상조차 하지 못했는가?

의문 3) 우리가 역사 내내 나라가 허약했던 것이나, 백성들이 차별·착취당했던 이유가 사주팔자를 잘못 타고나서인가?

갖가지 차별에 시달렸던 상놈들과 여성들의 불행과 고통은 사주팔자를 잘못 타고나서인가?

일본에 마라를 빼앗긴 것과 해방된 것과 6.25가 터진 것도 사주팔자 때문인가?

대한민국이 자유민주주의에 성공하거나, 선진국으로 도약하는 것은 누군가의 사주팔자와 관계있는가?

의문 4) 김일성은 '동족'을 상대로 6.25 전쟁을 일으켰고, '백두혈통'을 날조해서 아들·손자 놈들까지 독재를 세습했으며, 일가족이 북한을 망해 먹었고, 사실은 자기 가족들이 정상인으로조차 살아갈 수 없도록 몰락했으며, 대를 이어 갈 씨조차 끊어질 정도로 최악이다. 김일성과 정일과 정은이가 악질들로 태어난 것은 사주팔자 때문인가?

김일성·정일·정은이와 똑같은 사주를 타고난 사람들도 많은데 왜 그들은 똑같은 악질들도 인생도 아닌가?

북한 인민들은 노예와 머슴과 노동자와 농부와 죄인과 거지로 팔자를 타고났는가?

어떤 사주팔자를 타고나면 무고한 사람들을 수없이 처형하고, 굶겨 죽이고, 고문하는가?

인민들이 폐쇄된 감옥과 지옥과 노예 생활에서 벗어나려면 사주팔자를 다시 타고나야 하는가?

쓰레기 망나니 김정은을 무너뜨리려면 누군가가 합당한 사주팔자를 타고나야 하는가?

벌써 사시사철이 70번이나 바뀌었는데 왜 김가네 백정 놈들과 인민들에게는 순환(상생·상극)의 이치가 적용되지 않는가?

의문 5) 서양인들은 어떤 사주팔자를 타고났기에 포괄적인 인류애와 자유·평등·정의·인권·복지라는 형이상학적인 최고급 개념들과 자유민주주의라는 법과 제도와 자본주의 시장경제를 만들어 냈는가?

우리도 그들과 똑같은 사주팔자를 타고난 사람들이 많은데 왜 만들어 내지 못했는가? 그들과 어떤 차이가 있는가?

의문 6) 인간의 인생과 일생을 겨우 타고난(선천적인) 조건과 차이(사주팔자)로 설명하고 따지는 것이 맞는가?

타고난 선천적인 조건들로 이후의 모든 인생과 미래가 결정·좌우된다면 인간의 존엄성과 다양성과 창의력과 무한한 가능성과 노력과 협력과 도전과 개척과 철학과 열정과 소신이 무슨 필요인가? 이것들과 사주팔자와의 관련성도 풀이할 수 있는가?

의문 7) '천운'과 '대통령'과 '사주팔자'와 '국운'은 얼마나 어떻게 관계되는가?

천운을 타고난 대통령이 당선되면 나머지 국민(사주팔자, 운명, 노력, 협력 등)은 무의미해지고, 대통령의 사주팔자에 의해서 모든 것이 좌우·결정되는가?

국민의 사주팔자를 풀어서 대한민국이 선진국이 되거나, 선진의식으로 향상하거나, 산적한 과제를 해결하거나, 적들을 물리치거나, 부정부패를 해결할 수 있는가?

4.
바람직한 사회문화는
서로 협력해서 만들어 가는 것

　인간이 없는 세상(대자연)은 흙먼지와 배설물과 퇴적물이 쌓이고, 썩고, 비와 바람에 씻겨 내려가고, 천재지변이 일어나는 등 말 그대로 자연(순환 질서, 이치)일 뿐이다.
　이렇게 대자연의 섭리(음양오행, 사주팔자 풀이)는 항상 똑같은(당연한) 반복일 뿐 깨끗함도 정의로움도 아름다움도 발전도 형이상학적인 고급개념들도 생겨날 수 없다.
　그래서 대자연에서 살아가는 인간이 양적·질적으로 좋아지려면 서로 협력해서 흙먼지들과 배설물들과 방해물들과 부작용들과 쓰레기들과 오염물들을 체계적으로 처리하고 관리해야 한다.
　이를 위해서는 구성원들이 수고를 분담해야 한다.
　그래서 전 세계가 똑같이 어둡고 무지했던 가운데 최초에 문명을 만들어 낸 극소수 국가들은 서로 존중·협력해서 더 나은 관계와 생활과 인생과 학문과 산업과 문명과 제도와 정책을 만들어 냈다.
　다시 말해서 개인마다 타고난 사주팔자에 연연하지 않고, 서로의 장점을 모으고 협력해서 개인들로는 절대 불가능한 합리적인 문화를 시작으로 바람직한 사회와 첨단 문명을 만들어 냈다.

5. 인생도 운명도 천차만별일 수밖에 없어

인간의 운명(인생)에 영향을 끼친 요소들은 헤아릴 수 없이 많다.

시대, 제도, 정치, 사회, 문화, 경제, 역사, 환경(자연, 지리), 상황, 인연(가족, 이웃, 친구, 선생, 직장 등), 성장 과정, 본능, 감각, 감정, 사건·사고, 빈부, 경험, 교육, 배움, 직장, 법, 체력, 지능, 인성, 적성, 자세, 태도, 노력, 실천력, 사색, 사랑, 행복, 신, 열정, 의지, 집중력, 도전, 사명감, 유행, 세계관, 인생관, 가치관, 변수, 성공, 실패, 국운, 국제정세, 천재지변 등 부지기수다.

개인의 사주팔자만으로는 이러한 요소들을 만들어 내거나 해결할 수 없고, 복잡한 현실과 변수들을 감당·극복할 수 없다.

다시 말해서 구성원들이 단순한 사주팔자에 의존할수록 합리적인 문화와 바람직한 사회와 참다운 인생과 아름다운 관계에서 오히려 멀어지고 역행한다.

6.
음양오행으로는
인생의 가치와 보람을 창출할 수 없어

  사주팔자의 원리는 자연의 순환과 조화의 이치여서 인간이 적극적으로 협력해야 만들어 낼 수 있는 형이상학적인 개념들과 질적인 가치는 불가능하다.

  그래서 운명 철학자들은 인간이 음양오행에 맞춰서 살아가는 단순한 인생과 운명이 종합적으로 세상과 인류에게 어떠한 관계(의미, 가치, 보람, 결실, 미래)인지 설명할 수 없다.

  역시 인간이 서로 존중하고, 협력하고, 세상을 깊이 파헤치고, 오지를 탐험하고, 위험에 도전하고, 인류 문명을 주도해 온 서양과는 무관하다.

  이렇게 세상의 변화와 발전을 주도해 왔던 서양에서는 말년에 '인생이 가치 있었다.', '보람 있었다.'라고 뿌듯해한다.

7.
'좋다', '나쁘다'라는 근시안과 단순함

　제품이 공장에서 생산되면 양품과 불량품을 구분한다.

　이를 갓난아기들이 타고난 음양오행(사주팔자)과 비교해 보자.

　공장의 공정·원료·부품·제품보다 훨씬 더 복잡다단한 과정(인생)을 살아가야(거쳐야) 할 아기들에 대해서 타고난 몇 가지 조건과 차이(부품, 원료)만을 따져서 곧바로 양품과 불량품(운명이 좋고 나쁨 등)으로 구분해 본들 허무맹랑한 발상과 참담한 결과뿐이다.

　그런데 사주쟁이들은 아기들이 타고나는 우연한(선천적인) 차이(사주팔자)에 중점을 뒀을 뿐 근본적인 문제들을 해소·해결하려고 노력·연구하지 않았다.

　역시 대자연의 실질적(생물학적, 화학적, 물리학적)인 현상과 종합적·인류사적인 측면들에는 접근하지 못했고, 인간의 존엄성 고취·신장과 다양성과 가능성에 상관없이 대자연의 이치를 현실적·세속적·탐욕적인 건강과 돈과 권력과 명예 등을 위주로 '좋다', '나쁘다'라는 방식으로 풀이했다.

8.
음양이 진리라면서 비인간적인 차별이 난무해

음(여자, 빛, 냉)과 양(남자, 어둠, 온)은 신성하고 평등하고 공정하고 조화로운 세상의 이치와 현상의 원인과 과정과 결과다.

하지만 인간관계와 문화와 사회와 인생사는 전혀 그렇지 못했다. 인륜으로 천륜을 무시했고, 우리 중 누군가는 항상 차별과 횡포와 열등감과 우월감과 피해의식에 시달렸다.

반대로 사주팔자를 전혀 모르는 서양은 여성과 남성(음양)이 동양보다는 훨씬 더 평등하고 조화를 이뤘다. 덕분에 사랑과 행복과 관계와 인생과 가치와 아름다움과 예술 등으로 몇 차원 좋아지고 발전하면서 앞서 나갔다.

이처럼 서양은 개인들이 타고나는 미미한 차이(사주팔자)를 뻥튀기하지 않았고, 오히려 좋은 마음씨들을 발휘해서 그러한 차이들을 해소해 가면서 월등한 사회문화와 개념들과 차원들로 향상했다.

9.
망가지는 인성과 문화와 사회

　우리(남북한)는 인간이 우연히(저절로) 타고나는 선천적인 조건들(혈통, 인연, 정분, 개인 팔자 등)조차 극복하지 못함으로써 존엄성이 뿌리부터 말살되었고, 건전한 시도와 긍정적인 사회문화와 바람직한 변화가 불가능했다.

　그래서 5천 년 동안 정치는 씨족의 왕조로, 경제는 농경지로, 사회는 관료주의로, 가정은 가부장적인 권위주의로, 문화는 봉건주의로, 대외적으로는 폐쇄적으로, 타지인에게는 배타적으로, 이웃 마을과는 싸움으로, 외모는 옷차림과 머리 모양까지 천편일률적으로 똑같았다.

　이러한 영향으로 포괄적인 휴머니즘과 자율적인 자유의 구현과 가치 지향적인 가치관과 인생관에서 멀어진 채 변화를 몰랐고, 지조·절개·정조·순결을 강조·강요했다.

　또한 다수가 함께하면서도 겨우 사주팔자라는 선천적인 조건에 붙들리면서 능동적이고 적극적이고 자율적이고 진취적인 면들이 결핍되었고, 오히려 수단과 방법을 가리지 않고 적극적으로 처세하고 출세하고 착취하고 군림하고 아부·아첨하고 비교·경쟁하는 저질 문화가 고착되었으며, 훌륭한 인물들과 참신한 인재들의 발굴과 지원과 육성에 치명적이었다.

10.
무한한 존엄성과 잠재력을
살려 내는 것이 관건

　그러한 악조건에서도 대한민국이 지금까지 버텨 왔다고, 세계사에서 유래를 찾기 힘들 정도로 급속도로 발전했으며, 분야마다 특출한 인물들이 배출되는 연속이다.
　당연히 파란만장한 역사에서 산전수전을 겪었던 우리에게도 장점과 우수한 점과 유리한 점과 가능성이 다양하고 무한하다는 이야기다.
　그래서 운명 철학자들은 각 개인이 타고난 사주팔자 풀이에 머물지 말고, 한 걸음 더 노력·발전해서 서로의 단점을 보완하고, 장점과 가능성을 살려 내는 이치를 개발해야 한다.
　다시 말해서 한 차원 높은 세계관과 인생관과 가치관과 사회문화와 미래에 공헌하고 이끌어 가야 한다.

11.
음양오행(사주팔자)이
도전·해결해야 할 난제들

음양오행의 체계(개인의 사주팔자 풀이)를 한 차원 업그레이드해서 난제들에 도전·해결을 고민해야 한다.

세상과 인간이 존재하는 이유와 목적: 세상과 인간이 왜 존재하는지, 어떠한 세상과 미래를 만들어 가야 하는지, 그에 맞춰서 인간은 어떻게 살아가야 하는지, 자연의 순리보다 더 깊고 심오한 우주적·인류적 차원의 이치 등에 도전해서 해결 방안을 모색해야 한다.

태초부터 누적된 인과응보: 한 인간이 세상에 태어나기까지 누적되었던 숱한 과정과 배경과 업보와 인연과 천성과 본능과 감각과 감정과 지능과 자질 등은 연구해야 한다.

사주팔자를 모르는 나라와의 비교 연구: 미국과 유럽은 사주팔자를 모르고, 음양의 이치를 아예 모르는데 어떻게 인류사를 주도해 왔는지, 어떻게 국제사회를 이끌어 가는지 그에 대한 차이들을 샅샅이 연구해야 한다.

문재인 같은 사람: 문재인처럼 망가지고 해로운 사람이 대통령에 당선되었을 경우 과연 해결책은 없는지, 아예 당선되지 못하게 할 방법은 없는지, 우리 국민을 질적인 가치관으로 향상할 방법은 무엇인지를 연구해야 한다.

남한과 북한의 심각한 격차: 남북한은 체제의 차이로 국민과 인민의 운명(인생)이 천국과 지옥처럼 차이 난다. 대한민국에서 평균 수준이면 북한의 상류층과 특권층보다 훨씬 더 잘 먹고 입고 보고 듣고 누리면서 마음 편히 산다.
　이러한 체제의 차이가 생겨난 원인과 배경과 과정과 이를 근본적으로 해결하는 방법과 이치를 연구해야 한다.

세계 80억 명의 인생: 사주팔자로 세계인을 풀이하면 전혀 맞지도 않고, 당연히 미친 짓이다.
　이는 개인마다 타고나는 음양오행이 아닌 훨씬 더 중요한 요소들을 찾아보는 것이 중요하다.

세계적인 인물들의 인생: 타고난 운명에 상관없이 만유인력을 발견한 사람은 뉴턴(개인)이고, 그의 오류를 바로잡은 사람도 아인슈타인(개인)이다.
　똑같은 사주팔자와 천재성을 타고난 사람은 많다. 그렇다고 모두가 똑같은 발명과 위대한 업적을 이루지는 못한다. 히포크라테스, 피타고라스, 라부아지에, 멘델레예프, 패러데이 등도 사주팔자에 상관없이 독보적인 업적을 세운 인물들이다.

훌륭한 업적을 이뤄 낸 사람은 인간에게 너무나도 당연한 음양오행과 생로병사와 길흉화복과 수복강녕에 연연하지 않는다. 오히려 사람들이 이것저것을 생각할 때도, 슬퍼할 때도, 열심히 놀 때도, 어울릴 때도, 여가를 즐길 때도, 잠들기 전에도, 잠에서 깨어났을 때도, 기뻐할 때도, 있을 때도, 없을 때도, 몸이 아파도 자신(의식, 무의식, 생활, 관계, 여유, 인생)을 아끼고 모아서 하는 일에 자신을 쏟아붓는다.

그래도 부족하면 젖 먹던 힘도, 없던 능력과 오기도 끌어내고, 희생과 죽음을 각오하고, 개인적으로 어떤 대가를 치르고라도 의지를 발휘·집중해서 결국은 뜻한 바를 이뤄 낸다.

훌륭한 업적을 이뤄 낸 사람들에 대해서 사주팔자에 추가해서 특출난 특징 등을 연구해야 한다.

지도자의 자격과 인류 공통의 지향점: 자유민주주의는 구성원들이 공통의 지향점(인간다운 사회, 후손의 장래, 아름다운 세상)을 위해서 서로의 장점을 찾아서 밀어주고, 단점을 보완해 주는 월등한 인간 의식과 사회의식으로 뒷받침된다.

만일 사주팔자(운명)가 호미와 쟁기로 논밭을 일구는 것이라면 자유민주주의는 서로의 협력으로 굴착기와 불도저를 만들어서 개인들로는 불가능한 일들을 계획·실행·실현·개척해 내는 것이다.

그래서 자유민주주의(사상, 헌법, 제도)와 대통령의 지도력과 성공을 사주팔자로 풀이하는 것은 호미와 쟁기로 트랙터와 불도저를 운전하려는 것과 같다.

따라서 대통령이 성공하고 존경하려면 사주팔자와 관련해서나, 관계없이 무엇이 더 필요하고 중요한지 연구해야 한다.

다시 말해서 운이 좋을 때 대통령에 당선되었다가 임기가 끝나면 감옥·자살·피살되거나, 임기 중에 온갖 범죄와 역적 짓들로 나라와 국민을 망치거나, 오히려 적들에게 충성하는 짓들에 대해서 근본적인 원인과 해결 방안을 연구해야 한다.

불굴의 의지: 사람들 대부분은 혼자 있을 때나, 아무 일도 없었을 때나, 손해가 없었을 때나, 이익이 기대될 때는 선하고 착하고 정의롭고 깨끗하고 아름다울 수 있다.

그러다가 난관에 봉착하거나, 누군가와 비교되거나, 입장이 곤란하거나, 인연 관계가 형성되거나, 손해와 피해가 우려되거나, 자존심이 상하면 어려움과 손해와 피해와 상처를 피해 버리거나, 비겁해지고 비굴해진다. 왜냐면 자신이 생각해 왔던 행복과 호의호식과 입신양명과 부귀영화에 지장이 생기면 쉽게 영향을 받아서 달라지기 때문이다.

이때 타고난 사주팔자와 천성을 발휘·해결하기 불가능하고, 강력한 소신이나 불굴의 의지가 필요하다.

이러한 소신과 의지와 철학을 연구해야 한다.

질적인 가치 추구와 실현: 세상을 발전시킨 사람들은 질적인 가치를 추구·실현하는 삶에 전념한다.

이런 사람들은 혼자 있을 때나, 아무 일도 없었을 때나, 손해가 없었을 때도 현재보다 더 나은 뭔가(인생, 사회, 문화, 관계, 세상, 가치, 미래)를 위해서 고민하고 연구하고 실천하고 집중한다.

역시 이런 사람은 고난(위기, 압력, 위험, 불행, 위협, 유혹, 죽음, 전쟁)이 닥치면 위험과 희생을 각오·감수하면서도 가치를 추구한다.

또한 호시절(기회, 행운)이 오면 더욱더 열정을 발휘하고 집중해서 원하는 바를 성공해 낸다.

이런 사람들과 사회와 국가는 갈수록 탄력을 받아서 인재들과 인물들이 활발해지고 앞장서면서 나라와 미래를 주도해 간다.

운명 철학자들은 사람들이 질적인 가치를 지향·추구·실현하는 이치를 보강·개발하는 것을 고민해야 한다.

참고용 1) 철부지였던 필자의 장래 꿈과 힘겨운 여정

초등학교 2·3학년 아이가 낮잠에서 깨어나는 순간이었고, 아직은 눈을 뜨기 직전에 비몽사몽간이었다. 그런데 라디오의 어린이 프로에서 진행자의 이야기를 듣게 되었다.

"우리 민족의 정신적 지도자는 세종대왕, 이순신 장군, 도산 안창호 선생이라고 할 수 있습니다."

아이는 이 말을 듣고 '정신적 지도자'라는 말에 귀가 솔깃해졌고, 세 사람에 대해서 생각해 보았다.

세종대왕은 한글을 창제했고, 이순신 장군은 왜적을 무찌른 훌륭한 장군이었고, 안창호 선생은 독립운동가였다. 그래서 '민족의 정신적 지도자'라는 표현은 적절하지 못하다고 생각되었고, 나라에 훌륭한 업적과 국민에게 좋은 영향을 끼쳐 줬다는 뜻으로 이해했다.

동시에 아이는 우리 민족의 정신적 지도자가 누구인지 생각해 보았다. 그런데 우리에게는 정신적 지도자가 없다고 생각되었고, 다시 생각해도 특별히 생각나는 인물이 없었다. 동시에 아이는

내가 민족의 정신적 지도자가 되면 어떨까?

내가 민족의 정신적 지도자가 될 수 있을까?

내가 민족의 정신적 지도자가 되고 싶다.

아이는 눈을 뜰 때까지 민족의 정신적 지도자에 관한 생각들로 머리가 번뜩였다.

그리고는 또 다른 생각들이 저절로 떠올랐다.

내가 과연 해낼 수 있을지, 나에게 그럴 능력이 있는지, 다른 사람들은 어떤지 궁금했다. 그래서 아이는 자신의 장단점과 이것저것을 생각해 보았다. 그런데 자신에게는 특별한 장점도, 좋은 환경도, 영리한 머리도, 월등한 자질도 없다고 생각되었다.

우리나라에는 나보다 훨씬 더 똑똑한 사람들, 유능한 사람들, 영리한 사람들, 인연을 잘 타고난 사람들, 성격이 좋은 사람들, 인간적인 사람들이 많을 것으로 생각되었다. 그러자 더 걱정되고 진지해졌다.

내가 어른이 되는 동안 다른 사람들이 먼저 정신적 지도자가 되어 버릴 수도 있을 것이라는 걱정이었다. 아이는 처음부터 다시 생각했다.

지금까지 수천 년이 흘렀다. 하지만 정신적 지도자가 나오지 않았다는 점은 분명하다. 그렇게 보면 앞으로도 쉽게 나오기는 어려울 것처럼 생각되었다. 그래서 정말 정신적 지도자가 필요한지, 정신적 지도자는 무엇을 어떻게 해야 하는지 생각했다.

우리나라는 물론이고 전 세계적으로 인간성이 아름답거나, 정의롭거나, 지혜롭거나, 용맹하거나, 머리가 좋거나, 환경이 좋거나, 출세하거나, 부자이거나, 똑똑하거나, 지위가 높은 사람들이 많은 것은 물론이고 훌륭한 사람들도 많을 것으로 생각되었다. 그런데 세계적으로도 모든 사람에게 존경받는 정신적인 지도자가 없다고 생각되었다.

당연히 정신적 지도자들이 많이 나왔어야 했는데 그렇지 못하다는 점에서 정신적 지도자가 되는 과정(방법)은 전혀 다를 수도 있다고 생각되었다. 어떻든 앞으로 정신적 지도자도, 훌륭한 인물들도 많이 나와야 하고, 많이 나올수록 좋은 일이라고 생각되었다.

그렇게 생각하자 아이는 조금 안심되었고, 생각을 이어 갔다

내가 민족의 정신적 지도자가 되려는 것은 나를 위해서가 아니라 세상에 도움이 되기 위해서다. 물론 내 뜻대로 되는 것은 아니며, 걱정부터 하는 것은 순서가 아니다. 마음을 크고 넓게 갖고 전체(세계, 인류, 나라, 국민)적인 입장과 먼 안목으로 생각하는 것이 순서다. 역시 전 세계적으로 옳고 바르고 좋은 사람들이 많이 나오는 것이 바람직하다. 그것이 반드시 나여야 하거나, 특정한 인물일 필요는 없다.

그래도 기왕에 내가 정신적 지도자가 되려고 마음을 먹었다면 평생을 노력해서라도 기어코 해내겠다는 각오가 필요하다. 그렇지 않으면 계속 정신적 지도자가 없을지도 모른다.

나는 지금부터 마음의 부담을 떨치고 그간에 내가 보지도, 듣지도, 알지도 못했던 것들까지 더 많이 생각해야 한다. 그렇게 최선을 다하면 언젠가 훌륭한 사람이 되든지, 못 되더라도 어리석어지지는 않을 것이고, 최선을 다한 것이 무의미하지는 않을 것이다. 만일 다른 누군가가 정신적 지도자가 된다면 나도 도와줄 수 있을 것이고, 설사 정신적인 지도자가 나오지 않더라도 서로 도와주면서 함께하면 세상이 훨씬 더 좋아질 것이다.

훗날 아이는 철부지 때에 그러한 생각들을 했다는 것이 믿어지지 않을 정도로 신기했다. (물론 여기 표현은 이후에 했던 생각들도 포함되어 있다. 그래서 수시로 그때 상황들을 생각해 보곤 했다. 그리고는 당시에 대해서 세 가지로 요약했다.)

- 낮잠이 꽤 깊이 들었다가 막 깨어났기 때문에 정신이 아주 맑았을 것이라고 정리했다.
- 자신이 이해할 수 없는 세상의 이치에 의해서 영감을 받았을 수도 있고, 그러한 영감·이치 속에서 앞으로의 인생이 전개될지도 모른다고 정리했다.
- 어차피 장기간 수많은 과정을 거쳐야 하고, 성급한 결론과 행동과 성과보다는 두고두고 생각하면서 방향을 잡아 보기로 했다.

아이가 어른이 되어 가면서 느끼고 깨우친 것들(무순)

아이는 훌륭한 인물들에 관심을 가지기 시작했고, 꽤 의미 있는 사실들을 깨달았다.

흔히 사람들은 "시대가 영웅을 낳는다.", "필요가 발명을 낳는다."라고 한다.

하지만 '시대와 필요가 위인·성현을 낳기는 어렵고, 순탄한 환경과 우연한 사건과 단순한 인생 속에서는 성현·위인이 나올 수 없다.'라는 사실이다.

실제로도 인류사 내내 수많은 위기와 난세와 영웅들과 발명들이 있었다. 하지만 모든 인류에게 진심으로 존경받을 정도로 훌륭한 인물은 없다.

왜냐면 영웅은 시대에 맞추고, 시대를 잘 이용하고, 시대의 중심에 들어가면 가능할 수 있다. 하지만 위인(성현)은 시대에 맞춰서 살면 안 되고, 시대 속에 빠져들어도 안 되고, 시대를 관망해야 하고, 어느 정도는 시대와 거리를 유지해야 하고, 시대보다 월등하게 앞서가야 하고, 시대를 예견·안내해 줘야 하고, 때에 따라 시대 추세를 거스르거나, 시대보다 한참 더 멀리 높이 앞서 있어야 하기 때문이라고 생각되었다. 다시 말해서 성현과 위인과 현인은 장기간 온갖 과정을 거치면서 스스로 자신을 만들어 가야 한다.

다들 훌륭한 사람이 되고 싶을 것으로 생각했다

아이는 다른 사람들 역시도 성공하거나, 훌륭해지고 싶을 것으로 생각했다. 그런데 성공한 사람들은 많아도 진심으로 존경받는 훌륭한 사람들은 많지 않다고 생각되었다.

역시 좋은 환경에서 태어나거나, 출세했음에도 부정·비리와 향락과 사치와 소일거리로 살아가는 사람들이 많다고 생각되었다. 그래서 아이는 사람들이 좋아지기 어려운 이유와 훌륭해지기 힘든 이유를 생각했다.

이에 관해서 사람들이 원래는 마음씨가 좋았고 착했는데 자기도 모르게 나빠지는 것으로 생각되었다. 물론 그러한 원인은 자기 자신에게 있다. 하지만 한편으로는 자기 자신도 어쩔 수 없는 사회와 환경과 문화와 전통과 관습과 관행과 인연과 사건들에도 원인이 크다고 생각되었다.

어떻든 자신이 옳고 바르게 살아가려면 문화도 환경도 인연도 현실도 모두 극복해야 하고, 적극적인 반성과 변화를 수없이 반복해야 한다고 생각했다.

사람들이 좋은 생각으로 옳고 바르게 살려는 것과는 달리 나쁜 사람들과 사건들이 계속 터지는 이유가 궁금했다.

이는 생각을 바르게 하고서도 실제로는 이익인지, 손해인지, 꾸중 듣는지, 입장이 곤란한지 등 잡다한 것들을 개입시켜서 표현과 행동과 관계와 인생이 달라지기 때문이라고 생각했다. 그로 인해서 자기 생각이 바뀌거나, 주어진 상황에 충실하지 못하거나, 당면한 현실에 최선을 다하지 못하거나, 원래의 생각과는 전혀 다르게 행동·관계하고 살아간다고 생각되었다.

맑은 물속을 들여다보듯이 세상이 훤해지도록 집중해서 생각하기로

아이는 무엇이든지 일단 한 가지 생각에 충실하기로 했다. 그래야 그 (자기) 생각을 뚜렷하게 인식해서 깊이 파고들 수 있고, 전후 상황까지 폭넓고도 정확하게 이해할 수 있고, 또 다른 생각들로 연결·확대시켜가면서 향상·발전하게 될 것으로 기대했다.

그런데 자신이 과거와 인연과 주변으로부터 끊임없이 영향받기 때문에 과거부터 자신(생각)에게 영향을 끼쳤거나, 지금도 끼치고 있는 과거와 인연과 현실과 현상들까지 모두 파악해서 분석해야 한다고 생각했다.

그래서 자신이 하루, 일주일, 한 달, 일 년 동안 주로 무엇을 생각했는지, 왜 그 생각을 했는지, 왜 그런 식으로 생각했는지, 표현은 왜 그렇게 했는지, 결과는 어땠는지, 자기 생각과 판단과 예측이 맞았는지, 남들은 어떻게 생각하는지, 모두가 그렇게나 이렇게나 저렇게나 생각한다면 사회와 세상은 어떻게 될 것인지 등 다양한 관점과 입장으로 전후 상황들을 샅샅이 확인했다. 덕분에 맑은 물속을 들여다보는 것처럼 생각이 환해지고 훤해지고 명료해지고 개운해짐을 느낄 수 있었다.

 먹는 음식은 양이 많아지면 소화가 힘들어지고, 컨디션 회복이 늦어지고, 계속 반복되면 몸이 무거워지고, 병이 생길 수도 있다. 하지만 생각(반성, 고민, 연구, 사명, 열정, 집중, 책임)은 하면 할수록 오히려 가벼워지고 투명해지고 명확해지고 명쾌해지고 명료해짐을 깨달았다.
 이는 생각이 상투적인 인연과 정분과 관행과 격식과 이해관계와 성패에서 터덕거리지 않아야 하고, 더 나은 목표와 가치와 보람을 위해서 자유롭게 뻗어 나갈 때라야 가능하다.

 아이는 사람들의 속내를 속속들이 들여다보면서 오히려 문제가 생겼다. 사람들의 속내를 알면 알수록 모순과 위선과 무지와 어리석음과 비겁함과 비열함과 비굴한 점들이 훨씬 더 많이 보였기 때문이다.
 사람들은 자신의 단점과 문제에 대해서 누군가가 솔직하게 지적·표현하는 것을 좋아하지 않고, 오히려 언짢게 여긴다는 것을 알았다. 당연히 자신도 마찬가지라는 사실을 깨달았다.
 그런데 사람들이 더 나은 것을 보고 느끼고 배우고 깨우치기 위해서 당연히 반성·감사·변화·향상하기보다는 오히려 자신을 고수·고집한다는 것도 알았다. 심지어 자기 자신의 문제와 한계를 알수록 오히려 자신을 합리화고 미화하고 가식하거나, 누군가를 원망·변명하기에 급급하다는 것도 알았고, 놀랍게도 이러한 일련의 과정이 모두 무의식적으로 진행됨을 알았다.

그래서 반드시 개인이든 직장이든 국가든 월등한 상향점과 지향점이 있어야만 변화와 반성과 점검이 당연해지고, 그러한 바탕 아래 변화하고 발전해야 튼튼해지고, 더 나은 목표와 미래로 향해 갈 수 있다고 생각했다.

기존의 사고방식을 통째로 다시 바꾸고 보강하기로

그래서 아이는 그간의 사고방식을 다시 통째로 바꾸고 보강하기로 했다.

만일 내가 인생에서 만나는 불과 몇 명도 되지 않은 사람들조차 이해·소화해 내지 못하거나, 그들과 사이좋게 지내지 못한다면 나 자신이 훨씬 더 답답한 사람이라고 생각했다.

인생을 한참 더 살아야 하고, 수많은 문제를 해결해야 할 내가 사소한 것들에서 터덕거리고 있으면 안 된다고 생각했다.

아이는 스스로 '너는 도대체 얼마나 완벽한가?', '세상을 위해서 무엇을 해 놓았는가?', '과연 어떤 자질과 자격을 지녔기에 남들의 좋지 않은 모습을 보거나, 지적까지 하는가?' 책망했다.

그래서 이러한 모든 것을 그간에 배우고 느끼고 깨달은 과정으로 여기고, 새롭게 다시 시작하는 마음으로 그간에 과정을 또 버리고 바꾸고 보강하기로 했고, 이후로는 흔하디흔한 일상사와 그렇고 그런 관계들에 연연하지 않았다.

역시 누군가에게 관심을 가지려면 상대를 무시·부정·지적하기보다는 적극적으로 이해해 주거나, 진심으로 대화해 주거나, 대안을 마련해 주거나, 협력해 주기로 했다. 그런데 사람들은 그러한 나를 오히려 버겁고 부담스럽게 여겼다.

그래서 열정을 갖고 살아가는 사람들이나, 문제의식과 비판의식을 지니고 반성하자는 사람들이나, 문제를 바로잡기 위해서 구체적으로 노력하거나, 더 나은 뭔가를 추구하고 실현하고 공유하려는 사람들을 찾아보기로 했다.

역시 그런 사람들이 있으면 남녀노소·지위고하에 구애받지 않고 함께해야 한다고 생각했다. 하지만 그런 사람을 만나기도, 찾기도 쉽지 않았고, 차라리 자신에게 최선을 다해 놓고 나머지는 나중에 그때 가서 정리·관계·조정하기로 했다.

아이는 자신이 가야 할 길이 멀고 험하다고 생각하면서 항상 밝고 쾌활해야 한다고 생각했다. 그래서 명랑했던 원래의 모습으로 돌아갔다. 사람들에게 재미있게 장난을 치거나, 명랑하게 웃음을 전해 주는 등 편안하고 즐거움을 주었다. 대신에 혼자 있는 시간을 많이 만들어서 집중적으로 생각했다.

세상도 국가들도 종교들도 사회도 사람들도 한시도 조용할 날이 없이 엉망이었다

　사람들이 행복과 사랑과 성공과 이익을 위해 최선을 다하고, 안전을 염려하고, 무리하지 않으려고 조심하고, 건강하고 무난하고 원만하게 살아가길 바라는데도 끊임없이 다툼이 생겨서 대립하고, 사회가 혼란하고, 훌륭한 일을 해내는 사람들은 많지 않고, 아름다운 모습을 잃어가고, 자기 앞가림도 하지 못하고, 향락과 사치로 엉망이 되고, 범죄를 저질러서 이웃과 사회에 피해를 주고, 이웃 나라와 대립하다 전쟁하고, 수많은 문제와 몸담은 현실에 아예 무관심한 사람들과 현상들을 그냥 넘길 수 없었다.

　아이는 모두가 똑같은 역사와 문화와 사회에서 성장하면서 유사한 의식구조와 분위기와 인연 속에서 성장했던 너무나 당연한 뭔가에 원인이 있다고 생각했다.
　이렇게 생각하자 한편으로는 모든 것이 너무 당연하게 느껴졌다. 그렇다면 자신도 결국 똑같거나, 비슷할 수밖에 없을 것이라는 생각(결론)이 확연해졌다. 만일 훌륭한 사람이 되는 것과 훌륭한 일을 해내는 것이 생각처럼 쉽고 간단했다면 이미 많은 사람이 훌륭해졌을 것이고, 세상도 아름다워졌을 것이며, 자신이 이렇게 저렇게 고민할 필요도 없었을 것으로 생각되었다.

세상에 이미 존재했거나, 존재하는 사람들을 통달하기로

자신이 지금까지 생각해 보지 못한 생각들, 좀처럼 생각할 수 없는 생각들, 자신과 무관한 생각들, 자신과 정반대인 생각들까지 모두 생각할 수 있어야 한다고 생각했다. 그래서 좀 더 적극적으로 유사 이래 모든 인간이 생각했던 생각들, 앞으로도 인간이 생각하게 될 생각들, 좀처럼 생각하기 어려운 생각들, 아예 생각하기 싫은 생각들, 생각하다 말아 버리는 생각들을 낱낱이 구분(분류)하면서 다양하게 생각을 물고 늘어졌다.

그러한 생각들로 인해서 전개되었던 사람들의 인생, 일생, 문화, 사회, 역사, 인류에 대해서 무수히 생각했다.
하필이면 세상과 인류가 왜 그런 식으로 생각·진행되었는지, 그러한 생각의 반복은 사람들의 인생과 세상에 어떤 영향들을 끼쳐 주었는지 생각했다. 역시 인간은 생각해서 살아가는지, 살기 위해서 생각하는지, 생각에 상관없이 살아가는지, 생각이 없는 삶은 무엇이고 어떠한지 등을 생각했다.

자신의 막연하고 희미한 생각들을 시작으로 인간과 인류의 기원과 우주까지 마인드맵으로 그려 낼 정도가 되어야 한다고 생각했다. 하지만 그래 본들 자기 생각이어서 생각이 계속 뻗어 나가기 어렵다고 생각되었고, 우리보다 모든 면에서 월등하게 앞서있는 선진국을 알아야 한다고 생각했다.
선진국의 문화를 쉽게 접할 방법을 고민하다가 중학교 2학년 때부터

개봉관에서 상영되는 외국영화를 보기 시작했다. 맑은 정신으로 영화에 감상·집중하기 위해서 항상 일요일 첫(조조) 프로를 보았고, 좌석의 등받이에 등을 기대지 않고 허리를 앞으로 내밀어서 곧게 편 상태로 감상했다. 외국인들은 무엇을 생각하는지, 어떻게 표현하는지, 왜 그렇게 생각하는지, 그렇게 생각해서 어떻게 되었는지, 어떻게 인간관계하고 대화하는지, 문제가 생기면 어떻게 해결하는지, 우리와의 차이와 장단점은 무엇인지, 어떻게 저런 문화를 꾸려 오게 되었는지, 문제점은 무엇인지 등을 집중적으로 살펴보고 연구했다.

어떤 때는 영화를 보고 집에 돌아올 때 줄거리가 여기저기 끊겨서 연결되지 않은 경우들도 있었다. 그 정도로 영화의 줄거리와 배우들의 이름에는 관심이 없었다.

영화 중에서 특별히 감명 깊거나, 우리와 분위기가 너무나 다른 영화들은 한 번 더 보았다. 중3 때는 미성년자 관람 불가인 「대부」를 3번 관람했다. 왜냐면 그간에는 조폭들, 깡패들, 불량배들, 껄렁패들, 양아치들만 알았는데 「대부」는 내용과 규모와 수준에서 차원이 달랐고, 생각할 것이 정말 많았기 때문이다.

책 한 권을 읽어도 시간이 꽤 오래 걸렸다. 왜냐면 저자가 살았던 시대, 역사, 배경, 환경 등을 모두 염두에 뒀기 때문이다.

책을 쓰게 된 시대적·사회적·문화적·환경적 배경은 무엇이었는지, 왜 이런 내용으로 책을 썼는지, 왜 이렇게 표현했는지, 더 쓰고 싶었던 것은 없었는지, 제대로 표현하지 못한 것은 무엇인지, 앞으로 책을 또 쓴다면 어떤 내용일지, 내가 이것을 고려해서 하나를 쓴다면 등을 가정해 보는 등 오랜 시간이 소모되었다.

  그래서 책을 읽는 중에도 수시로 책장을 덮고 이것저것을 생각했으며, 궁금했던 것이 훤해지면 다음으로 넘어갔다. 그래서 난해한 책들은 한두 줄을 며칠 동안 집중적으로 반복해서 생각하기도 했다.

  책에 따라서 집중력에 상당한 차이가 있었다. 철학은 온 정신을 집중해도 이해가 쉽지 않았고, 사상 서적과 심리 서적은 상당한 집중력이 필요했고, 교양은 자연스럽게 읽어 내려갔으며, 소설은 생각할 필요조차 없이 눈과 머리가 책 속으로 빨려 들었다. 그래서 소설은 거의 읽지 않았고, 항상 철학과 사상·심리와 교양 등 세 종류를 동시에 읽었다. 정신 맑을 때는 집중해서 철학책을, 평소에는 사상과 심리를, 약간 지치고 피곤할 때는 교양을, 잠을 청할 때는 철학책을 추켜들었다.

  특별히 생각할 것 없이 줄줄 읽히는 소설류는 더는 볼 수 없었다. 역시 인간이 절대(평생) 해서는 안 되는 말종 짓들이 총집합된 사극과 드라마와 권모술수와 보복으로 일관하는 무협 영화는 아예 보지 않았고, 도저히 볼 수 없었다. 이것들은 잔인하고, 비굴하고, 굽실거리고, 쌀쌀맞고, 퉁명스럽고, 혹독하고, 아부·아첨하고, 방정맞게 촐랑거리고, 비인간적인 암투를 벌이는 것이 대부분이었다.

  다시 말해서 우리의 무의식을 엉망진창인 것들로 채워 넣는데 더없이 좋은 것이 저질 사극과 막장 드라마와 무협 영화였다.

  그것을 보면 누구나 자신이 항상 인간적이고, 깨끗하고, 정의롭고, 아름다운 사람으로 착각할 수밖에 없다고 생각되었다.

영화와 책에 나오는 명소들을 눈으로 보고 몸으로 느껴보고 싶었다. 하지만 꼭 그럴 필요는 없다고 결론 내렸고, 아예 미련을 버리기로 했다. 왜냐면 세상에 없던 것을 최초로 만들어 낸 사람들은 아무런 표본도 사례도 없이 순수한 자력으로 이뤄 냈기 때문이었다. 다시 말해서 전적으로 자신의 됨됨이(동기부여, 열정, 집중력, 희생, 책임)로 해낸 것이기 때문이다.

베토벤과 모차르트가 조상들의 묘소와 출생지와 성지에서 영감을 얻었다는 이야기나, 기운을 받았다는 이야기는 들어 보지 못했다.

물론 선진지 시찰과 선진국 견학과 성지순례와 고적 답사와 체험학습을 통해서 영감을 얻은 사람들도 있을 것으로 생각했다. 역시 모든 사람이 최초의 것을 창작(창안)하는 것은 아니고, 위대한 업적을 세우는 것도 아니라고 생각했다. 그런데도 체험이라는 명분으로 기존의 것들을 보고 듣고 구경하는 방식으로는 한계가 분명하다고 생각했다.

역사적인 인물들에게 다른 방법으로 접근했다

역사에서 훌륭한 인물들과 개인적으로 대화를 시작했다.

훌륭한 인물들이 오늘날 세상에 다시 태어났다고 가정하고 무엇을 어떻게 할 것인지 그들에게 물었다. 특히 부처와 예수가 다시 태어났다고 생각하고 대화를 가장 많이 깊이 했다. 오늘날 세상을 보면서 그들은 무슨 생각을 하는지, 자신이 해 놓았던 것들(말, 이치, 주장 등)에 후회는 없는지, 잘못했다고 생각하는 것이 있다면 무엇인지, 왜 그렇게밖에 못했는지, 바로잡을 기회가 생기면 무엇을 어떻게 할지, 왜 그렇게 바꾸고 싶은지, 그렇게 해도 안 되면 어떻게 할 것인지 등을 화제로 삼았다. 역시 자신(훌륭한 인물)을 믿고 따르는 현대인들에게 반드시 해주고 싶은 이야기와 따끔한 충고는 무엇인지 묻고 대화했다.

그러던 중 불현듯 떠오른 것이 있었다. 영화 내용이든, 성현이든, 저서든 이미 세상에 있는 것들이며, 누군가에 의해서 제작(손질)된 것들이고, 많은 사람이 알고 있다는 사실이었다.

남들이 아예 생각하지 못한 것들을 생각하기로

이후부터는 남들이 아예 생각하지 못한 것들을 생각하기로 했다. 하지만 남들이 무엇을 생각하는지, 무엇은 생각을 못 하는지 파악이 어려웠다. 그래서 사람들이 일상에서 흔히 하는 생각들은 아예 생각하지 않기로 했다. 그래서 사람들보다 더 이상(미래 상황, 해결 방법)이나, 더 이하(원인, 배경)를 생각했다. 하지만 남들이 하지 않는 생각과 자신의 망상(공상)이 구분되지 않아서 애매할 때가 많았다.

그래서 누구나 흔히 보고 듣고 겪고 접할 수 있는 생각과 생활과 경험과 관계와 방법과 흥미(시청각, 즐거움)들에 의미를 두지 않거나, 무감각해지거나, 무관심해지기로 했다.

그래서 책도 읽지 않기로 했다. 책도 역시 누군가가 써 놓은 것들이고, 이미 세상에 있는 것들이며, 책들이 너무 많아서 모두 읽을 수도 없고, 많이 읽으려면 그만큼 시간을 쏟아야 하고, 독자적으로 사고해 볼 기회와 독창적인 인생에서 멀어진다고 생각되었다.

그래서 인간이면 누구나 당연히 생각하게 되는 것들에 대해서 ±3가지를 일단 제외했고, 더 이상과 더 이하를 생각했다.

마이너스(-3 ~ -5)는 왜 그런 현상과 사건과 인물들이 생겼는지 밑바닥 배경과 원인과 한계와 파장 등까지 계속 파고들었다.

플러스(+3~5)는 이후(사건, 인물, 사상, 시대 등)에 장·중·단기적으로 나타나는 현상과 영향이 무엇인지 살펴보거나, 미래를 예측해 보거나, 어떻게 변화되었는지, 더 좋은 방안은 무엇이었는지 등 최종적인 결과와 상황과 유기적인 관계를 생각했다.

일단 생각이 시작되면 멈추지 않고 최대한 끝까지 가 보았고, 하고 싶은 것들을 직접·간접으로나마 막다른 끝까지 경험해 보고 느껴 보았다.

그로 인해서 인생이 어떻게 전개되는지, 왜 그렇게 전개되는지, 다른 삶은 없는지, 다른 사건과 사람과 관계되었다면 어떤 차이들이 생겼거나 생길지, 그로 인한 서로의 인생은 어떠한지, 서로 좋아하는 사람들과의 관계가 모두 그렇게(똑같이) 전개된다면 전체적으로는 무엇이 얼마나 어떻게 좋아지고 나빠질지, 사회(이웃)와 자녀들에게 끼칠 영향은 무엇인지 등을 생각했다.

누군가를 만나면 최대한 그 사람의 눈빛 하나하나까지 기억했다가 헤어진 다음에 다시 생각해 보았다. 어디서 눈이 반짝였는지, 어디서 감정이 노출되었는지, 어디서 언어와 표정과 태도가 어색했는지, 왜 그랬는지, 어떤 환경과 삶의 과정에서 그런 성격으로 형성되었는지, 그런 결과로 어떠한 인생과 가능성으로 연결될 것인지 등을 생각했다.

세상의 모든 단어가 지닌 정확한 의미와 가치와 연관성과 영향들까지 샅샅이 섭렵하기로 했다. 이를 통해서 세상과 인생에 대한 마인드 맵과 인생 지도와 인간다운 현실을 체계적으로 정립하기로 생각했다. 특히 사람들이 두려워하고 싫어하는 '외로움'과 '불행'과 '고통'과 '죽음'과 절친한 친구가 되었고, 덕분에 인생을 화통하게 살아갈 수 있게 되었다.

행복에 관한 기준을 계속 바꿨다.

* 그간에 모든 인류가 맛보고 경험하고 깨우쳤던 최하부터 최고까지의 모든 것을 오직 한 인생으로 모두 살아 보는 것을 행복으로 여겼다.

'최하'란 정신적·육체적·인간적인 잘못, 불행, 불운, 고통, 공포, 좌절, 실패, 악순환, 도태, 죄악, 죄의식, 빈곤, 무지, 어리석음, 불가능, 천박함, 열등함, 피해의식, 재난, 노예, 전쟁, 피난 등을 뜻한다.

'최상'이란 행복, 행운, 자유, 평등, 진리, 위인, 성현, 기적, 초월자, 철학자, 우월감, 대자연, 부, 지위, 권력, 명예, 건강, 사랑, 상식, 이치, 지성, 가치, 보람, 열정, 책임, 인류 미래, 우주의 미래, 역사 발전의 원동력, 유기적 사고 등을 말한다.

* 한 인생으로 온 인류의 삶을 터득하고 인류 미래까지 통달해서 세상과 인간과 인생에 대해서 실질적으로 가닥을 추려 내는 것을 행복으로 여겼다.

* 자신이 행복하든 불행하든 단지 개인의 삶에 불과하고, 오히려 행불행에 연연하지 않는 화통하고 의연한 생각과 생활과 관계와 인생을 최고의 행복으로 여겼다.

* 인간이면 누구나·흔히·당연히·얼마든지 할 수 있는 것들을 최대한 자제·생략하고 대신에 누구도 생각하지 못하거나, 이뤄 내기 힘든 일을

찾아서 기어코 해내는 것을 행복으로 여겼다.

　* 인간이 얼마나 존엄해질 수 있는 존재인지 자신에게 입증해 보이는 것을 행복으로 여겼다.

　* 세상에 숨겨진 심오한 이치들과 의문들과 난제들을 풀어내서 체계를 잡아 주는 것을 행복으로 여겼다.

　* 기왕에 시작한 바에 인류에게 중요한 것들을 최대한 추켜들어서 책임지고 해결하는 것을 행복으로 여겼다.

　* 인류와 인간은 물론이고 개인일지라도 결국에 해내지 못할 것이 없음을 자신과 세상에 입증해 보이는 것을 행복으로 여겼다.

이러한 생각들로 인해서 장단점이 동시에 생겼다

　장점은 생각이 꼬리에 꼬리를 물고 연결되면서 즉흥적이고 감정적인 면들이 줄어들었다는 점이다. 역시 생각이 다양해지고 깊어지고 확장되는 효과들이 있었고, 뭔가를 파헤치고 분석하는 것에 익숙해졌다.

　단점은 사람들의 관심사와 일상사와 인간관계에 소홀해지고 멀어지는 점이었다.

　이런 때문에 자신의 이익과 손해를 판단하거나, 재빠르게 확보하거나, 경쟁하는 것에 뒤처질 수밖에 없었다. 왜냐면 남들이 사소하게 여기거나, 소홀한 것들에 집중했고, 그것들을 다양한 관점과 각도로 살펴야 했으며, 당연히 일상적인 이해관계와 인간관계에서는 순발력이 떨어지고, 흥미도 집중력도 떨어졌기 때문이다.

　생각이 깊어질수록 비현실적인 사람처럼 되어 갔고, 당연한 대화들과 일반적인 관계가 힘들었다. 어떤 사람들은 "도대체 무슨 말을 하는 거니?"라거나, "무슨 이야기를 하고 싶은데?", "간단히 결론만 말하지 왜 자초지종 원리를 따지니?"라고 책망했다.

사람들과의 대화와 관계가 힘들어질수록 소외감과 함께 현실(생각, 관심사, 생활) 격차가 커졌고, 상황을 무난하게 넘길지라도 헤어진 이후에 스트레스와 후유증을 감당해야 했다.

그래서 혼자가 좋았고, 혼자만의 시간이 더 많이 필요했다. 그래서 어렸을 때부터 좋아했던 클래식과 자연을 친구로 삼았다.

가장 먼저 구매한 디스크(LP판)는 중학교 2학년 때 베토벤 운명 교향곡이었다. 그동안 귀에 익숙했던 부분은 1악장 시작부인 '꽝꽝꽝꽝……'이었고, 전체 악장을 듣고 싶었고, 처음으로 전체 악장을 듣게 되었다. 그리고는 '내 평생에 이토록 훌륭한 음악을 듣게 되었다는 사실에 세상에 태어난 것을 감사했고, 앞으로 어떻게 살다가 언제 죽게 되더라도 이런 명곡을 들었다는 점에서 후회 없이 오히려 행복한 마음으로 죽기로 다짐'했다. 역시 어떠한 고난과 위기에 처해도 의연하게 받아들이기로 했다. 왜냐면 베토벤은 그토록 어려운 시대와 환경과 장애에서도 훌륭한 곡을 남겼고, 수많은 사람에게 엄청난 영향을 끼쳐 줬다는 점에서 오히려 건강하고 성성한 자신이 부끄러웠고, 아무리 불행해도 사실은 행복한 인생이라고 생각했다.

언젠가부터는 모차르트 피아노협주곡 1~27번까지 총 81악장을 시간 가는 줄 모르고 감상했다. 이처럼 엄청난 과정에 가장 크게 도움을 받은 것이 모차르트의 피아노협주곡과 대자연(걷기, 등산)이다.

학창 시절에는 토요일 오후나 휴일이면 자연과 함께하려고 도시락을 준비해서 산으로 들어갔다. 맑은 물이 흐르는 계곡의 넓고 평평한 바위 위의 나뭇가지에 넓은 비닐을 묶어서 우산처럼 만들어 놓고 책을 보거나, 잠을 자거나, 온갖 것들을 생각하면서 혼자만의 시간을 적극적으로 가졌다. 그런저런 과정에서 세상과 인간과 인생에 자신감이 생겼다.

다시 사람들과 함께하기로

다시 사람들과 함께해야 한다고 생각했다. 역시 뭔가를 해내려면 인간관계가 좋아야 한다고 생각했다. 그래서 상대방에게 맞춰주면서 건전한 방향으로 유도해 가기로 했다. 당시에 마음은 도를 닦고 경지에 올라서 속세로 내려온 심정이었다.

그런데 사람들은 상대의 첫인상, 표정, 언어(표현), 인연, 정분에 좌우되기 때문에 무엇보다도 스스로 밝고 명랑해야 한다고 생각했다. 그래서 모임들을 만들거나, 모임들에 참여해서 교분과 친분을 넓혔다. 토요일과 일요일 대부분은 모임을 쫓아다녔고, 애경사 참석과 여행도 많이 다녔다.

그런데 이러한 노력과 관계도 계속하지 못하고 한계에 도달했다. 서로 모일 때마다 매번 잡담하고 흉보고 폭소를 터뜨리거나, 술과 화투(카드)와 룸살롱을 드나드는 등 건전한 조짐들을 기대할 수 없었다. 역시 자신들과 전혀 관계없는 독재자들, 대통령들, 재벌들, 정치인들, 특권·기득권에 대한 비난으로 일관했다. 하지만 좀처럼 자기 변화와 우리 변화와 긍정적이고 고무적인 시도들은 기대할 수 없었.

사람들은 향상도, 발전도, 변화도, 반성도, 점검도 하지 않으면서 문제의 원인과 잘못과 책임은 보이지도 들리지도 않는 나쁜 범죄자들과 부패한 사람들과 위(대통령, 재벌, 고위공직자, 언론 등)로 몽땅 떠넘겼다.

기회가 될 때마다 곳곳에 호소하면서 깨달은 것들

기회가 될 때마다 호소했다.

"중상층에 속하는 우리가 사회든, 이웃이든, 미래를 위해서 의미 있는 일들을 직접 시도해 보자. 암울했던 역사와 현대사로 보았을 때 우리가 가장 많이 배웠고, 살 만해졌다. 그래서 우리 세대가 모든 것을 껴안고 총체적인 관점에서 합리적으로 정리해야 한다. 만일 이대로 넘겨 버리면 언젠가 나라도 국민도 후대도 또다시 대가를 치를 것"이라고 호소했다.

그러다가 결국은 포기했다. 열정과 지향점과 책임 의식이 없는 사람들과 어울릴수록 중요한 일들은 오히려 불가능해질 것이라는 비관적인 생각이 지배적이었기 때문이다. 우리 역사 내내 이처럼 무책임한 민족성과 계 모임 수준의 인생과 차별적이고 정분에 치우친 얄팍한 인간관계들로 인해서 나라도 사회도 문화도 속수무책으로 진행되었고, 진행될 것이라는 사실이 확연해졌다.

존엄해야 할 인간 다수가 모여서 매번 똑같은 모임과 관심사와 분위기와 언행들을 반복하는 것은 원리적으로 원시 집단 행위와 다를 바 없음을 깨달았다. 주기적으로 모여서 흔하디흔한 애경사에 그치거나, 노래 부르고 술 마시고 떠들거나, 자신과 관계없는 남들(사건, 정치, 권력, 싸움, 돈) 이야기로 끝나거나, 산과 들로 놀러 다니는 것은 유사 이래 수없이 반복되었던 구태의연한 인생이라고 생각되었다. 역시 그런 삶(생각, 생활, 관심) 정도는 언제든지 누구든지 살 수 있는 인생이라고 생각했다.

결국은 개혁과 변화와 반성이 얼마나 어려운지 실감했고, 사람들과 모여서 옳고 바르고 좋게 살려고 했던 생각들이 잘못임을 깨달았으며, 뒤늦게라도 깨달은 것을 다행으로 여겼다.

사람들에 대한 갈등과 고민 속에서 소중한 몇 년이 흘렀고, 대대적으로 마음을 가다듬었다. 모임을 하나씩 정리했으며, 한적한 교외로 이사했다. 그리고는 살아온 것들을 틈틈이 정리했다. 교외에서 출퇴근하면서부터는 사람들이 쉽게 불러 내지 못했고, 거절하기가 쉬워졌고, 속없는 생활과 흔한 만남과 시간 허비가 대폭 줄어들었다.

사람들과 어울렸던 동안에 소모했던 시간과 정신과 비용을 되새겨보았다.

그간에 사람들에게 맞춰 주고 어울렸던 동안에 '진짜 자신'을 드러내지 못하고 숨겨 두거나, 잊어버렸다는 것을 깨달았다. 물론 자신이 철부지하고 속이 없었고, 타성에 젖어 살았던 것이 원인이었고 잘못이었다.

실제로도 서로의 잘잘못에 상관없이 가도 가도 끝이 없고, 해도 해도 다함이 없고, 항상 부족하고 미약한 것이 인간이고 인생이고 서로의 관계와 한계임을 여실히 깨달았다.

진정한 이해와 인내 등 소중한 의미들을 새롭게 깨달아

진정한 이해와 인내가 무엇인지 깨달았다.

자신이 더는 이해할 수 없거나, 도저히 이해하고 싶지 않거나, 이해하기 싫을 때부터가 진정한 이해의 시작이라는 것을 알았다.

사람들은 일상생활 속에서 얼마든지 이해할 수 있고, 실제로도 이해하고 살아가며, 이해하지 않고는 살기 어렵다. 그런데도 세상은 오해와 갈등과 대립과 반목과 분열이 만만치 않다. 이는 자기 본위(위주, 기준)의 이해였거나, 이해의 폭과 깊이가 짧아서 결국은 한계에 봉착하기 때문이라고 생각했다.

인내와 존경도 역시 누구나 당연히 인내하고 존경하지만, 자신이 도저히 인내하고 존경할 수 없을 때부터가 '진정한 인내와 존경의 시작'이라는 것을 깨달았다.

그래서 사람들과의 관계와 모임을 정리하면서도 함께했던 사람들을 비난할 수 없었고, 분명히 착하고 좋은 사람들이었으며, 그들을 진심으로 이해하고 위해 줘야 한다고 생각하면서부터 이해의 폭과 깊이와 인생에서의 열정과 집중력이 완전히 달라졌다.

덕분에 우리가 그간에 과거로부터 잘못 영향받았던 역사적 배경과 문화적 후진성과 답답한 무의식을 절실하게 이해했고, 그쪽으로 관심사와 연구를 전환했다. 요지부동인 서로의 관계와 문화와 사회와 환경과 분위기와 국민성이 이해되면서 그로 인한 결과들과 해결 방안까지 껴안고 인생을 밑바닥에서 다시 시작했고, 인간이 '응애'하고 태어나는 순간부터 서로에게 크고 작게 영향을 주고받는 것들부터 연구했다.

자신이 너무 오래 많이 변화함에 따라 언제 적의 자신을 자신이라고 말해야 할지 애매해졌으며, 그것에도 연연하지 않고 끝까지 최선을 다하기로 편안하게 생각했다.

참고용 2) 자신의 성격을 바꾸려고 애쓴 아이

큰 인물이 되고 싶은 아이가 있었다. 그런데 자신이 정말 큰 인물이 될 수 있을지 걱정되었고, 방법을 알 수 없었다. 아이는 사람들의 반응을 통해서 확인하고 싶었고, 인정받고 싶었다. 왜냐면 '될성부른 나무는 떡잎부터 알아본다.'라는 속담이 있었기 때문이다.

아이는 언제 어디서나 남들의 시선을 의식했고, '자신'을 '자신'이라고 말할 수조차 없을 정도로 남의 시선과 평가를 중요시하고, 남의 칭찬에 스스로 갇혀 살았다.

특히 아이는 시대적·국가적·환경적·가정적으로 힘든 시기에 태어나서 성장했고, 집안에는 갖가지 우환이 겹쳤다. 그래서 부모로부터 따뜻한 사랑을 받아 본 기억이 거의 없을 정도로 방치되다시피 자랐다.

그래서인지 아이는 사람들로부터 좋은 평가와 관심과 사랑을 받고 싶었다. 언제 어디서나 누구에게나 '예쁘게 생겼다.', '착하다.', '귀하게 생겼다.', '앞으로 큰 인물이 될 것이다.'라는 말들을 듣고 싶었다. (아이는 훗날 자신이 일종의 애정결핍 현상(증상)을 지녔다고 생각했다.)

하지만 아이는 워낙 내성적이어서 마치 없는 아이처럼 조용히 자랐고, 남들에게는 예의 바르고 명랑하고 상냥하고 친절했다. 역시 소심할 정도로 순진해서 싸우지도, 화를 내지도, 욕설도 하지 못했다. 몸집이 작은 아이들이 건들고 때려도 당하기만 할 정도로 온순했다.

그뿐만 아니라 아이는 비위가 약하고 성격이 깔끔해서 남의 집에서 식사하지 못했고, 음식이 흐트러져도 먹지 못했으며, 냄새가 안 좋아도 견디지 못했고, 미리 알아서 조심했다.

그럴수록 아이는 표현을 자제하면서 항상 참고 견디는 가운데 갖가지를 생각했고, 곤란한 상황에 마주하지 않으려고 한발 앞서서 먼저 생각(판단)하고 행동하고 조치하는 방식을 취했으며, 인간관계에서도 미리 앞을 내다보고 감쪽같이 행동했다.

이처럼 아이는 소심할 정도로 내성적이었고 우유부단했던 만큼 생각은 적극적이었고, 그러면서도 항상 사람들에게 '크게 될 사람이다', '인상이 좋다'는 등 긍정적인 칭찬을 듣고 싶었다.

아이는 그러한 자신이 문제임을 알면서도 좋은 말(칭찬)과 눈빛을 받지 못하면 서운해졌다. 심지어 아이는 사람들에게 칭찬받기 위해서나, 자신이 크게 될 인물이라는 것을 입증해 보이기 위해서 아침마다 빗자루로 동네 앞을 청소했다.

그럭저럭 아이는 대학생이 되었다. 그는 어느 날 번화가의 건널목에서 신호대기 하던 중에 껌 파는 아이를 목격했다. 그 아이는 나이가 한참 어린데도 눈빛과 행동이 자연스럽기 그지없었고, 부끄러운 내색이 전혀 없었다. 심지어 건너편에서 신호대기 중인 행인들의 행색과 인상까지 살펴보면서 껌을 사 줄 만한 사람들을 물색하거나, 미소까지 지어 보이는 등 여유가 넘쳤다. 학생은 그 아이를 지켜보면서 자신과 비교해 보았고, 잠깐 사이에 많은 생각이 뇌리를 스쳤다. 그래서 학생은 건물 옆에 서서 아이를 좀 더 지켜보기로 했다.

만일 자신이 저 아이처럼 껌을 판다면 어떨까 하고 생각해 보았다. 그렇게 잠깐 생각만 했는데도 얼굴이 화끈 달아올랐고, 불가능하게 생각되었다. 그러자 껌을 파는 아이가 더 대단하게 느껴졌고, 세상에서 못 할 일이 없는 대단한 아이처럼 보였다. 학생은 껌 하나도 팔지 못하는 자신을 깨닫고 마음이 심란해지고 복잡해졌고 이런저런 생각에 빠졌다.

우리는 중요한 일을 하려고 하거나, 인생에서 성공하려면 노력과 지혜와 용기가 있어야 한다고 한다. 나는 저 아이와 비교했을 때 모든 면에서 월등하다. 태어난 집안, 성장 과정, 나이, 배움, 지식, 인연 등 아이와는 비교 불가능할 정도다. 역시 껌이 담긴 상자는 조금도 무겁지 않다. 껌을 파는 행동도 특별한 능력, 지식, 기술, 인연이 필요 없고, 혼자서 할 수 있는 일이다. 어찌 생각하면 세상에서 가장 쉬운 일 중 하나다. 그런데 나는 그 일을 못 한다. 싫어서 안 하는 것이 아니다. 하고 싶은데도 못하고, 해야 한다고 생각해도 못하겠고, 상상만 했는데도 벌써 힘들다. 못해도 그냥 못하는 것이 아니라 부끄러워서 얼굴이 화끈거리고, 창피해서 쥐구멍에라도 숨고 싶을 정도로 수치스럽기까지 하다.

그럼 나는 정말 껌 한 상자를, 껌 한 통을 팔지 못할 정도로 무기력하고 무능했단 말인가? 껌 한 통도 팔지 못하는 내가 험난한 세상에서 해낼 수 있는 일들이 과연 무엇이겠는가. 그동안 내가 하고 싶어 했던 일들은 어떤 일들이었고, 과연 누구를 위하고 무엇을 위하자는 것이었는가.

나는 지금의 이런 상황을 적당히 넘겨서는 안 된다. 기어코 파고들어서 무엇이 부끄럽고 수치스러운 것인지, 원인을 찾아서 의문을 풀어내고, 근본적으로 변화해야 한다.

껌을 파는 행위가 수치스러운 짓인가? 아니다.

그럼 껌을 파는 아이가 수치스러운가? 아니다.

껌을 팔 수밖에 없는 환경에서 태어난 것이 수치스러운가? 아니다.

자기 아이를 잃어버렸거나, 일찍 죽어 버린 부모가 수치스러운가? 아니다.

길거리에서 아이에게 앵벌이를 시키는 부랑아가 수치스러운가?

나는 부랑아에 대해서도 아는 바가 전혀 없다. 그래서 수치심으로 연결할 수 없다. 역시 나는 아이의 부모와 부랑아의 입장(태어남, 환경, 생활, 인간성)이 어떤지, 장래가 어떻게 전개될지 전혀 모른다. 그래서 나는 수치스러움을 가질 근거가 없고, 가질 필요도 없다. 지금 내가 알고 있는 것은 껌을 파는 아이의 모습과 천연덕스러울 정도로 자연스러운 표정뿐이다. 그런데 내가 부끄러움과 수치스러움이 생겼다면 모든 문제가 내 안에서 일어나고 있다는 말이 된다.

그러고 보니 문제는 정말 나에게 있다. 왜냐면 내가 아이에게 관심을 보이면서도 아이의 처지가 아니라 오직 내 입장에 머물고 있기 때문이다. 나는 아이를 이해해 주려고 하지 않았고, 도와주지도 않았다. 나는 껌도 한 통 사 주지 않고 먼발치에서 나 자신을 붙들고 있으며, 수치스러운 마음에 사로잡혀 있다.

하지만 나의 그런 생각 역시 내가 그렇게 생각하려고 했던 것은 아니다. 나도 모르게 그렇게 생각하고 있었으며, 나도 모르게 뭔가에 영향(지배)받아서 지금의 나로 형성되었다. 그렇다면 내가 형성되고 지배당할 수밖에 없었던 더 근본적인 배경(역사, 문화, 환경, 인연, 무의식 등)이 있었다는 이야기다. 과연 내가 영향받았던 역사와 환경과 문화와 사회와 인연과 배경은 어떠했는가? 남들은 어떠하고, 우리 국민은 어떠한가? 왜 나는 이 자리에 서서 수많은 생각과 감정 중에서 하필이면 수치스러움에 갇혀 있는가? 도대체 내 안에는 무엇으로 가득하고, 무엇이 나를 지배하고 있으며, 나를 구성하는 본질(실체)은 무엇인가?

나는 또 무엇이 수치스러운가? 그럼 무엇은 떳떳한가? 수치스러움과 떳떳함으로 인한 차이와 원인과 인생과 결과는 무엇인가? 이러한 나의 인생은 어떤 범위와 방향으로 전개될 것인가?

어차피 인간은 역사에서, 시대에서, 사회에서, 문화에서, 환경에서, 인연에서, 상황에 의해서 영향을 받을 수밖에 없고, 뭔가를 받아들이고, 관계하면서 성장할 수밖에 없다. 그렇다면 그간에 내가 영향받고, 배운 것들은 무엇인가? 나는 또 누구에게 어떤 영향들을 주었으며, 무엇을 주고받게 될 것인가?

지금 내가 선하고 착한 것은 인간으로서 너무나 당연할 뿐이고, 내가 훌륭해지는 것은 한참 후의 미래 이야기다. 그래서 나는 지금까지 내가 영향받은 것들을 파악해야 한다. 그래야 내가 지금까지의 가식과 모순과 위선과 착각에서 벗어날 수 있다.

어차피 세상은 오늘도 내일도 똑같이 돌아갈 것이고, 사람들도 그렇게 살아갈 것이다. 그래서 당장 내가 할 수 있는 일은 나 자신이 변화하는 것이다. 지금부터 나는 엄청난 세상과 사람들과 미래가 아닌 바로 연약하고 초라하고 답답한 나 자신을 변화시켜야 한다.

학생은 뭔가 실마리를 찾았다는 안도감과 동시에 '다시 껌을 판다면?' 하고 생각해 보았다. 하지만 여전히 부끄러웠고, 얼굴이 화끈 달아올랐다.

술을 먹고 용기를 내 볼까?

'술을 먹으면 가능할까?'라고 생각해 보았다. 하지만 그것은 용납되지 않았다. 왜냐면 술에 취해서 제정신을 가누지 못하거나, 술기운을 빌어서 사랑을 고백하거나, 소중한 시간과 여유와 인생을 술로 흘려보내는 사람들과 모임들을 많이 보았기 때문이다.

그래서 어려서부터 말짱하고 똑바른 맨정신으로 살겠다고 다짐해 왔고, 걸핏하면 술을 마시는 사람들을 안타깝게 생각해 왔다. 만일 여차할 때마다 술을 마시면 별별 사람들과 함께할 수밖에 없고, 시간 소모와 인생 낭비를 피할 수 없으며, 시간과 의식이 분산되어서 고도의 정신력과 집중력이 생명인 중요한 일들을 해내지 못할 것이라고 확신하고 살아왔다.

그래서 학생은 어려운 일들을 혼자라도 전력투구해서 기어코 실현해 낼 수 있는 근성을 가지려고 노력 중이었다. 그런데 껌 파는 소년을 보면서 오히려 자신이 얼마나 무능하고 무기력하고 한심한지 깨닫게 된 것이다.

사실 껌을 파는 일은 누가 봐도 어렵지 않다. 그 소년도 처음에는 부끄럽고 어색하고 주저했을 것이다. 그런데 껌 파는 생활이 반복되고 익숙해지면서 세련되었을 것이다. 그렇게 생각했음에도 껌을 팔 용기가 나지 않았다.

그것을 계기로 학생은 마음가짐과 생활 내용과 인생 태도와 그간에 해 왔던 생각들을 대대적으로 정리하고 버리고 깨뜨리는 등 변화를 시도했다.

인생에서 내가 안 하는 일은 있어도 못 하는 일은 없도록 원점에서든 밑바닥에서든 다시 시작해 보자. 설사 껌 파는 것을 당장은 못 하더라도 결국에는 할 수 있어야 한다.

찹쌀떡 장사를 시작하기로

얼마 후 1학년 겨울방학이 시작되었다. 학생은 자신의 성격과 습관을 아예 정반대로 길들여 보기로 했다. 그런저런 궁리 끝에 길거리를 돌아다니면서 찹쌀떡을 팔기로 했다. 재래시장에서 채소 상인들과 노점상들이 입는 일명 '몸빼 바지'(펑퍼짐한 녹색 바지)를 사 입고, 방울 달린 빵떡모자를 쓰고, 시장에서 찹쌀떡 100개를 샀다. 그렇게 준비해서 밤마다 2시간씩 길거리를 돌아다니면서 팔아 보려고 집을 나섰다.

그런데 '찹쌀떡'이라는 세 글자가 목구멍에서 튀어나오지 않았다. '찹쌀떡'을 크게 외치면 사람들이 쳐다볼 것이고, 얼굴이 화끈 달아오를 것이 확연했기 때문이다. 부끄러워서 도저히 껌을 팔 수 없는 상황에 또다시 직면한 것이다. 그렇게 한참을 걸었지만 결국 '찹쌀떡'을 입 밖으로 내뱉지 못했다. 학생은 그런 자신을 도저히 이해할 수 없었고, 용납할 수도 없었다.

그래서 칠흑같이 어둡고 한적한 공터(동네)로 발걸음을 옮겼다. 자기 몸도 보이지 않는 컴컴한 곳에서 용기를 냈다.

"찹쌀떡, 찹쌀떡, ××는 세 글자도 내뱉지 못하면서 성격을 바꿔 보겠다고 나섰다네.", "한 달 후에도 일 년 후에도 성격이 똑같으면 무엇을 어떻게 할지 두고 볼 일이네요.", "단어 하나도 입 밖으로 내뱉지 못하면서 별별 생각들은 다 한답니다.", "남들이 해내지 못하는 훌륭한 일들을 해 보고 싶답니다."라고 고래고래 고함쳤다.

한참이 지나서 자신감을 가지고 다시 길거리로 나섰다. 하지만 '찹쌀떡'을 외치기가 여전히 어려웠고, 입만 오물오물하면서 걸었다. 그래서 순서를 정했다.

첫째, 무조건 '찹쌀떡'하고 외친다.

둘째, 사람들이 나를 쳐다볼 것이고 내 얼굴이 빨개질 것이다.

셋째, 이것저것 생각할 것 없이 곧바로 '찹쌀떡'을 다시 크게 외치고, 계속해서 반복한다.

그리고는 둘째에서 셋째로 건너가는 순간(과정)을 마음속으로 반복해서 연습하면서 무의식 습관처럼 자기 암시했다.

그리고는 용기를 내서 '찹쌀떡'하고 외쳤다. 그런데 마지막 '떡' 자가 끝나기도 전에 '아차' 하고 생각들이 '번쩍' 뇌리를 스쳤다. 큰 용기를 내서 '찹쌀떡'을 외쳤음에도 사람들 대부분이 고개조차 돌리지 않았고, 바로 옆을 지나는 사람들도 흘끗했을 뿐 눈길조차 주지 않았다. 왜냐면 눈을 마주치면 찹쌀떡 구매를 권유받을까 싶어서 나와의 시선을 회피했기 때문이다.

동시에 신호등 앞에서 껌 파는 소년과 눈을 마주치지 않으려고 애써서 외면했던 자신과 사람들의 모습이 동시에 떠올랐다. 그 순간부터 학생은 적어도 자기 시야의 범위에서는 길거리의 주인이고 주인공이고 대장이라는 사실을 깨달았다. 불과 몇 초 전까지와는 전혀 다른 상황과 심리 상태로 바뀐 것이다. 학생은 곧바로 마음껏 '찹쌀떡'을 외쳤고, 불과 몇 초 사이에 껌을 팔던 어린 소년의 여유로운 표정과 세련된 모습으로 바뀌어 있었다.

학생은 전혀 낯선 풍경과 행동 속에서도 마음이 평온해졌고, 장사 내내 다양한 생각들을 이어 갔다.

그동안 나는 누구에게, 얼마나, 어떻게 관심을 가졌었는가, 지금 내가 특별하게 기억하는 노점상이나, 리어카상이 한 명이라도 있는가? 혹시 기억한다면 그의 환경과 인생과 인간미와 장래에 대해서 무엇을 얼마나 어떻게 알고 있는가? 그간에 나의 인간미는 과연 어떤 수준이었는가?

나는 사람들에게 전혀 관심이 없었으면서도 왜 무엇 때문에 사람들로부터 그토록 많은 관심과 기대와 사랑을 받고 싶어 했었는가? 그간에 내가 사람들에게 관심받았던 것들은 내 인생에서 얼마나 어떻게 도움 되었는가? 과연 그것이 관심다운 관심이었는가? 사람들로부터 그처럼 얄팍하고 막연한 관심과 이해와 평가를 받아 본들 그것으로 무엇을 할 수 있겠는가? 그러한 수준의 평가를 주고받아 본들 무슨 의미가 있는가? 사람들이 나를 평가할 자질과 자격과 수준은 있는가? 설사 평가할 자격과 수준이 있다고 해도 기어코 평가할 필요가 있겠는가? 평가해 주려고 할 것인가?

지금부터 나는 나여야 한다. 누가 나에게 소크라테스와 부처라고 말해 줘도 나는 오직 나다. 누가 나에게 악당이라고 해도 오직 나다. 누가 뭐라고 하든지 그것은 그 사람의 생각이고 자유이고 착각일 수 있다. 나는 제대로 된 나인지가 중요하다. 설사 내가 바보 멍청이라고 해도 일단 그것이 나이고, 그것으로 인생을 다시 출발해야 하고, 그간에 내가 생각해 왔던 나에 대한 평가와 기대는 모두 잡념들에 불과하다. 지금 당장도 세상의 모든 사람이 오직 그 사람이다.

학생은 찹쌀떡 장사를 시작해서 성격을 바꾼 것은 물론 당초에 예상하지 못했던 많은 것을 깨우쳤다. 무엇보다도 학생은

"인간은 자신이 원하는 바를 성취하는 것이 당연하다. 하지만 남들이 해낼 수 없는 훌륭한 업적을 이뤄 내려는 사람은

첫째, 자신이 나약하고 부족한 가운데서도 세상과 인간을 위한 순수한 동기를 자발적으로 끌어내야 하고,

둘째, 자신이 복잡한 현실과 마주해서 좋은 것들을 자신에게 가져오기보다는 자신이 난해한 현실 속으로 파고 들어가서 감당해 내는 각오와 용기와 의지가 필요하고,

셋째, 현실을 해결할 수 있는 충분한 능력과 방법이 당장은 없더라도 난제들에 끈질기게 접근해서 집요하게 파고들어야 하고,

넷째, 목표에 집착하거나, 성공을 서두르지 말아야 하고,

다섯째, 자신(성공, 방식)보다는 다양한 상황과 입장들을 두루 살펴보고 챙겨 가는 자기 과정에 충실해야 한다."라는 사실을 깨달았다.

학생은 40일 동안 번 돈으로 운전학원에 접수해서 운전면허를 땄다.
학생은 찹쌀떡 장사 덕분에 사람들로부터 '또라이', '괴짜', '이상주의자'로 평가받아도 끄떡없었고, 남들이 해내기 힘든 난해한 일을 제대로·끝까지 해내려면 오히려 무관심과 따돌림과 외로움을 각오·극복·승화해야 함을 깨달았고, 자기 훈련을 계속했다.

여름에는 까맣게 물들인 스몰바지(검정 바지를 자주 빨아 입어서 물이 빠지고 희끗희끗해진 상태)와 흰 고무신을 신고 학교에 다녔다. 겨울에는 찹쌀떡 장사할 때 입었던 국방색 '몸뻬 바지'를 입고 다녔다. 바지의 허리(치수)가 커서 엉덩이가 불쑥 튀어나올 정도로 우스꽝스러웠고, 여학생들을 추월해서 몇 걸음 앞서가면 뒤에서 '킥킥'거리는 웃음

소리가 들렸으며, 그런 상황을 내심 즐겼다.

 물론 사람들로부터 '모자란 놈'으로 보일 것을 알면서도 마음속으로 웃는 여유가 생겼고, 아차 한 경우 대처할 능력도 생겼으며, '나도 이 정도면 됐다.'라는 안도감과 함께 흐뭇했다.

 소책자를 2천 부 만들어서 대학들을 순회하면서 판매하기도 했다.
 다양한 노력과 갖가지 시도 덕분에 비위가 좋아졌고, 성격도 사람도 많이 바뀌었으며, 못할 것이 없다고 생각되었다. 설사 사람들에게 '이상한 놈', '미친놈', '또라이', '별 볼 일 없는 놈' 등 한심한 평가와 비웃음을 받아도 개의치 않았고, '미안하다'라고 사과하면서 웃어 줄 여유와 아량도 생겼다.
 그래서 3학년 2학기부터는 제자리로 돌아와서 다시 얌전해지고 의젓해졌다. 물론 그렇다고 세상살이와 인생살이가 순탄하고 만만하지는 않았고, 아마도 독자적인 인생으로 본격적으로 진입했던 셈이며, 이후로 참으로 수많은 우여곡절과 함께하는 연속이었다.

 이 아이는 중2 때 거의 매일 밤이 되면 눈물을 흘리면서 어두컴컴한 길거리를 걸어 다니곤 했다. 그러던 중 하루는 집에 아무도 없어서 집에서 울었다. 그렇게 울다가 거울로 자신을 비춰 보았고, 우는 모습이 웃겨서 웃다가 울다가 다시 또 웃고 울었다.
 그러다가 문득 울음도 똑같은 울음이 아니라 조금씩 변해야 한다고 생각했다.
 그래서 오늘보다 내일이 더 나아져야 한다. 오늘 울었다면 내일은 울지 말자. 그런데 내일 또 울 수밖에 없다면 오늘과 똑같은 상황에서는 울지 말자. 오늘과 똑같은 상황에서 또 울게 되더라도 조금은 더 무겁고 힘겨운 상황에서 울자. 만일 오늘 100kg의 중량을 못 이겨서 울었다면 적어도 내일은 100kg은 참아 내고 최소한 101kg에서 울자. 101kg에서 울더라도 오늘보다는 한 방울이라도 눈물을 적게 흘리자. 어떻든 어제의 나와 오늘의 내가 똑같지 않아야 하고, 오늘의 나와 내일의 내가 똑같지 않도록 살아가자. 머잖아서 어제와 오늘과 내일이 완전히 달라지도록 마주하는 모든 것에 훨씬 더 적극적인 순간과 시간과 관계와 생활과 인생으로 살아가자.

맺음말

 부처 진리인 번뇌와 참회와 정진과 인과와 해탈을 한 단어로 압축하면? 생각이다.
 예수 진리인 말씀과 사랑과 믿음과 소망과 회개와 용서와 기도를 한 단어로 표현하면? 생각이다.
 심지어 예수나 하나님을 이해·설명하고 신격화할 정도로다.
 핵무기도 오랜 인류 역사에서 다양하게 연구해 왔던 천재들의 생각 곧 집중력의 결과다.
 그래서 인류의 가장 소중한 특징과 밑천인 생각을 무시·방치하면 절대 해결점을 찾을 수 없고, 생각을 집중적으로 파고들면 핵무기 등 결국 해결해 내지 못할 것이 없다.

 데카르트는 "나는 생각한다. 고로 존재한다."라고 했다.
 이처럼 우주도 기이한 현상의 무수한 상호작용에 의한 인간의 생각 덕분에 존재하는 셈이다.
 그런데 한발 더 나아가면 인간이 깊고 넓게 생각하면서 계속해서 향상·발전하지 못하면 당연히 생각할 뿐 더 이상의 개념과 비전과 차원과 가치를 공유·연대해 갈 수 없게 된다.

전쟁에서 전략이 잘못되면 병사들이 용감해도, 한동안 전투(전술)에서 이겨도, 결국은 전쟁에 승리할 수 없다.

이처럼 세상에 몸담은 인간도 세계관(근본·전략)이 잘못되고 엉성하면 개인이 생각을 많이 해도, 아무리 착해도, 많이 배워도, 한때 호시절과 호경기를 만나서 성공하고 출세해도 험난한 세상사와 복잡한 인생사를 감당하기 어렵고, 악인들에게 휘둘리기 쉽다.

그런데 대한민국의 세계관에 해당하는 단군신화(홍익인간)는 잘못된 것은 아닐지라도 엉성하기 그지없다. 그래서 대한민국은 지극히 작은 나라와 인구인데도 온갖 종교와 사상과 이념과 세력과 단체들까지 복잡하게 뒤섞여 있고, 불필요한 소모전과 위기와 혼란을 반복할 수밖에 없으며, 역사가 반복되고 사람이 많아도 오합지졸과 각자도생이고, 해결점도 공감대 형성도 공론화도 힘들다.

설상가상으로 지구촌 역시도 제대로 된 전략을 세울 수 없을 정도로 세계관들이 제각각이고 산만하고 혼란하고 위험하기 그지없다.

이에 여기 내용을 정리하게 되었고, 긍정적인 면에서의 핵심을 간추리면

- 실질적으로는 하나뿐인 세상(우주)에 합당한 인류 공통의 일치된 세계·우주관 확보이고,
- 종합적으로는 세상·인간·역사·문화·종교·철학·과학·사회·정신·미래를 위한 공통 교과서(초안)이며,
- 진리적으로는 참다운 진리에 대한 담론 겸 획기적인 대도약이고,
- 종교적으로는 진리적인 업그레이드를 통한 대대적인 변신과 개혁이며,

- 물리학적으로는 거시세계와 미시세계를 아우르는 '모든 것의 이론'(통일장 이론, '만물의 이론', '끈 이론'의 종합)인 셈이고,
- 미시적으로는 138억 년의 우주 역사에서 가장 늦게 출현한 '인간의 정교한 생각과 무한한 가능성'에 대한 근원적인 접근과 이해이며,
- 장·중·단기적으로는 서로 분리·무지·어중간했던 정신·육신, 물질·정신문화, 종교·철학·과학의 일치이고,
- 인간적으로는 인간이 세상이라는 판도라(이치, 진리)의 상자를 열어젖힌 이후 지금까지 꼭꼭 숨겨졌던 마지막 희망의 발견과 새로운 시작이며,
- 인류사적으로는 생각하는 모든 사람이 우주의 주체로 격상하고, 미래를 만들어 가는 주역으로의 대도약이고,
- 민주주의적으로는 인류의 최고 업적인 법과 제도의 한계들을 보완·개선해 주는 처방전이며,
- 과학적으로는 누구도 생각·상상하지 못했던 특별한 발견과 아무도 부정·부인할 수 없는 상식적·인간적·보편적 이치로의 일반화와 모든 세상과 인류의 포용과 동시에 인류의 관심사를 우주로 안내하는 사명과 의무와 자격과 권리와 기회의 일치이고,
- 국가적으로는 자유대한민국이 국제사회로부터 도움받았던 보답과 동시에 획기적으로 공헌하면서 미래를 주도해 가는 대도약의 밑바탕과 원동력이며,
- 현실적으로는 한류(K 열풍)에서 아예 정신문화와 인류 미래를 주도해 가는 발돋움이라 할 수 있다.

남들이 상상조차 하지 못했던 일을 해내는 사람은 누구도 예상하지

못했던 사람이다. (앨런 튜링, 천재 수학자, 2차대전 당시 정교하고 난해한 독일의 암호 체계(에니그마)를 해독해서 연합군의 승리에 결정적으로 이바지했던 인물)

  땅을 비옥하게 하려면 개간해야 하고, 식물은 품종개량과 종자개량이 필요하고, 사회문화는 변화·개발해야 하고, 문명은 연구·개척해야 하고, 기업은 혁신해야 하고, 인간은 계몽하고 의식 향상을 해야 한다.

  그간에 우리는 다양한 방식들로 몸담은 세상을 파먹기도 일궈 먹기도 했고, 어떻든 지구는 응답을 해 주었다. 하지만 그간에 너무나 상투적으로 살아온 나머지 기존의 방식들로는 밑천도 본바닥도 드러났다. 이제 지구로는 세상도 인간도 미래도 이치도 생존도 설명할 수 없고, 이해할 수 없고, 생존도 불가능하다.

  이런 이유로도 저런 이유로도 우리는 세상에 대한 기존의 관점들을 내려놓고, 모두 함께 뭉치고 협력해서 광활하고 심오하고 무한한 우주관으로 업그레이드해야 한다.